闘う皇族

ある宮家の三代

浅見雅男

角川文庫 18089

目次

凡例

一、資料などを引用する際、漢字は新字体に改めたが、仮名遣いは歴史的仮名遣いのままにした。ただし、片仮名は原則として平仮名にし、濁点や句読点をうち、ルビをふり、改行を適宜ほどこし、明らかな誤記は正した。

一、年号は元号を主とし、各章初出のみ西暦を注記した。煩を避けるためである。

一、（　）内の注記は「原注」とあるもの以外は著者が記したものである。また、〔　〕は各資料編者の注記である。

一、引用文献の著者名、発行年、版元などは巻末にまとめて記した。

一、敬称・敬語は省略した。

はじめに

この本のテーマは、わが国の近代史のなかで皇族とはどのような存在であったのかを、ある宮家三代の行動を例にとって考えることである。

王政復古後の日本は、天皇という千数百年の歴史を背負う君主を求心力とすることで、近代化を急いだ。そして、世界史のなかでも例外的な速さでそれを達成した。もちろん、そういう歴史の進み方への評価はさまざまありうるが、どのような立場に立つにせよ、日本の近代をながめるときに、天皇（制）を抜きにすることが無意味であることに異論はなかろう。

実際、近代の天皇（制）についての考察は、かぞえきれないほどある。学問研究においても、歴史学、社会学、民俗学、宗教学、法制史学、思想史学など、多種多様なアプローチの方法から立派な業績がたくさん生み出されており、学問研究以外でも、ノンフィクションなどの分野で、天皇個人や天皇制をあつかった優れた作品は多い。

しかし、それらに案外欠けているのは、天皇のもっとも近くに位置していた皇族への目配りである。皇族という身分に属するひとびとは近代以前にもたくさんいたが、彼らと明治以降の皇族との間には、質的とさえいえる差があった。天皇との関係、権力階級のなかで占める位置、経済的環境など、多くの点で明治以降の皇族は、それまでの皇族と大きく変わったのである。したがって、近代の天皇（制）というものを深く考えていくとき、皇族をよそに置いておくことはできないはずだ。この本は、そのような問題意識のうえに立っている。

具体的にとりあげる宮家は久邇宮《くにのみや》家である。室町時代以来の古い宮家である伏見宮家出身の朝彦《あさひこ》親王を初代とし、邦彦《くによし》王、朝融《あさあきら》王とつづいた同家をめぐるいくつかの出来事をながめることで、近代の天皇（制）のひとつの側面を浮き彫りにしようというのが、この本の狙いである。

「広島流謫《るたく》事件」「宮中某《ぼう》重大事件」「朝融王事件」など、久邇宮家の皇族たちは明治以降の皇室のなかで起きた大きな騒動の登場人物となったが、彼らは決してこれらに受動的に巻き込まれたわけではなかった。そのことがこれからの記述であきらかになるだろう。そして、それを通じて皇族が天皇、ひいては日本の近代におよぼした影響もすこしは浮かびあがらせることができるかもしれない。

序章　貞明皇后の怒り

冒頭から資料の引用になるが、この本のテーマを理解するうえで重要な事実を記したものなので、飛ばさずに読んでもらいたい。当時、宮内《くない》大臣だった牧野《まきの》伸顕《のぶあき》の大正十（一九二二）年五月九日の日記（牧野の日記は以下『牧野日記』と記す）の一節である。

この日、牧野は彼の前々任の宮内大臣だった波多野《はたの》敬直《よしなお》と会った。そして、そこで交わされた会話の内容を日記に細かく記した。まず、その後半部分の一部を引用する。（中略）（後略）とあるところはあとで紹介する。

「波多野（敬直・元宮内大臣）子談。（中略）未だ真の御内約であるから御取り消しになれぬ分けでもない云々、と仰せられたるに付、子爵（波多野）は御婚儀の事は中村（雄次郎・前宮内大臣）男より御変更あらせられずと発表したるに付、勅許もあつての後の事と存ずるが故に今更御変更の余地はあるまいと思ひますと申上げたるに、皇后様は御勅許のありたる次第ではない、大臣から電話で葉山へ報告の形で中村の発表したるを通知して来たまでの事であると御話しあり（後略）」

波多野敬直子爵は佐賀鍋島藩の支藩である小城藩の出身、もともと司法官で大審院判事、東京控訴院検事長、司法次官などを歴任後、第一次桂内閣の司法大臣もつとめたが、明治四十四（一九一一）年、東宮大夫として宮中に入り、大正三年四月から九年六月まで宮内大臣だった。その波多野が「皇后様」と会って話したことの一部始終を、牧野に告げたのである。

「皇后様」とは時の皇后節子《さだこ》。崩御後、貞明《ていめい》皇后の諡《おくりな》で呼ばれる女性である（以下、貞明皇后、あるいは単に皇后と記す）。皇后は前年の十二月二十三日から天皇とともに避寒のために葉山御用邸に滞在し、三月三十一日に東京に帰った（天皇は四月十二日帰京）。『牧野日記』からは正確な月日まではわからないが、官報によれば、帰京直後の皇后は女子学習院、赤十字病院、三里塚御料牧場などをたてつづけに訪れ多忙だったから、おそらく四月中旬以降のある日に、波多野を招いて話をした。

宮内大臣在任当時の波多野を、宮内省高官のひとりだった小原駩吉《おはらせんきち》が、「両陛下の心事を知り居る者波多野に若《し》くはなく、両陛下の信用を受くる者波多野に若くはなし」と評したということが、枢密院議長などを歴任した倉富勇三郎《くらとみゆうざぶろう》の日記にあるが（大正十年二月十七日条。倉富の日記は以下「倉富日記」と記す）、皇后は彼を厚く信頼していた。宮内大臣を退任してからも、おりにふれて拝謁させ、いろいろの相談事をもちかけるなどしていたのであろう。この日も内心の屈託を率直に打ち明けた。

波多野は嘉永《かえい》三（一八五〇）年生まれ。明治十七年に誕生した皇后からすれば父親の年齢である。甘えるような気持で愚痴をこぼしたのかもしれない。しかし、相手の波多野にとって、それは聞き流すにはあまりに重大な発言であった。大きな衝撃を受け、それを現任の宮内大臣である牧野に告げた。聞かされた牧野も驚き、内容を詳細に日記に記録した。裏付ける証拠はないが、多分こういう経緯で、後世のわれわれからすると幸いにも、貞明皇后の発言は文字として残ったのである。

この皇后の発言は、いわゆる「宮中某重大事件」に関するものだが、そのどこが波多野を、そして、牧野を驚かせたのだろうか。

事件の経緯についてはおいおい述べていくが、それが一応の決着をみたのは大正十年二月十日だったということだけは、ここで確認しておこう。この日の夕方、内務省が記者発表をおこなって、皇太子裕仁《ひろひと》親王と久邇宮良子《ながこ》女王の婚約には変更なく、宮内大臣中村雄次郎は辞任したことをあきらかにした。また、宮内省も午後八時、婚約に変更なしと発表し、翌日の新聞各紙朝刊には、そのことが大々的に報道された。皇太子の婚約について深刻なトラブルが起こっていることを知らなかった大多数の国民は、こんな記事を読んでもなんのことやらわからなかっただろうが、いずれにしろ、騒ぎは一段落したのである。

ところが、当の皇太子の母親の貞明皇后が、二月十日から二カ月以上も経って、「(皇太子の婚約は)真の御内約であるから御取り消しになれぬ分けでもない」と言いだしたのだ。文脈からして「真の御内約である」とは、「まったくの内約にすぎない」という意味である。波多野たちが仰天したのは当然であろう。

波多野は上記引用にあるように、面《おもて》を冒《おか》して諫言《かんげん》した。

〈御婚約には変更がないと中村宮内大臣からも発表しております。大臣の発表については天皇のお許しも出ているのですから、いまさら取り消しなどは出来ません〉

しかし、皇后は言う。

〈天皇のお許しなどはない。中村が葉山に電話をしてきて、こういう発表をしたと事後報告しただけだ〉

皇太子の婚約問題がもめはじめたのは、大正九年の秋ごろからだが、それ以後、トラブルについての情報が詳しく天皇、皇后に伝えられていた形跡はない。この皇后の言葉には、そういうことについての苛立《いらだ》ちもこめられていたはずだ。波多野も皇后の微妙な心理の動きは察しただろうが、しかし、皇后の意見に同意することは出来ない。さらに諫言をつづけた。『牧野日記』には波多野はつぎのように言ったとある。前記引用の（後略）のところである。

「御勅許はなかつたとしても、中村が彼《か》の時御変更あらせられずと発表した以上、今日之《これ》を御止めになる様の事は宜《よろし》からず、そうなれば此度は国民は陛下に直接其御処置の不当を訴ふる様になり、甚だ憂慮すべき事になります、兎《と》に角《かく》御婚儀の事に付ては何《いず》れ宮内大臣〔牧野伸顕〕より適当の時機に申出致すべきに付、夫《そ》れまでは何も御話しのない方が御宜かるべし」

もっともな理屈である。宮内大臣が国民に向かって正式に発表したことに天皇が同意していないということになれば、まさにおおごとである。そうであれば、累が天皇におよぶことになる。波多野はそう説いた。ここまで言われれば、皇后もあくまで意地を張るわけにはいかない。「左様か」と言って矛をおさめ、話は終わった。

皇太子婚約問題についての当時の状況を考えれば、貞明皇后の主張はあきらかに無理筋である。すでに婚約に変更なしということは既成事実となってしまっているのだから、いかに皇后が異をとなえても、婚約を解消することは不可能に近い。

しかし、皇后は決してワガママを言っているわけではなかった。波多野もそれがよくわかったからこそ、つまり、皇后の主張にも一理があると思ったからこそ、必死になって諫言したのであろう。皇后はなぜ、こんなことを言いつのったのか。そのわけは、引用部分の（中略）のところを読むとわかる。また、少し長くなるが、全文を引用する。

「久邇宮（邦彦王）より直書を御手許《おてもと》に進呈なされたる事に付御話しあり、あれは大夫《だいぶ》を以《もつ》て御返へしする事に取計らひたるが、あゝ云ふ風にては他日皇太子様が御困まりなさる事もあるべし、久邇宮様が御自分様が勝つたと云ふ御態度では宜しからず、皇太子様が御立前に御告別の為め御対顔なされたいと云ふ事もあつた、未だ表向きの発表、御約束にもなつて居らぬのに穏やかでないと思ふ」

そして、このあと前記の「未だ真の御内約であるから」と続くのだが、要するに貞明皇后は良子女王の父、つまり皇太子と女王の婚約が実行されたときには皇太子の舅《しゅうと》になる久邇宮邦彦王の態度にハラを立て、婚約の解消を期待するかのような発言をしたのである。

一読してあきらかなように、皇后は三つの点について邦彦王の非を指摘する。ひとつは「直書を御手許に進呈なされたる事」、ひとつは「御自分様が勝つたと云ふ御態度」、そしてもうひとつは「皇太子様が御立前に御告別の為め御対顔なされたいと云ふ事」である。いずれも某重大事件全体のなかで重要な意味をもつポイントだが、ここでは「直書の進呈」についてだけ、簡単に説明しておく。

宮中某重大事件における杉浦重剛《すぎうらしげたけ》とその周囲の動きを逐一記した記録で、これからもたびたび引用することになる『申酉回瀾録《しんゆうかいらんろく》』（杉浦門下生の猪狩史山《いかりしざん》が執筆し、杉浦が検閲した。申酉は大正九、十年の干支《えと》である）によれば、邦彦王が皇后に会って婚約問題についての自分の主張を述べた文書（直書）を渡したのは、大正九年十一月二十八日である。『牧野日記』にある「御手許」という丁寧語の読み方によっては、天皇のもとに文書を差し出したとも解釈できなくもないが、皇后がそれを「（皇后宮）大夫」に返却させたと言っていること、また、事件についての山県有朋《やまがたありとも》、杉浦重剛などの関係資料からも、皇后に渡そうとしたことは確実である。

これが皇后を怒らせた。皇族が天皇家と自分の一家にかかわる事柄（いうまでもなく皇太子裕仁親王と良子女王の婚約問題である）についてあからさまに意見を表明し、しかもそれを文書にして差し出す。なんという不謹慎なことかと、皇后は激しい不快の念をおぼえたのである。

左から皇太子時代の昭和天皇、貞明皇后、秩父宮、高松宮

皇后は皇后宮大夫を通じて、文書を邦彦王に返した。つまり、おかしなことをしないでくれという態度をはっきりと表明したのだ。しかし、邦彦王は平気だった。『申酉回瀾録』にその全文が記録されていることからもわかるように、王は皇后に文書を提出したとのみならず、その内容までも周囲にあきらかにし、そればかりか、写しを山県有朋のもとに送りつけたりもしたのである（『田中義一伝記』。『田中義一伝記』には宮中某重大事件についての山県有朋側の資料が多

数収録されている)。まさに皇后の顔にドロをぬったと言わざるをえない。皇后が波多野に話をしたときには、このようなことも耳にはいっていたであろう。皇后が怒るのも無理はないのであった。

さらに、皇后は邦彦王が文書を天皇にではなく自分に差し出したことにもあきれたにちがいない。いうまでもなく、皇室の長は天皇である。皇室典範第三十五条(旧典範。以下、ことわりのないかぎりは同じ)に「皇族は天皇之を監督す」とあるように、天皇は皇后をふくむすべての皇族たちを監督し、支配する。皇族の結婚も天皇の許しがなければできないことになっている。にもかかわらず、邦彦王は天皇にではなく、皇后に文書を差し出したのである。

たしかに当時、大正天皇は心身ともに弱っていた。皇太子の婚約問題についても的確な判断ができないことは、すくなくとも皇族や宮中の上層部の間では公然の秘密であった。しかし、だからといって、皇族が天皇の存在を無視するような行動をとるのは絶対に許されないことである。この点でも邦彦王の行動は非常識きわまりないものであった。

前述のように、皇后も一応は「左様か」とみずからの主張にこだわらない姿勢を示した。しかし、ここまで説明すれば、皇后があえて一見無理な主張をしたわけもわかるだろうし、宮中某重大事件の名で知られるトラブルには、従来、ほとんど注目されていなかった興味深い側面があることも理解してもらえるはずだ。さらに、皇后が邦彦王の言動に対するわだかまりを、これ以降も長く持ちつづけることも容易に想像できるだろう。

そして、驚くべきことに、邦彦王は宮中某重大事件のあとも皇后たちの神経を逆撫《さかな》でするような行動に出る。それが「朝融王事件」だが、この事件への言及は第七章でおこなう。

次章からはまず宮中某重大事件の経緯について、各種の資料をもとに見ていくことにしたい。

第一章　皇太子妃「内定」

「定説」と真相の間

日本の近代史のなかで、「某重大事件」の名前で知られる有名な出来事が二つある。ひとつは大正九（一九二〇）年の秋から十年二月にかけて起きた宮中某重大事件であり、もうひとつは昭和三（一九二八）年六月四日に起きた満州某重大事件である。

後者、すなわち関東軍高級参謀河本《こうもと》大作大佐らによる張作霖《ちょうさくりん》爆殺については、その真相はほとんど解明されている。この陰謀が当時の日本にもたらした影響、その結果、日本が破滅への道を歩むことになった経緯などについては、「定説」が確立している。「某重大事件」という真相を隠蔽《いんぺい》するためにもちいられた言葉は、すでに不要になっているのである。

これにくらべて、宮中某重大事件は、事件後九十年以上を経過した今日でも、相変わらず霧のなかにあるといってよい。事件のいきさつ、そのもつ意味などは、依然としてはっきりしていないのだ。「某重大事件」は相変わらず「某重大事件」のままなのである。

もっとも、宮中某重大事件に関しても、満州某重大事件と同様、「定説」のようなものができあがっているはずだと主張するひとも多いだろう。たしかに、近代史関係の各種書籍などにおいては、事件についてほぼ同じような記述がなされている。

それをごく簡単にまとめるならば、「いったん内定した皇太子裕仁親王と久邇宮良子女王の婚約に、元老山県有朋が異議を唱えた。理由は良子女王の母方の血統に色盲の遺伝があるということである。これに対して東宮御用掛《ごようがかり》の杉浦重剛が、すでに決まっている婚約を変更するのは人倫にもとると反対した。この山県の『血統論』と杉浦の『人倫論』の対立を軸にして、そこに薩長閥《さっちょうばつ》の抗争や民間の反藩閥勢力の動きなどがからみ、事態は宮中のみならず政界の一部も巻き込んで複雑化したが、結局、『人倫論』が勝利をおさめ、騒ぎは収束した」ということになる。

　これが宮中某重大事件についてのいわば「定説」ともいうべきもので、細かい点についてはともかくとして、その真相が霧のなかにあるなどということはないというのが、おおかたの理解であろう。そして、事件における最大の「悪玉」は山県有朋だということについても、漠然とした「合意」ができあがっているといえよう。

　そもそも山県という人物については、その功績からすると不当なくらい悪いイメージがひろまっている。陸軍、内務省などの官僚機構、枢密院、貴族院を支配下に置き、政党勢力を弾圧し、ときには天皇をもないがしろにして権勢をほしいままにした長州閥の巨魁《きょかい》。同じ長州出身の伊藤博文《ひろぶみ》を「陽」とするならば、「陰」の権化のような男、それが山県ということになっている。したがって、宮中某重大事件においても、彼は悪役として立ち回ったにちがいないと、多くのひとはなんとなく信じこんでいるし、実際、事件の最中から「山県陰謀説」はほうぼうで流布された。

しかし、序章で簡単に述べたことだけからもわかるように、この事件には、そのような一般化した通念におさまりきらないことが多すぎる。真相はいまだに解明されていないといわざるをえないのだ。

それはなぜだろうか。日本の社会には天皇や皇室に関するタブーがあり、事件の真相を追求することがむずかしかったから、というのもひとつの答えであろう。しかし、戦前はともかく、この事件については、戦後すぐからさまざまな形で検討がなされてきた。真相解明が完全にタブー視されていたということはない。

では、資料的な制約があったのか。この点についての答えはイエスであり、ノーである。皇室内部のできごとに関する資料は、最近やっと、しかもきわめて不完全な形で「大正天皇実録」が公開されたことからもわかるように、秘せられているのが普通である。しかし、宮中某重大事件についての資料がまったくなかったわけではない。当事者たちの回想などもふくめて、それなりに事件を分析する手がかりはあった。が、それらを丹念につづり合わせて事件の全貌《ぜんぼう》をうかびあがらせようとする努力はあまり払われなかったのである。そして、結局、前述したような「定説」ができあがった。

これから、各種の資料に依拠しながら宮中某重大事件の真相に迫っていくが、一、二を除いて特別な資料をもちいるわけではない。そのほとんどが公刊、ないしは公開されているものである。

たとえば序章であげた『申酉回瀾録』は、昭和天皇在位五十年を記念して、杉浦重剛が創設した日本学園の同窓会（梅窓会）が小部数ではあるが刊行し、それが国立国会図書館にもあるから、いまでは誰でも自由に全文を読むことができる。また、杉浦重剛たちからは離れた立場で山県攻撃をおこなった城南荘・国民義会グループのひとりである松平康国の事件についての手記（「東宮妃廃立事件日誌」）も、刈田徹教授が全文を紹介した（『拓殖大学論集　190』。現物は新潟県長岡市の大竹邸記念館にある）。さらにいずれも事件に関する記事をのこしている牧野伸顕、原敬《たかし》、松本剛吉《ごうきち》などの日記は公刊されているし、倉富勇三郎、田《でん》健治郎の日記は国立国会図書館憲政資料室で公開されている。そして、山県有朋関係の資料は前述のように『田中義一伝記』に、また、事件の最中に多数ばらまかれた怪文書の類《たぐい》は『現代史資料23　国家主義運動3』などに収録されている。

もちろん以上のような資料のほか、これまでに刊行された昭和天皇や近代史関係の書籍などで、この事件にふれたものも参考になる。しかし、それらのなかには、先行するあまり信用の出来ない文献などに無批判によりかかったものもないではなく、誤りが誤りを生んでいるケースも散見される。必要のないかぎり、いちいち指摘することはしないが、世評の高かった書籍などのなかにも案外そういうものがあるから、注意が必要である。

では、本論に入ろう。

婚約「内定」まで

皇太子妃の選定は将来の皇后を決めることだから国家、皇室の重要事だが、そのプロセスが誰にでもわかるように公開されることはない。第四章でふれるように、のちの大正天皇である皇太子嘉仁《よしひと》親王の妃が決まる経緯や、妃候補者の名前については、『明治天皇紀』や皇太子の教育掛だった佐佐木高行関係の資料からある程度うかがうことができるが、これは近、現代の皇太子妃選びにおける幸運な例外とでもいうべきものである。たとえば今上天皇や皇太子徳仁《なるひと》親王の妃選びに関しては、マスコミが虚実とりまぜてさんざん報道したから、かなりはっきりしているかのように思える。しかし、正田《しょうだ》美智子、小和田雅子というふたりの女性以外にどんな妃候補者がいたのか、宮内庁や皇室関係者と両嬢側がどのような形で接触したかといったことについて、公式な説明はいっさい存在しないのである。

これと同じく、裕仁親王の妃候補として久邇宮家の長女良子女王があがったいきさつをあきらかにする資料はほとんど存在しない。噂の類はいくつも流れ、それらや当時の関係者の談話などを紹介している文献もあって参考にはなるが、残念ながら噂も談話の内容も、確実な資料などによって裏付けられているとは言い難い。

皇室典範第三十九条に「皇族の婚嫁は同族又は勅旨に由《よ》り特に認許せられたる華族に限る」とあるように、皇族の結婚相手は皇族と天皇が認める華族にかぎられていた。

「特に認許せられたる華族」とはあいまいな規定だが、結果からみれば、旧公卿《くぎょう》、諸侯で、ほとんどが伯爵以上の家の華族である。しかし、皇太子の場合、ほかの皇族よりもさらに条件はきびしく、その妃となる女性は皇族でなければ、摂家などの上級公卿や大大名だった公、侯爵家の娘であることが必要とされたことが、嘉仁親王の妃選定に関する資料から推測できる。

さらに、これも嘉仁親王のケースから類推して、妃は明治三十四（一九〇一）年四月生まれの皇太子よりも年下であることが望まれていたと思われる。明治天皇の皇后美子《はるこ》（昭憲《しょうけん》皇太后）は天皇よりも二歳年上だったが、これは王政復古直後という「非常時」での例外的なケースであり、やはり皇太子のほうが年長であることが前提にされていただろう。とはいえ、あまり女性が年下でも困る。大正天皇が病弱であることを考えると、皇太子の結婚は早いほうがいい。そうなると、年の離れすぎた女性は結婚時には幼く、候補として非現実的ということになる。

良子女王はこれらの条件を満たしていた。もちろん宮家の娘として生まれた皇族だし、明治三十六年三月誕生だから、皇太子よりも二歳年少である。妃として申し分ない。しかしながら、このような条件だけみれば、それにかなう若い女性は良子女王のほかにも何人かいた。皇族だけでも、賀陽宮邦憲《かやのみやくにのり》王の次女佐紀子女王（明治三十六年三月生）、良子女王の妹にあたる信子女王（明治三十七年三月生）、智子《さとこ》女王（明治三十九年九月生）、伏見宮博恭《ひろやす》王の次女敦子《あつこ》女王（明治四十年五月生）、そして、山階宮菊麿《やましなのみやきくまろ》王の長女安子女王（明治三十四年十月生）である。さらにいちいち名前はあげないが、公、侯爵家の娘たちにも適格者は少なくなかった。このような候補者たちをしりぞけ、なぜ良子女王が皇太子妃として選ばれたのかは、前述のようにほとんど明らかになっていないのである。

とは言うものの、妃選びの過程で、裕仁親王の母貞明皇后が大きな発言力をもったことはいくつかの資料から確認できる。皇后の死後、多くの皇族や宮中関係者などの話をもとに作家の福田清人《きよと》がまとめた伝記（『貞明皇后』）にも、「皇太子の倫理の教師である杉浦重剛を相談相手にして、東宮御学問所の小笠原長生《ながなり》子爵に命じて、適格の候補者の写真その他の資料を集めさせ、その中から良子姫を選定されたということである」と書かれている。もちろん、皇后に皇太子妃を選ぶ法的な権限があるわけではないが、天皇が心身の不調に悩まされていたという事実を踏まえれば、皇太子の結婚相手について皇后の意向が大きく作用したことは容易に想像できる。

皇后は候補者の写真や学校の成績表、健康状態を示す資料、家系図などをみたり、皇族、華族の少女たちの教育をおこなっている学習院女学部の関係者の意見も聞いたであろう。嘉仁親王の妃選びのときは、当時、九条節子だった貞明皇后を含む何人かの候補者を、親王の異腹の妹にあたる内親王たちの遊び相手をさせるという名目で集め、佐佐木高行やその妻、娘が観察したりしたが、裕仁親王の場合も学習院女学部の行事などのときに、それとなく候補者たちの品定めがおこなわれたにちがいない。かくして、良子女王は皇后のめがねにかなったのである。

久邇宮家にそのことが最初にあきらかにされたのは、大正七年一月十四日である。この日、天皇、皇后の命を受けた宮内大臣波多野敬直が、愛知県豊橋に駐屯する第十五師団の師団長だった久邇宮邦彦王（当時・陸軍中将）を訪ね、良子女王が皇太子裕仁親王の妃に内定した旨の書面（御沙汰《さた》書）を渡した。『中西回瀾録』によれば、そこには「邦彦王第一女良子女王を皇太子妃に御予定の旨　御沙汰候事」とあったという。

さらに波多野は翌十五日、静岡県の沼津御用邸に滞在していた裕仁親王のところに回り、同様のことを報告した。邦彦王と俔子《ちかこ》妃は十六日に豊橋から上京し、十八日に参内して天皇、皇后と会い礼を言った。以上のことは、新聞各紙も報じ、国民は良子女王が皇太子の妃になるのが決まったことを知った。ときに裕仁親王は数えで十八歳、良子女王は十六歳。新聞に掲載された良子女王の写真は、まだ少女の面影をのこしている。

そして大正八年六月十日、久邇宮家にこんどは「邦彦王第一女良子女王を皇太子妃に御内定の旨　御沙汰候事」との「御沙汰書」がもたらされた。良子女王の次兄邦久王（のち臣籍降下して久邇侯爵）の伝記『侯爵久邇邦久伝』によると、この日の朝に天皇からの使いが久邇宮邸にやってきた。父邦彦王は前年八月に近衛《このえ》師団長となって東京に戻ってきており、この「御沙汰書」を受け取った。

また『牧野日記』の大正十年八月六日条にある久邇宮家の事務官の証言によると、この「御沙汰書」がきたのと同じころ、良子女王は母親とともに貞明皇后に会った。そのとき皇后は、「これは自分が皇太子妃に内定したときに昭憲皇太后からもらったものだ」と言って、ダイヤモンドの腕輪をあたえている。つまり、皇太子婚約をめぐって宮中などが騒がしくなる大正九年秋の三年近く前に、良子女王が皇太子の配偶者になることは決まり、その一年半あとにはそれが天皇や皇后によって追認されていたのである。

　もっとも、ここに微妙な問題があることに注意しなければならない。それは「予定」「内定」の「御沙汰書」が出されたといっても、そのことによって裕仁親王と良子女王の婚約が正式に成立したわけではなかったということである。序章で述べたように、貞明皇后自身がのちに「（婚約は）真の御内約であるから御取り消しになれぬ分けでもない」と語っているように、「予定」「内定」は天皇が署名した文書で保証されていたわけではなかった。正式の婚約は、天皇が名前を記した親書で勅許をあたえたのち、一般社会での結納にあたる「納采《のうさい》の儀」がおこなわれて初めて確定するのである。もちろん、天皇がまったく知らないうちに「御沙汰」が出されることはありえないだろうが、「予定」も「内定」も形式的にはあくまでも非公式であった。

　東宮妃に良子女王が決まったと報じた大正七年一月十八日付の『東京朝日新聞』朝刊は、裕仁親王の結婚が皇太子の結婚としては史上初めて皇室典範にのっとっておこなわれるものだと記し、四月二十九日の裕仁親王の誕生日に典範の定めた天皇による婚約の許し（勅許）がくだされ、それに続いて宮中三殿への奉告や「納采の儀」がある予定と解説した。しかし、この報道は勇み足であり、正式な勅許や「納采の儀」は「予定」

「内定」の「御沙汰」があったあとも、いっこうにおこなわれなかった。つまり、裕仁親王と良子女王の婚約は、正式なものにはならなかったのである。

なぜ、そのようなことになったのか。おそらくそれは、裕仁親王の父、つまり嘉仁親王の婚約が「内定」期間中に取り消されたという前例があったからであろう。具体的には親王の婚約相手が伏見宮禎子《さちこ》女王に「内定」しながら、女王の健康問題を理由に白紙に戻され、あらためて九条節子が皇太子妃となったという前例である。この出来事の詳細については後述するが、もし正式の勅許がくだったあとだったら、嘉仁親王と禎子女王の婚約の解消はできなかったと思われる。なんといっても、「綸言《りんげん》汗の如し」なのである。だからこそ、裕仁親王の婚約についても、万一のことを考えて、正式の勅許はなかなかおりなかったのであろう。

しかし、「御沙汰書」がただの紙切れであるはずはない。また、皇后が良子女王に意味無く大事な腕輪を与えるわけもない。さらに、新聞も前述のように婚約を確定的なものとして報じていた。もうひとつ新聞記事を引用すれば、大正九年六月十二日付の『東京朝日新聞』にはつぎのようにある。

「東宮殿下と久邇宮良子女王殿下との御慶事は予《かね》て御内定中の処《ところ》、畏《かしこ》き辺に於かせられては、去る十日公式に御成約あらせらるべき旨仰出《おおせいだ》され、波多野宮相聖旨を奉じて同日、下渋谷なる久邇宮御本邸に伺候」

こうであれば、久邇宮家や皇室、宮中関係者、そして世間一般が、良子女王が裕仁親王の妃になることは確定していると思うのも当然であった。

「予定」の「御沙汰書」を受けて、良子女王は大正七年二月に学習院女学部（華族女学校、女子学習院という名称だったこともあるが、当時はこう呼ばれていた）を中途退学し、久邇宮邸内に建てられた御花御殿と称する学問所で、とくに選ばれたかつての同級生二人とともに、学習院教授たちから特別の教育を受け始めた（『女子学習院五十年史』）。さらに同年五月、久邇宮家では、すでに東宮御学問所御用掛として裕仁親王に倫理学を講じていた杉浦重剛に、良子女王の修身の教師役を委嘱する。良子女王が皇太子妃となるべき準備は、着々と進められていたのである。

第二章　騒動の始まり

軍医の「発見」

ところが、ここにある出来事が起きた。これが宮中某重大事件の発端であった。

従来、この事件については反山県勢力のひとびとの回想などに依拠して語られることが多かったため、事件の経緯も杉浦重剛らの動きが活発化した大正九（一九二〇）年十一月あたりからのことは比較的知られているが、それ以前のことは無視されがちであった。したがって、事件の発端は案外はっきりしていない。ところが、『田中義一《ぎいち》伝記』には山県有朋がのこした事件関係の資料が収録されており、それを見ると事件が起きた経緯がかなりあきらかになる。

周知のように田中義一は長州出身の陸軍軍人で、山県の直系として陸軍、政界で大きな勢力を誇り、首相にまで昇った人物である。そのため、『田中義一伝記』で宮中某重大事件と山県の関係についてふれたところは、どうしても山県の肩をもつような筆致となっているが、収録された資料は他の文献などと照らし合わせても、ねじ曲げられている可能性はなさそうだ。

以下、『田中義一伝記』下巻の「附　宮中某重大事件」という部分から引用する。

まず、「大正九年夏、平井前赤十字病院長が山県に対し左の如き談話をしたのが発端である」との文章があり、山県のところにのこっていたつぎのような文書（便宜上、以下「山県文書」）の一部が紹介されている。

「軍医草間医学士は眼科専門にて、特に色盲遺伝に関する学問を研究せるが、偶々《たまたま》学習院の体格検査の医官を命ぜられしを以て、之《これ》を好機として色盲の調査を為したる処、偶然島津公爵家と久邇宮家との間に色盲遺伝の関係あり、其《そ》の病状が全く学術上の定説に符合し、良子女王殿下の御子孫にも其の疾患を遺伝するの虞《おそれ》ある事を発見せり」

これだけではあまりに簡単すぎてなんのことやらよくわからないだろうから、適当に解説をくわえながら、宮中某重大事件の発端をながめていく。まず、登場する平井前赤十字病院長、草間軍医、島津公爵家について説明しよう（平井、草間については大正時代、昭和初期の人名録などによる）。

山県有朋に話をした平井前赤十字病院長とは、大正九年五月まで現役の陸軍軍医総監（中将相当官）のまま赤十字病院長をつとめ、退任とともに予備役入りした平井政遒《せいゆう》である。若狭小浜《わかさおばま》藩の出身だが、日清戦争直後、山県の訪欧に随行したり、赤十字病院長当時も、山県の意をうけて、病床に伏していた検事総長平沼騏一郎《きいちろう》を自ら往診したこともあるというから（『平沼騏一郎回顧録』）、山県閥の一員といってもいい存在だったのだろう。

軍医草間医学士とは、山梨県出身で明治四十二（一九〇九）年に東京帝大医学部を卒業して陸軍の軍医となった草間要である。四十四年に陸軍軍医学校の教官となり、ずっとその職にあったようだ。大正九年当時の階級は二等軍医正（中佐相当官）である。先のことになるが、大正十二年、陸軍を退いて眼科医院を開業した。

島津公爵家とは薩摩藩主だった島津本家をさす。島津姓の公爵家は二家あった。島津斉彬《なりあきら》の養子で最後の薩摩藩主だった忠義《ただよし》、忠重《ただしげ》とつながる家と、斉彬の弟で忠義の実父だった久光《ひさみつ》、忠済《ただなり》、忠承《ただつぐ》とつながる家である。久光は斉彬亡きあと、事実上の藩主として活動したが、あくまでも島津家の当主ではなかった。しかし、維新後、その功労によって特に華族の家を立てることが認められ、明治十七年七月に爵位制度ができたときに、島津本家の当主である実子の忠義とともに公爵に叙せられた。その結果、同姓の公爵家がふたつできたのである。血統的にはひとつの家のようなものだが、引用文のなかの島津公爵家とは本家の公爵家をさしている。同家は忠義の娘、つまり久光の孫にあたる俔子が久邇宮邦彦王と結婚したことで同宮家と姻戚《いんせき》となった。

以上が関係する人物などの解説だが、つぎに草間が「島津公爵家と久邇宮家の間に色盲遺伝の関係あり」と判断するにいたった経緯をもう少し具体的にみよう。

『田中義一伝記』には詳しい年月日は出ていないが、草間が学習院の生徒の身体検査をおこなったのは、おそらく大正九年春ごろだろう。身体検査は学年の初めごろにおこなわれるのが普通だからである。

このころ、学習院に学んでいた久邇宮家、島津公爵家の子弟は多くない。久邇宮家の長男朝融王は大正七年四月に海軍兵学校に入校、次男の邦久王も同じときに学習院中等科から東京府立一中に転校していた。また、島津公爵家には学校に通う年頃のものはいなかった。結局、草間の検査を受けたと思われるのは、久邇宮家の三男邦英《くにひで》王（のちに臣籍降下して東伏見邦英伯爵）だけである。

草間はこの王が色盲（赤と緑の判別についての色覚障害。色盲という言葉は差別意識を助長するので使うべきではないとの考えがあることは承知しているが、本書ではあえて使用する。もちろん、色覚が普通とちがうひとびとへの差別に与《くみ》するつもりはまったくない）であることを発見した。そして、専門家としての興味にかられて久邇宮家や島津公爵家のひとびとの医学的データを調べた結果、邦英王の兄朝融王と、島津公爵家の当主で俔子の実弟忠重公爵も色盲であることをつきとめた（このふたりが色盲ということは『中西回瀾録』が明記している）。さらにそれが忠義の側室で俔子や忠重などを産んだ山崎寿満子からの遺伝によることもあきらかになったのである。

この発見は草間を悩ませた。なぜならば、邦英王の色盲が祖母からの遺伝ということになれば、遺伝理論にしたがうかぎり邦英王の姉である良子女王も色盲遺伝子をもっていることになり、将来、良子女王が産むであろう子供も色盲である可能性が高いという結論が出ざるをえないからである。

草間は重大な発見を自分だけの秘密にしておけなかった。「山県文書」はつぎのように続く。

「草間軍医は、皇統の将来に関係を及ぼすべき事なれば甚だ憂慮に堪へず、密《ひそ》かに其の趣を自己の長官たる軍医学校長に内談し、軍医学校長亦《また》大に驚きて、順序を経て之を宮内の当局者に内話したりといふ」

陸軍軍医学校長は大正九年四月初めに下瀬謙太郎一等軍医正（大佐相当官）から岩田一軍医監（少将相当官）に交代している。草間がどちらに報告したかはわからないが、いずれにしろ、軍医学校長の手におえることでもなく、学校長はさらに上司に報告し、草間の報告は陸軍上層部から宮内次官か大臣あたりにひそかに伝えられた。

これに対する宮内省側の反応を「山県文書」はこう記す。

「（宮内省当局者は）良子女王殿下東宮妃に御内定の今日に於《お》いて、此《こ》の如き事を発表するは甚だ穏当ならずとて内密に致し置く可き旨を諭示せられしといふ」

要するに、いまさらそんなことを言われても困るから黙っていてくれ、ということである。しかし、人の口に戸は立てられない。このことはいつの間にか軍医たちのあいだに広まり、それが予備役軍医総監の平井政遒の耳にも入り、平井は山県に御注進におよんだという次第だった。

山県有朋の主張

この情報を聞いて山県はどうしたか。

『田中義一伝記』は彼が「(良子女王から生まれる将来の天皇が)不幸にも紅緑の色彩を弁別し給はず、花も若葉も一色と見、秋の紅葉も夏の緑葉も看別するの能力を欠き給う如き事ありては、啻々《ただただ》御一身上の御不幸之より大なるは無きのみならず、至神至聖なる皇統に永く此《か》かる疾患を遺《のこ》すは真《まこと》に恐懼《きょうく》の至りに堪えず」と苦悩したと記す。

和歌の才能もなかなかだった山県らしく、紅葉がどうの緑葉がどうのと「文学的」に悩んだというわけだが、宮中某重大事件を山県の陰謀ととらえ、「山県悪玉論」を主張する立場からすれば、彼はこの極秘情報を聞いて「長州閥にとって皇太子婚約を解消させる絶好の理由ができた」と喜んだということになる。山県は陰険な男で、自派の利害しか考えなかったとする前提に立ち、都合のよい「状況証拠」だけを集めていけばこういう見方もできるわけだが、それを直接証明する資料はない。では、山県の真意はどこにあったのかという疑問が当然生じるが、それについては第九章で考えることにする。

ここで確かなのは、良子女王が皇太子妃となれば色盲遺伝子が皇統にはいる可能性が高いということが山県の耳にはいったという事実である。

山県はこれを問題にした。その背景には、「秋の紅葉も夏の緑葉も看別」できない

「疾患」への憂慮といった典雅なことよりも、当時ならではの特殊な事情が存在した。草間軍医が悩んだのもそれゆえだったし、山県も表面的には一貫してそちらのほうを重大視する姿勢をとりつづけた。それは軍務との関係であった。

明治四十二年三月三十一日付で出された「陸軍士官候補生諸生徒其他陸軍志願者身体検査規則」という陸軍省令がある。士官学校などの陸軍の学校へ入校を希望したり、陸軍に入りたいと志願するものたちの身体的な条件を定めたものだが、この第五条四項に「視力に障碍《しょうがい》ある者色盲を有する者」は丙種とすると規定されている。丙種とは不合格ということである。つまり、色盲のものは陸軍軍人たることを希望しても認めないとの決まりが存在したのだ。また、海軍においても、色盲のものは兵学校入校を認めないことになっていた（『続　海軍兵学校沿革』）。

そして、皇族についての法規である皇族身位令第十七条には、つぎのようにあった。

「皇太子、皇太孫は満十年に達したる後陸軍及海軍の武官に任ず。親王・王は満十八年に達したる後特別の事由ある場合を除くの外陸軍又は海軍の武官に任ず」

くだくだしく説明する必要もないだろうが、ここに生じる矛盾を山県たちは問題視したのだ。生まれながらに軍人となるべき義務を負っているものが、軍人志願を認められない色盲では困るということである。

親王、王はまだいい。なぜならば、彼らは「特別の事由」があれば軍人にならなくてもすむからだ。実際、色盲だった久邇宮邦英王は健康体であったにもかかわらず軍人にはならず、学者から僧侶《そうりょ》という人生を歩んだ。

しかし、皇太子、皇太孫（天皇の孫でつぎの皇位に即《つ》くことが決まっている男子）にはこのような例外規定もない。どんなことがあろうとも満十歳になればかならず軍籍に入り、即位すると同時に陸海軍を統率する大元帥となることが決まっているのである。

もちろん、大元帥が自分で軍隊を指揮するわけではない。第一線で敵と向かい合っている軍人が色を判別できなければなにがしかの不都合もあろうが、大元帥にはそんなことも考えられない。また、前述のように良子女王の兄の久邇宮朝融王は、色盲であるにもかかわらず海軍兵学校に入り、軍人への道を歩んでいる。皇族の場合、いくらでも融通がきいたのだ（同じく色盲の島津忠重公爵も海軍軍人になった。彼の回想記『炉辺南国記』によると、兵学校入校に際しては海軍を牛耳っていた島津家の旧家臣たちが全力をあげて応援したというから、ここでも規則の適用は融通無碍《ゆうずうむげ》だったのだろう）。

だから、天皇が仮に色盲であってもたいした差し支えはないはずなのだが、山県はそうは考えなかった。あるいは考えまいとした。陸海軍を率いる大元帥が、軍人を志願しても認められないような身体的欠陥をもっていては困るとの建前を前面に出し、皇太子の婚約に疑義をむけはじめた。そして、宮内省当局者が「内密にしてほしい」と願ったにもかかわらず、ことを関係者たちに知らせる道を選んだのである。

ここに山県の「悪意」あるいは「陰謀」をかぎとる向きは多いだろう。しかし、その点についてはまだあえて触れない。ただ、単純な決めつけには、それこそ宮中某重大事件の背後にあるものを過度に単純化する惧《おそ》れがあることだけを指摘しておきたい。

『田中義一伝記』によると、山県はこのことを皇室財産会議が開かれたおりに松方正義、西園寺《さいおんじ》公望《きんもち》の両元老に告げた。二人も驚き、「此の上は学問上の根拠を正確に探究し、然《しか》る後善後の方法を講究するの外なし」ということで意見が一致した。そして、宮内大臣に医学的な調査をおこなわせることになったのである。順調に進んでいたはずの皇太子婚約の前途に、にわかに暗雲がたちこめてきた。

医学調査と徴兵令問題

元老らに医学調査を命じられた宮内大臣は中村雄次郎である。嘉永五（一八五二）年生まれで士官学校長、陸軍次官などを歴任、中将で予備役となった陸軍軍人だが、その後、男爵に叙せられ、満鉄総裁、貴族院議員などをつとめたのち現役に復帰し、関東州を管轄し、南満州鉄道の保護、監督などにあたる関東都督に就任している。そして、大正九年六月十八日に波多野敬直のあとを襲って宮内大臣に就任した。世間では山県閥の一員と目され、事件のなかで反山県派からは、波多野から中村への宮相交代も宮中を意のままに動かしたい山県の陰謀であると非難された。

たしかに波多野自身がのちに、色盲問題で山県の逆鱗《げきりん》にふれたとほのめかしている事実はある（『中西回瀾録』大正十年一月）。中村の宮相就任が山県の意向によるものであることは間違いなかろうが、しかし、後述するように中村は事件の最終処理にあたって結果的に山県の意に反する行動をとったのだから、中村をまるっきり山県の傀儡《かいらい》のように決めつけるのは無理がある。

それはさておき、中村は池辺棟之助侍医頭と宮内省御用掛の保利《ほり》真直、三浦謹之助に色盲遺伝について調査、研究のうえ、意見書を提出するように求めた。保利は眼科の専門医で、近衛《このえ》師団軍医部長をつとめた予備役の軍医監、三浦は東京帝大医学部教授である。意見書は保利が執筆し、池辺、三浦も内容に異存なしと注記して、十月十一日に提出された。作成にあまり時間がかからなかったことからも分かるように、調査、研究といっても、三人の医師があらためて診断などをおこなったわけではなく、久邇宮家の王が色盲だという前提のもとに、医学上の定説にもとづいた見解がそこには開陳されていた。

意見書の内容の概略は『田中義一伝記』に記されているが、実は全文が『中西回瀾録』におさめられている。極秘であるはずの意見書が外部にもれているわけだが、十一月十九日に杉浦重剛が久邇宮家から借り出し、写したのである。このことは、事件のなかで久邇宮家がとった姿勢を判断するうえで重大な事実だが、ここではこれ以上はふれない。以下、『中西回瀾録』所収の意見書の内容を摘記しよう（『中西回瀾録』では意見書が十一月十一日に提出されたとなっているが、前後関係から判断してこれは誤りである）。

意見書はつぎのように始まる。

「此の度は久邇宮王子殿下の中 御二方 色盲にあらせらるゝ為め 良子女王殿下も色盲の御家系に因《ちな》み、他日御婚嫁の後、其《そ》の御子孫に遺伝せらるゝの憂、之なきや否やの重大なる問題に対し、真直が現今眼科専門を以て侍医寮に奉仕する関係上、右遺伝の存否に関する意見書提出の命を蒙《こうむ》りたるは、恐惧《きょうく》の至りに堪えざる所に御座候」

冒頭に久邇宮家の王子二人が色盲だと明記してあるが、二人とは前述のように長男の朝融王と三男の邦英王である。この事実を踏まえて、保利はこう書く。

「御下問に対し明答を躊躇《ちゅうちょ》するは、却《かえ》て臣節を尽すの道に非ずと恐察候に付き、左に色盲に関する世界公認の遺伝学説を蒐集《しゅうしゅう》 参照し、謹で鄙見《ひけん》を具陳 仕《つかまつり》 候」

そしてその「世界公認の学説」をつぎのように整理する。

（第一） 色盲の男子と色盲の女子と結婚せば、其子は皆色盲となる。

（第二） 色盲の男子と色盲の家系に属する女子（原注・当人には色盲なし）と結婚せば、

其子は男女各半数の色盲を出だす。
(第三) 色盲の男子と健全なる女子とが結婚せば、其の子は男女ともに色盲を発せず。
(第四) 色盲の家系に生れたる女子(原注・当人には色盲なし)と健全の男子と結婚すれば、其の子の女子は皆健全なれども、男子は其半数丈色盲となる。
(第五) 色盲の女子と健全なる男子と結婚したる場合には、其子の女子は皆健なれども、男子は皆色盲となる。

裕仁親王と良子女王の結婚が四番目のケースであることはすぐに分かるだろう。生まれてくる女子は色盲ではないが、男子の半数は色盲となる。これが保利らの「調査、研究」の結論であり、たしかに今日の遺伝理論に照らしても妥当なものである。三人の医師の答申は、この点では公平なものだったと言えよう。

ところが、この意見書には奇妙なところがあった。それは最後の部分である。保利は「第四のケースの結婚から生まれる色盲の男子は紅と緑を見分けることができず、この二色をした物体を識別することは不可能だが、視力などには異常はない」という意味の医学的常識を述べたのち、つぎのような提案をしたのだ。

「現行徴兵令存在する限り、実際は兎《と》も角《かく》、法律上陸海軍軍人とならせらるることは、絶対に不可能とならせらるるの結果を来たし、随《したが》て陸海軍軍人たるの資格を失はせらるる事に相成候故、国家の為め最も重大なる関係を有し候事と恐察仕候。此《こ》の点に就ては充分慎重の御詮議《ごせんぎ》相煩はし度《たく》、場合に依《よ》りては現行徴兵令一部の改正必要之《こ》れある可《べ》く、是《こ》れ他日の物議を防ぐ最善の御処置ならんかと存候」

　もし裕仁親王と良子女王が結婚するのならば、色盲のものは軍人になれないという「徴兵令の規定」を、あらかじめ改正しておいたほうがいいというのだ。これは、あきらかに医学的な「調査、研究」を逸脱した意見表明である。医学の専門家として意見書の提出を命じられたものが、徴兵令改正を提案する必要などないはずだ。保利はかつては陸軍軍医だが、いまの立場は宮内省御用掛である。にもかかわらず、徴兵令改正にまで言及したところに、あきらかに山県に迎合する姿勢が見受けられる。

　また、保利は徴兵令に色盲のものは軍務につけないとの規定があるということを前提にして、その改正を提言しているが、前にふれた陸軍省令とは異なって、当時、施行されていた徴兵令には、そのような規定はなかった。また、大正九年三月十六日に改正されたばかりの「徴兵検査規則」には、「全身畸形《きけい》」「悪性腫瘍《しゅよう》」「癩《らい》」「盲」など十八の徴兵欠格事由が列記されているが、そのなかにも色盲はふくまれていない。実際の徴兵検査にあたっては、色盲かどうかが考慮された可能性はあるが、とにかく徴兵令には保利が自明の前提としたようなことは定められていなかったのである。このあたり、保利の意見書はずさんだった。そして、後述するように、保利が徴兵令云々《うんぬん》に言及したことは、久邇宮側のするどく突くところとなったのである。

さて、意見書を読んだ山県は松方、西園寺の両元老と中村宮相、それに平田東助を東京麴町《こうじまち》五番町の自邸に招いた。平田は内務大臣などを歴任した山県系官僚の大立者で、政官界に隠然たる力をもつ准元老ともいうべき人物であり、大正八年には宮内省御用掛に任じられていた。山県が元老、宮相のほかに平田を招いたことは、皇太子婚約問題の処理に、その力を自分サイドに立って発揮してもらおうと考えたからだろうが、結果から見ると、その思惑は裏目に出る。しかし、それはもう少し後の話である。

『田中義一伝記』によると、五人は「皇統は至神至聖たるべし、仮令《たと》え微細なる瑕疵《かし》なりと雖《いえど》も未然に之を知りて知らざるを装うは臣子の分に非ず」との認識で一致した。山県系の平田、中村はもとより、名門公家出身の西園寺も、良子女王の母方である薩摩《さつま》藩出身の松方も、皇太子婚約には問題があるとの山県の意見に賛成したのである。

さらに五人は、健康状態の悪い天皇をわずらわすのは恐れ多いので、皇族の筆頭である伏見宮貞愛《さだなる》親王に医師の調査の結果などを言上し、それとあわせて良子女王の父邦彦王に考慮をうながそうという点でも一致した。

貞愛親王は元帥、陸軍大将。邦家親王の王子で、邦彦王の父朝彦親王の異腹の弟である。当時、六十三歳。病弱な大正天皇の摂政的な役割を果たしていたこともある皇族である。

協議の結果をうけて、中村宮相がこの親王を訪れた日付は確定できないが、おそらく十月二十日前後であろう。貞愛親王は中村の話を聞き、医師たちの意見書も読んで、「皇統に瑕疵を貽《のこ》すの虞あれば、久邇宮に於《おい》て御辞退在《あ》るを至当と考うるに依り、自ら之を久邇宮に忠告すべし」と言ったという。中村たちが邦彦王に接触する必要はない、自分が婚約を辞退するよう王を説得すると約束したのである。そこで中村は医師たちの意見書を貞愛親王に託して帰ったと、『田中義一伝記』には書いてある。

しかし、『中西回瀾録』の記述は、ややニュアンスがちがう。中村宮相が、貞愛親王に意見書を邦彦王に渡すように頼んだので、親王は久邇宮家の事務官木村英俊をよんでそれを渡し、「宮相は久邇宮家から婚約を辞退させたいようだ」と言ったと書かれているのだ。

要するに、山県側は貞愛親王も自分たちの主張に共鳴したと言い、反山県側は親王は第三者的なスタンスをとったと匂わせているわけだが、親王が他の資料（たとえば「倉富日記」大正十年二月十一日条）でも邦彦王に批判的なことを述べていることからすると、この点では『田中義一伝記』の記述のほうが真実に近いのかもしれない。

しかし、そうだったとしても、貞愛親王の説得は結局、成功しなかった。前述のように、親王には皇太子妃に「内定」していた長女の禎子女王が、病気を理由にそれを取り消されたという経験があった。これは、親王が邦彦王の叔父《おじ》で皇族筆頭であるということ以上に説得に有利な材料だったはずだが、邦彦王は親王の言うことを聞きいれなかった。

そして、このころ、この事件の舞台に主役のひとりが登場する。杉浦重剛である。

杉浦重剛の登場と邦彦王の抗戦開始

『申酉回瀾録』によれば、杉浦が「内定」している裕仁親王と良子女王の婚約になんらかの異変が生じているとの情報を最初に得たのは、十月のある日のことである。おそらく下旬、それも月末に近い日であろう、杉浦は東宮御学問所における裕仁親王の修学が終わりに近づいたのを機に（御学問所は翌年三月一日廃止）、山県に自分が親王に講じていた倫理学について話をするために山県邸を訪問した。『申酉回瀾録』はこう記す。

「山県公、大に日本主義を快談し、殿下が能《よ》く此の主義の下に教育せられしことを嘆美し、且つ大に歓喜せられたり」

もともと山県と杉浦の関係はよかった。この事件で反山県の立場に立ったもののなかには、あとで出てくる城南荘・国民義会グループのように日頃から藩閥勢力打倒という政治的主張を掲げる連中もいたが、杉浦にはそういうこともなかったし、思想的にもふたりは共鳴するところが多かった。だからこそ、杉浦もわざわざ訪問したのであろう。

この日も大いに話がはずみ、山県も上機嫌だったが、杉浦が帰りぎわに良子女王の話題を持ち出すと、ぽつりとこう言った。「色盲のことにて困り居るなり」。

杉浦重剛がかつて開いていた称好塾という私塾の出身者のひとりで、事件の終幕近くに大きな役割を果たすことになる古島《こじま》一雄（当時、国民党代議士。戦後は吉田茂の御意見番として知られた）の回想録『一老政治家の回想』によると、このとき山県は「どうも久邇宮にも困ったものだ」と言ったことになっているが、いずれにしろ、これだけでは杉浦もなんのことやら分からない。キツネにつままれたような思いで山県邸を辞した。

そして、杉浦がどのような事態が起きているのか詳しく知ったのは、十一月十八日、良子女王への進講のために、東京・下渋谷にあった久邇宮邸（現在、美智子皇后の母校聖心女子大学がある）を訪れたときであった。良子女王の教育主任の後閑《ごかん》菊野から色盲問題について聞き、そして保利たちの意見書を見せられたのである。

杉浦は驚き、不可解だった山県の言葉の意味を悟った。そして、『申酉回瀾録』によれば、後閑にむかって、「斯《か》かる意見書、何かあるべき。取るにも足らぬ事なり」と言ったという。あまりのことに、一瞬カッときて激語したのであろう。そして、この日はそのまま久邇宮邸を辞した。しかし、次の日、杉浦はふたたび宮邸を訪れて、意見書を借り出した。冷静になって考えると、「取るにも足らぬ事」などと言ってすまされない事態が起きていると気づいたのである。

このあと数日間の杉浦の行動を『申酉回瀾録』から摘記すると下記のようになる。

十一月二十日　借りた意見書を筆写。

二十一日　浜尾新《はまおあらた》東宮大夫《だいぶ》を訪問。「面倒なる問題起りつつあるを以て、大夫に於ては此の際、特に周到なる用意有らま欲しき旨を述べたるに、大夫は茫然《ぼうぜん》として『宮さんにも既に分り居るにや』と云はれたり」

二十三日　入江為守《いりえためもり》東宮侍従長を訪ねる。「侍従長は当時未だ之を知らざりしものの如く、愕然《がくぜん》として曰《いわ》く。『是れ重大事件なり。左ばかりの事を以て、今更御内定を変更すべきにあらざるは勿論《もちろん》、愈々《いよいよ》不都合とあらば、妃殿下の他に然るべき女性を置くも可ならん』と明言せられたり」

以上からわかるのは、皇太子の婚約について大きな問題が起きているという情報が、宮中関係者の間でさえほとんど広まっていなかったことである。なにしろ、大夫、侍従長という東宮の側近たちでさえ、なにも知らされていないのだ。

東宮大夫の浜尾は、杉浦がかつて文部省専門学務局次長だったときの局長であり、のちに東京帝国大学総長をつとめる人物である。当時は東宮御学問所副総裁（総裁は東郷平八郎）も兼ねていた。したがって、当然、事態をよく把握しているはずだと思って杉浦は彼を訪ねたのだろうが、驚くべきことになにも知らず、「宮さん（邦彦王のこと）にも既に分り居るにや」などとピント外れのことを口走るだけだった。東宮侍従長の入江為守も、大変な事態が起きているのをまったく知らないことでは、浜尾と同じだった。

推測するに、山県たちはことを一瀉千里《いっしゃ》に解決できると踏んでいたにちがいない。保利たちの意見書の内容は、すくなくとも科学的には妥当なものである。しかも、それを邦彦王に渡して説得するのは叔父の伏見宮貞愛親王である。王が自分のほうから婚約辞退を申し出るのは確実だと思っていたのであろう。となれば、情報を厳重に管理して、問題を極秘のうちに処理してしまえれば、ごたごたは最小限にとどめることができる。これが山県たちの目論見《もくろみ》だった。東宮大夫、東宮侍従長でさえ蚊帳《かや》の外に置かれたのは当然だったのかもしれない。

ところが、邦彦王のほうには、山県たちの意向に唯々諾々としたがうつもりはまったくなかったのである。皇太子や良子女王の教師役をしているとはいえ、一民間人にすぎない杉浦に極秘であるはずの保利たちの意見書を貸し出し、その筆写を禁じなかったのもそうした姿勢のあらわれであろう。また、同年九月十一日まで久邇宮家の宮務監督(宮家事務方の責任者)をつとめていた山田春三は、杉浦が十九日、宮邸からの帰りに山田宅に寄った際、「陰謀の首領が大頭なるを以て、戦ひ面白し」と言い放っている(『中西回瀾録』)。「大頭」とは山県のことであろう。邦彦王が徹底抗戦の意志をかためていたことは、これらの事実から確実である。

そして、邦彦王が闘いの火ぶたを切ったのは、十一月二十八日である。『中西回瀾録』は、「(この日、王は)口頭覚書(傍点、原文)を以て　皇后陛下に奏上する所あり」と記している。

口頭覚書（『牧野日記』では「直書」）の内容についてはあらためて詳述するが、この奏上が貞明皇后を怒らせ、皇后自身、すぐに皇后宮大夫に覚書を返却させたとのちに述べていることは序章に記した。もっとも『中西回瀾録』は、皇后がそれを一読して宮内大臣に渡したと書いている。完全に冷たい態度ではなかったというわけだが、このあたりは皇后の言葉を信用すべきだろう。とにかく、皇后が王の意見に同調しなかったことはたしかである。

しかし、王はひるまなかった。翌二十九日、久邇宮家の属官である分部《わけべ》資吉が杉浦を訪問している。『中西回瀾録』には、分部は「困難の情を訴ふるあり」とある。久邇宮家側に立っての協力を要請したのである。属官が独断でこのようなことをするはずはないから、主人である王の指示があったのであろう。邦彦王は正面から闘う決意をますます固めたのだ。

とはいうものの、久邇宮家にたしかな勝算があったわけではない。相手は俔子妃の実家薩摩藩出身の松方正義をふくむ三人の元老であり、貞愛親王も彼らを支持しているとなれば、闘いの前途は明るくない。現に三十日には入江東宮侍従長が杉浦のところにやってきて、つぎのように言う一幕もあった。

「敢て前説を飜すにはあらざるも、能く〳〵思へば、不純なる血統の女子を皇室に納《い》るることは、穏当ならざるものの如し」

前述のように入江は一週間前に杉浦に、「色盲くらいのことで内定している婚約を変更すべきではない。もし、不都合があるのならば、皇太子に側室をもたせればいいではないか」と明言していた。つまり、久邇宮家寄りの態度を明らかにしたのだが、それをあっさりと変えたのである。入江は杉浦と会ったあとでいろいろの情報を集め、どちらに付くべきかを考えたのであろう。客観的に見ても、状況が久邇宮家に不利であることは否めなかったのである。

口頭覚書

さて、邦彦王の「口頭覚書」の内容である。序章でも述べたように、『申酉回瀾録』にはその全文が収録されているが、これは久邇宮家が杉浦に写しを見せ、さらにそれを写すことを認めたからである。また、『田中義一伝記』にもその要約が記載されているが、これも前述のように、邦彦王自身が山県有朋に写しを送りつけたからである。皇族が皇后へ差し出した文書を第三者に公開するなどということは常識ではありえないことであり、邦彦王がそのような行動をあえてとったという事実は、王が宮中某重大事件のなかで意識的に主役を演じていたことの証拠のひとつとしかいいようがない。宮中某重大事件を「山県有朋対杉浦重剛」や「薩摩対長州」「藩閥対反藩閥勢力」という対立軸でだけみていく従来の「定説」は、歴史の見方としては不十分だということがはっきりとわかる。

それはさておき、覚書はつぎのように始まる。

「凡《およ》（そ）皇室の御事は、衆庶臣民、常に敬虔《けいけん》の念を以て耳目を傾けざるはなく、苟《いやしく》も事一旦《いったんご》御治定《じじょう》あらせられたりと伝はりたる後、軽々に之が更改を試みんか、民間の物議を醸すこと容易ならずと拝信す。事は其始めに於て慎まざるべからず。殊に帝室の威信に関する虞あるものに対しては、一層慎重を要すべし。是を以て事を決せらるるに当りては、鄭重《ていちょう》周密の調査審議を経るの制を置かせらるる所以《ゆえん》なり。若《も》し其御治定にして、後来更生を要すべき遺漏あらんか、当局の責免るべからざるは勿論なるのみならず、実に不忠不臣の罪を免るべからざるべし」

邦彦王は最初から挑戦的である。

〈皇室のことには国民は尊敬の念をもって注目している。もし、天皇が決めたと国民が信じていることがくつがえれば、民間は騒がしくなるだろう。だからこそ、皇太子の婚約のような重大事については、慎重な調査、検討がおこなわれるようになっているはずだ。もし、それが不十分で決定を改めなければならないとなれば、当局は職務上の責任を負うばかりではなく、「不忠不臣」の罪も免れないであろう〉

さらに王はつぎのように言う。

「万一にも御治定を飜がへさざるを得ざること発生し来るとせんか、忠良なる臣民の信念に悪影響を与ふること尠《すくな》からざるべし。就中《なかんずく》御婚約の如き、最重要なる大典に属するものに於て然りとす」

〈もし、皇太子婚約決定のような天皇の大権に属することを変更しなければならないとしたら、国民に大きな悪影響をおよぼすにちがいない〉

王はこのような強烈なジャブを放ってから、宮内大臣から貞愛親王を通じてもたらされた保利たちの意見書について、つぎのように述べる。

「之を一読するに、色盲と遺伝との関係を論じたる公案にして、邦彦は直に前日の宣命を拝辞せざるべからずとの勧告を受けたるに非ざるなきかを疑ひ、再読して、前日の御婚約は御遂行遊ばさるるものとして、之が為に単に徴兵令を御改正あらせらるべき必要ありと建議せるものなるが如く解したり。然るに宮中侍医が徴兵令改正の議を立つること、並に宮内大臣が其議を採り云為《うんい》するは、如何《いか》にも宮中府中混乱の禍端を開くの恐なきに非らざるかを疑ひたり」

〈意見書を最初に読んだときは婚約を辞退しろと勧告されたのかと思ったが、再読したところ、婚約は予定どおり遂行してもかまわないが徴兵令を改めろ、との趣旨のようだ。とすると、宮中の侍医が徴兵令改正を口にし、それを宮内大臣も採りあげたということになり、まさに宮中と府中（政府）の別を乱すものではないか〉

緩急自在、保利たちの意見書のずさんさも厳しく突く。なかなかの喧嘩《けんか》上手というべきだろう。そしてさらに、「この意見書にはさまざまな疑問がある。自分が婚約を辞退するのは、天皇、皇后、あるいは皇太子が婚約は解消したほうがいいと考える場合か、自分自身が色盲の遺伝が天皇家の血統に重大な問題をおよぼすと自覚したときだけだ。しかも、自分は婚約をお受けしたとき、医学専門家に色盲についての調査もさせている（調査の内容は上奏文の末尾に付記）」とつづけ、下記のように覚書を結ぶ。

「是即ち御婚約を拝辞し、御取消願出づべしとの勧告なりと速了して、軽挙に出でなば、却て世間に物議を醸し、不測の累を生ずるの虞なしとせず。是れ真に皇室に対し、恐懼の至りに堪へざる所なり。故に今親しく微衷《びちゅう》の存する処を拝奉し、謹で命を待つ」

〈軽々しく辞退などしてはかえって世間を騒がし、なにが起こるかわからない。そんなことになれば、皇室に恐れ多い。だから、とにかく自分の意のあるところを申しあげるだけにする〉

伏見宮や元老たちがなにを言おうが耳をかたむける気はまったくないということを、

邦彦王ははっきりと宣言したのであった。

第三章　杉浦重剛と日本中学校グループ

杉浦の同志たち

　何度も述べたように、貞明皇后は邦彦《くによし》王が差し出した文書を皇后宮大夫を通じて返した。王にすれば、皇后が自分の意見に賛成し、それを宮内大臣あたりに渡してくれればと期待していたのだろうが、そうはいかなかった。そして、山県側からの婚約辞退をもとめての密《ひそ》かなはたらきかけも続いたが、『申酉回瀾録《しんゆうかいらんろく》』によれば、邦彦王は「依然として知らざるものの如き態度」だった。すくなくとも表面的には悠然たる風だったのである。

　しかし、包囲網の狭まるなか、久邇宮《くにのみや》家側では動揺も見られ始めた。前出の山田春三の後任の宮務監督である栗田《くりた》直八郎（陸軍中将）や、貞愛《さだなる》親王に保利たちの意見書を託された宮家事務官の木村英俊などは辞退論にかたむき、栗田は辞退を上奏する文章の下書きさえ始めた。が、彼らにくらべれば地位の低い属官の武田健三や分部《わけべ》資吉は主人の強硬な姿勢を支持し、「誠意を以て宮家の為に奔走」した（『申酉回瀾録』）。その「奔走」の具体的なあらわれのひとつが、前述した分部の杉浦重剛訪問である。もちろん、訪問は分部の独断ではありえない。『申酉回瀾録』がそれを明記している以上、邦彦王の命を受けているのは自明である。

分部は長年、久邇宮家に仕えていた。昭和五（一九三〇）年に分部が久邇宮家を退職したとき、元総理大臣の清浦奎吾《けいご》が分部に出した書簡を、筆者は数年前に入手したが、そこには、「長年皇室に奉仕忠勤を抽《ぬき》んでられ且故久邇元帥（邦彦王は昭和四年一月二十七日の死去に際し元帥府に列せられた）宅に御勤務御尽瘁《ごじんすい》」云々《うんぬん》とある。分部は清浦ののような大物にも、久邇宮家の忠実な家臣と認識されていたのである。そんな人物が杉浦宅を訪問した。

ついでに言えば、皇太子妃選びの過程で、清浦が賀陽宮《かやのみや》佐紀子女王を推そうと図り、良子女王を排斥すべく陰謀をめぐらしたという噂が根強く流れていた。清浦は旧主細川侯爵家の娘を邦彦王の妃にしようとして失敗したため、その雪辱をねらったというのだが（『国師杉浦重剛先生』など）、しかし、分部の退職に際し、清浦がわざわざ鄭重《ていちょう》な手紙をだしているという事実は、久邇宮家と清浦が決して悪い関係ではなかったことを示しており、このような噂があまり根拠のないものであることの証拠ではなかろうか。

それはともかく、久邇宮家の苦衷を訴えられた杉浦は、いよいよ本格的に動き出した。分部訪問の翌日、入江東宮侍従長が杉浦のところにやってきて前言をひるがえしたことは前述したが、翌十二月一日、杉浦は明治神宮を参拝し、淀橋（新宿）の日本中学校で、一瀬《いちのせ》勇三郎、平石氏人、畑勇吉、島弘尾、川地三郎、猪狩又蔵（史山）と話し合った。彼らは皆、杉浦の友人、門下生である。

日本中学校は、杉浦が文部省を辞し代議士となって条約改正反対運動などをするかたわら創設した学校の後身で、明治二十五（一八九二）年八月、この名称となった。安政二（一八五五）年に近江《おうみ》の膳所《ぜぜ》に生まれ、明治九年に文部省留学生として英国に渡り化学を学んで帰国、その後、大学予備門長を経て言論界に身を投じ、雑誌『日本人』や新聞『日本』の発刊に加わり、さらに文部官僚、代議士となるという多彩な経歴をもつ杉浦は、三十歳代半ば以降、教育の道に専念することを決意した。その活動の拠点がこの学校であった（大正五〈一九一六〉年までは半蔵門にあり、のち淀橋に移転）。

日本中学校は第一高等学校などへの受験校として有名で、卒業生、あるいは一時在校したものとして、吉田茂（首相）、佐分利《さぶり》貞男（駐華大使）、小村欣一（拓務次官・寿太郎の息）、白鳥敏夫（駐伊大使）、小坂順造（貴族院議員）、岩波茂雄（岩波書店創業者）、菅《すが》礼之助（東京電力会長）、荻野《おぎの》久作（産婦人科医・荻野式の考案者）、斎藤博（駐米大使）、呉文炳《くれふみあき》（日大総長）、加藤勘十（代議士）などの名前があげられる（『新修　杉浦重剛の生涯』）。杉浦はこれらのひとびとを通じても、各界に広い人脈を形成していた。

さて、日本中学校に集まったひとびとは、「此末《さまつ》なる欠点の為に、重き御内定を変更するは、皇室の威信を失墜すること言ふ迄《まで》も無く、延《ひ》きては国家の前途を危ふからしむるなり」という杉浦の意見に全面的に賛成した。杉浦の古くからの友人で函館《はこだて》控訴院長などをつとめた一瀬勇三郎が、「淑徳高くして智恵明かならんには、縦令《たとえ》片輪なりとも差支へなきにあらずや」と、法律家らしからぬ極言を吐く一幕もあって、一同、大いに気勢をあげたようだ。

そして、杉浦は浜尾東宮大夫、入江東宮侍従長に電話をかけて面会を求め、翌々日に会う約束をとった。さらに浜尾には手紙も出す。手紙のなかで杉浦は、色盲というささいな欠点をもちだすのは「毛を吹いて疵《きず》をもとめる」ようなことだと言い、それを理由に皇太子の婚約を解消すれば、「満天下に悪模範を示させられ、折角の御美徳に汚点を留め」ることになる、そうなれば、「殿下御自身に於かせられても、終身の不快の御印象を遺」すだろう、これは「倫理の問題として黙々に付すること能《あた》はず」だと主張した。杉浦が皇太子と良子女王の婚約解消に反対する理由はこれにつきる。とくに皇太子の心情を思いやっているところには、皇太子と良子女王の教師としての杉浦の正直な気持が出ている。

さらに、杉浦が浜尾、入江という皇太子の側近に会うことから婚約取り消し反対の動きを本格化させたことにも注目しなければならない。反対運動をおこなったひとびとのなかには、初めから政治的な動きをみせたり、皇族や政界の実力者を動かそうとしたものもいたが、杉浦はそのような態度をとらず、まず正面から東宮大夫、東宮侍従長に会見を申し込んだ。自分たちの運動に筋を通そうとしたのである。某重大事件のなかで、杉浦はこういう態度を一貫させようとした。自分たちの行動が政治的に利用されることを強く警戒し、資金面でも自腹を切るという方針をかたく守った。

杉浦、辞表提出

翌日の十二月二日は木曜日で、杉浦の良子女王への定例の進講日だった。杉浦は講義が終わった後、後閑菊野と会った。

後閑は前述したように良子女王の教育主任である。慶応二（一八六六）年、姫路《ひめじ》藩士の娘として生まれ、東京女子師範学校（のち東京女子高等師範学校＝お茶の水女子大学の前身）卒業後、母校で修身、国語などを教えた教育者で、のちに桜蔭《おういん》高等女学校（現・桜蔭高校）の初代校長にもなった。

彼女が良子女王の教育主任になるにあたって、華族女学校の教授、学監や明治天皇の内親王たちの教育掛として、女子教育界のみならず宮中でも力をふるった下田歌子と競争になり、敗れた下田がそれを恨んで皇太子婚約解消の側に立ったという噂が流れた。『申酉回瀾録』もそれを記しているが、下田は安政元年生まれで後閑より一回りも年長だし、キャリアの面でも月とスッポンだから、ふたりが地位を争ったというのもにわかには信じがたい。それはともかく、後閑もただの教師ではなく、杉浦に保利らの意見書を見せたりしたことからもわかるように、某重大事件のなかでいろいろと動いている。この日も、杉浦に当面の情勢などについて詳しい話をしたのだろう。

そして、三日、前々日の約束にしたがって、杉浦は入江、浜尾と会うために高輪《たかなわ》御殿に出かけた。高輪御殿は東宮御所であり、東宮御学問所もそのなかにあった（東宮御学問所での教育については『天皇の学校』が詳しい）。

そこで約束どおり杉浦を待っていたのは、浜尾大夫だけであった。入江は「差し支え」があってあらわれなかったのである。一度は杉浦らの意見に同調し、それをあとで翻した入江侍従長は、あらためて杉浦に会うことを避けたのであろう。

杉浦は文部省につとめていたころの上司でもある浜尾と、二時間余りにわたって話しあった。杉浦の主張したところを、『中西回瀾録』はつぎのようにまとめている。

「予（杉浦）は七年に亘《わた》りて　皇太子殿下に倫理を御進講申上げたるが、其の間、総裁（原注・東郷）、大夫（原注・浜尾）、常に御立合なされたり。而《し》かも予の倫理に就きては、未だ嘗《かつ》て不都合ありたることを咎《とが》め給ひしこと無し。然《しか》るに此度　皇太子殿下に関する倫理上の実際的重大問題の起れるに際し、予の意見を斥《しりぞ》けらるることは、是れ予が生平進講したる倫理をして、全く生命なからしむるものなり。（略）今若《も》し御内定の婚約を破らるるあらば、良子女王殿下は自殺せらるるか、或は尼にでも成らせ給ふの外なかるべし。斯《か》かる不仁の行ひありては、固《もと》より天下に仁政を布《し》き給ふことも、亦《また》難かるべし」

〈もし、婚約が破棄されるような人倫に悖《もと》ることがおこなわれるとすれば、自分が七年間も皇太子に倫理を講義してきたのはまったく無駄だったことになる。また、婚約が破棄されれば、良子女王は自殺するか、出家するしかないではないか〉

激越をきわめ、また、声涙ともにくだる発言というべきだろう。とくに良子女王の自殺、出家の惧《おそ》れにまで言及したところには、杉浦の強い危機感があらわれている。

しかし、浜尾大夫はうなずかなかった。倫理の問題も大事だが、血統問題も軽んじるべきではないと繰り返し、ふたりの議論は平行線をたどった。

ここにおよんで杉浦は、東宮御学問所御用掛を辞職することを決意した。一瀬などの友人、門下生もそれを支持し、杉浦は翌四日早朝、御学問所に病気を理由とする総裁あての辞表を、使いをもって提出した。この日は杉浦の母の命日だったという。

翌日、今度は杉浦自身が御学問所幹事の小笠原長生《ながなり》を訪ね、辞表提出の本当の理由を説明した。小笠原は旧唐津《からつ》藩主家の子爵で海軍中将、東郷平八郎の側近であった。杉浦は「もし、自分たちの主張が通れば辞表を撤回してもいい。このことを東郷総裁にも伝えてほしい」と言い、さらに辞表提出は秘密にすることを求め、小笠原も同意した。

杉浦が辞表提出を公にしたがらなかったのは、騒ぎが広まることを警戒したからである。そして、辞表が表面上とはいえ病気を理由にしたことから、外出をひかえ、一日中、自宅か日本中学校校長室にこもっていた。このあたりの杉浦は実に律儀で、かれの言行に表裏がないことをよく示している。『申酉回瀾録』によれば、杉浦は、「秘密裡《り》に之《これ》を解決せんとし」「小数の人を選びて、之を打明けたるのみ」「之を政治問題に利用せらるることは、最も厭《いと》ふべく、又恐るべき所なるを以て、細心の注意を加へられたり」という態度をとった。誠実そのものと言うべきだろうが、それが婚約取消反対運動を活発に繰り広げるのにはマイナスにはたらいたことも否めない。

そして、杉浦の願望にもかかわらず、問題は否応《いやおう》なしに複雑化し、政治家たちも事件の舞台に顔をのぞかせてくるようになる。

原敬はなにをしたか

当時の内閣総理大臣は原敬《たかし》である。戊辰《ぼしん》戦争で「賊藩」の汚名を着せられた南部《なんぶ》藩の出身で、立憲政友会（以下、政友会）の首脳として山県を中心とする藩閥勢力と抗争をつづけながら、ついに宰相の印綬《いんじゅ》を帯びたこの希代の「現実政治家」の宮中某重大事件における立場は微妙であった。

宿敵山県との関係は、このころはかならずしも悪くはなかったが、原は皇太子婚約問題については「これは宮中の問題で政府の関与するところではない」との建前をかざし、山県とつかず離れずの態度をとりつづけた。しかし、結論を先取りしておくと、原も本心では婚約取消が望ましいと思っていた。その理由などについてはおいおい述べるが、彼が克明につけていた日記（『原敬日記』。以下、『原日記』）の記述を見ていくと、意外な事実も浮かんでくる。

『原日記』によると、原が皇太子と良子女王の婚約をめぐってごたごたが起きていることを知ったのは、大正九年十二月七日である。この問題について、山県たちの情報管理が徹底していたことは前述したが、現職の総理大臣でさえ、長い間なにも知らされていなかった。

この日、原は西園寺公望を訪ねた。西園寺は原の前任の政友会総裁で、退任後は元老の地位にあった。明治三年末から十年にわたってフランスに留学し、社会主義思想などにもふれて帰朝した、いわば当代有数の知識人であったが、そういう人物の常として政治家に必要な権力への執着心に乏しく、二度にわたって総理大臣をつとめたときも、政権を保持すべく苦労していたのは原や松田政久らの政友会の幹部たちであった。西園寺は知識人であると同時に清華《せいが》家という摂家に次ぐ家格の上流公家の出でもあり、政界という現実世界でドロをかぶるのにはあまり向いていない人物だったのである。

とは言うものの、なにはともあれ元老とは宮中、府中の重大なことがらについて、天皇の相談にあずかる立場である。原にとって西園寺が重要な情報源であることにちがいはなく、おりに触れて会っていた。

まず原が知りたかったのは、皇太子の洋行問題がどのようになっているかということであった。元老たちは皇太子の洋行をなるべく早く実現しようとしていたが、皇后が天皇の健康状態などを理由に賛成せず、なかなか決定の運びにいたらなかった。もし皇太子が洋行することになれば、軍艦の使用など予算措置をともなう準備もあり、原としてもはっきりしたところを知る必要があったのだ。

西園寺は「松方がそのことで近日中に宮内大臣と一緒に天皇に拝謁することになっている」と教えてくれたが、同時につぎのように言った（『原日記』）。

「又茲《ここ》に困った事には皇太子殿下の皇妃と内定ありし久邇宮王女は色盲の御欠点ありと云ふ事にて、如此《かくのごとき》御病疾あるを皇妃となす事は不可能に付、御変更相成らざるを得ざることとなり、此事に付ても色々相談中なりとの物語りあり」

さらにこの日、原が西園寺に会ったあと、外交調査会が首相官邸で開かれたが、そのとき、田中義一陸相からも原は同じことを聞いた。おそらく、西園寺の言ったことがあまりに意外だったので、それを確認しようと山県の側近の田中に聞きただしたのであろう。自分が知らない重大事を陸軍大臣の田中が承知しているのは原には愉快でなかったろうが、とにかくこうして、宮中某重大事件の発生はおくればせながら現職の総理大臣の耳にはいったのである。

原は早速、翌八日、山県のところに行き、詳しい話を聞いた。山県の言葉を『原日記』はこう記す。

「久邇宮王女色盲云々に関しては、西園寺に内聞せし通り、学理上争ふべからざる事に付、京都にて西園寺より同宮に御辞退ありて然るべしと御忠告をなしたるも、久邇宮には御聞入れなかりし由にて、先達《せんだつ》て皇后陛下に拝謁ありし後、跡にて御内覧を願ふと云つて差置かれたる書面は、即ち御内定通御決行を願はるゝものなりし趣」

ここで目新しい情報は、西園寺が京都で邦彦王に婚約辞退を勧告していたということである。

『原日記』の記事の文脈から判断すると、その時期は王が皇后に会う前、つまり十一月二十八日以前である。邦彦王の伝記『邦彦王行実』所収の年譜によれば、邦彦王は大日本武徳会総裁として台湾を視察するために十月十一日に東京を発《た》ち、翌日と翌々日は京都に滞在している。台湾から帰ってくるのは十一月四日で、その後は京都に寄ったという記録はないから、原への山県の言を信じるならば、西園寺は十月十二日か十三日に京都で邦彦王に会って婚約辞退を勧めたということになる。

保利らの意見書が宮内大臣に提出されたのは十月十一日で、それを受けて山県、松方、西園寺の三元老と平田東助、中村宮相が山県邸に集まったのは前述した。西園寺が十二日か十三日に京都にいるためには、元老たちが報告書提出当日の十一日か、少なくとも十二日には会合し、西園寺はそのあとすぐに邦彦王を追いかけるようにして上洛《じょうらく》しなければ間に合わないことになる。どうも時間的に無理があるような気もするが、山県たちは速戦即決をねらって、このような素早い対応をしたとも考えられる。

山県はさらにつぎのように原に話した。

「此間同宮附中将にて栗田と云ふ者来訪、此事に付綸言汗《りんげん》の如しとて御内定通り決行を望む旨談話に付、自分は不忠の臣たるは避けたしと今日まで心掛け来れり、陛下は御承知なくて御内定ありしも、今日其明瞭《めいりょう》となりたる以上は、此儘《このまま》御決行相成るべき筋合にあらざるべしと拒絶したり」

〈栗田直八郎中将という久邇宮家の宮務監督がやってきて、いったん内定した以上は綸言汗の如しだから婚約は実行すべきだ、と言うから、天皇は色盲のことを御承知でなかった。それがわかった以上は、婚約を決行することはできないと拒絶した〉

山県は原に、自分は皇太子婚約は断固として取り消すべきだと考えていると明言したのである。そして、つぎのように注目すべきことを述べた。

「兎《と》に角《かく》、近来何もかも皇后陛下に申上ぐる様になり、斯《か》くては或は将来意外の弊を生ぜずとも限らず甚だ憂慮し居れり」

天皇が病弱のため、本来、宮中のことに関して権限をもっていないはずの皇后に、いろいろのことを奏上する傾向があるのを山県は苦々しく思っていたのである。その思いは直接には邦彦王の行動への批判につながるわけだが、と同時に、皇太子外遊になかなか賛意をあらわさない皇后への苛立《いらだ》ちも山県の言葉からはうかがえる。なぜ皇后がそこまで自分の主張にこだわり、皇太子に広く世界を体験させようという自分たちの企図を邪魔するのかと思ったのであろう。

これを山県の傲慢《ごうまん》とする見方もあるかもしれない。しかし、山県の「将来意外の弊を生ぜずとも限らず」という憂慮の意味するところは重いのではなかろうか。

山県もふくめて明治の元勲たちは、決して天皇専制主義者ではなかった。明治初期において、伊藤博文や山県ら政府首脳は、時代錯誤の天皇親政を主張する天皇側近の保守派たちとひそかに争い勝利をおさめた。天皇はあくまでも元勲たちの適切な補佐を受けながら「国権の総攬者《そうらんしゃ》」としてふるまう「玉《ぎょく》」であるべきだというのが、彼らの間のコンセンサスであった。もちろん、伊藤、山県たちがいつの間にか元老という超憲法的存在になったことが示すように、彼ら、とくに山県には民権主義などへの共感はまったくなかったが、天皇が政治権力を独占する独裁者であるべきだという考えももっていなかった。

ましてや天皇以外の皇族（もちろんそのなかには皇后もふくまれる）が政治的な力をもつことなど論外だという信念も、山県のなかに確固としてあったにちがいない。そして、その警戒心は、山県から見れば出すぎた行動をとりつづける邦彦王への不快感につながった。さらに言えば、幕末動乱期における邦彦王の父親朝彦親王とのかかわりが、山県のこうした警戒心の遠因であることも容易に推測できるが、これについては章をあらためて述べる。いずれにしろ、この山県の原への発言は、宮中某重大事件のなかでの彼の行動を理解する際の見逃せないポイントである。

第四章　邦彦王の反撃

王の親書

さて、このころ、山県たちの久邇宮家側からの自発的婚約辞退の期待に冷や水を浴びせるかのように、邦彦王の反撃はさらにエスカレートしていた。おそらく原と山県の会見があった大正九（一九二〇）年十二月八日の翌日か翌々日、王は山県と松方正義にあてて親書をよこしたのである。

『田中義一伝記』によると、親書は三つの部分からなっていた。ひとつは王が皇后に差し出した文書（『申西回瀾録』では「口頭覚書」）、ひとつは書簡（親書の本文）、そしてもうひとつは久邇宮家が委嘱した医師による色盲に関する調査書である。

すでに述べたように、皇后に差し出した文書を第三者に送りつけた邦彦王の行動は常軌を逸している。元老の山県や松方に自分の主張をはっきりと伝えたいというのならば、それを書いた書簡だけを届ければいい。それなのに、あえて皇后への文書、しかも皇后が皇后宮大夫を通じて返却するという形で不快感をあらわしたものを見せるというのは、あきらかに邦彦王に皇后を利用しようとする意図があったことの証左である。皇族といえども不敬のそしりをまぬがれないことは明白であった。

邦彦王の親書の第二の部分、すなわち書簡は、「良子女王を皇太子妃にするとの内命を受諾したのは、健康にかんする調査などを信用したからで、いまさら宮内大臣から医師の意見書などを送られても意外なだけだ。しかも、あの意見書は内容が不徹底で、理屈も通っていない。この際、あの医師たち以外の専門家に審査、鑑定をさせることが適当だと思う」との趣旨であった。前述したように保利らの意見書は医学的知見以外のことに言及するなどずさんなものであり、邦彦王は皇后への上奏文でもそこを突いていたが、山県たちにもあらためて指摘したのである。

そして、親書の最後の部分、色盲に関する調査書は、久邇宮家が婚約内定の命を受けるにあたり、専門家につくらせたものであった。この調査については皇后への上奏文のなかでもふれられており、内容も上奏文の末尾に付記されていた。邦彦王はそれと同じものを山県、松方にも示したのである。

その核心部分を『申酉回瀾録』から引用しよう。

「色盲若《もし》くは色弱の因子保有の女子と健全なる男子と結婚する時は、其《その》生れたる男女子の中、男子の半数のみが色盲或は色弱となる。故に此の時、色盲若は色弱なき男子或は女子が他の健全なる配偶者と結婚する時は、其れ以下の系統には少しも色盲者又は色弱者を出すことなし」

少し意味のわかりにくい文章だが、要するに言いたいのは、色盲の男性、あるいは女性であっても、色盲でないものと結婚すれば、そこで色盲の遺伝は絶えるということであろう。当面の問題に即して言えば、かりに良子女王が色盲あるいは色盲の遺伝子をもっているとしても、裕仁親王のように色盲でない男子と結婚すれば、生まれてくる子供にはなんの影響もないとの主張である。

通常の色盲遺伝に関する学説はこうは考えない。やはり、保利の意見のほうが一般的な学説にのっとっている。しかも、久邇宮家の調査書には、調査をおこなった「専門家」の名前が書かれていない。保利たちの意見書がずさんであるのと同じ程度、あるいはそれ以上に邦彦王が持ち出した調査書も、いい加減なものであった。

久邇宮邦彦王

なぜ邦彦王がこのようなものを皇后や元老たちに見せたのかはわからない。自分たちは医学的にも万全の対応をしていたと言いたかったのかもしれないが、これでは逆効果にもなりかねない。さすがに邦彦王もそのことに気づいていたようで、山県たちに対して「関係医師以外の専門学者を挙げて審査鑑定せしむる事最穏当なる処置なりと信ず」との提案をおこなった。つまり、保利たちを除いた医学専門家による再度の調査を求めたのである。

山県、飛びつく

山県はこの申し出に飛びついた。言うまでもなく、王が専門家たちの「審査鑑定」を求めたことで、議論に決着をつけるための共通の土俵が出来たからである。山県は王の親書への返事の書簡（『田中義一伝記』所収）を十六日に出しているが、そのなかでつぎのように述べて、王の提案に賛成した。

「責任ある侍医頭《じいのかみ》以下の書に、信頼すべきや否やは別論に致し、右の如く侍医頭等の調書と御垂示の調書との間に、重要なる点に関し、相違有之《これあり》候ては、誠に判断に苦しむ次第に候へば、御仰聞の通り、更に専門大家の説を徴し候て、動かざる定説を承り候事、肝要と奉存候。就ては宮内当局者へも、右の点に関し更に慎重なる調査を遂げ候様忠告致置候次第に有之候」

もっとも山県はこのあとに久邇宮家側の調書には矛盾があるのではないかと言い、さらに、「何人《なんぴと》の調査に有之候や。能《あた》ふ可《べ》くんば、詳く夫等《それら》の学説をも承り、研鑽《けんさん》論究の上、判断を誤らざる様致度存念に有之候間、右人名、御洩被下候はゞ仕合《しあわせ》に奉存候」とつけくわえて、久邇宮家の依頼をうけて調査をしたという専門家の名前を明かせと迫っている。保利たちの調査書の不備を指摘した邦彦王への軽いイヤ味と受けとれないこともない。

山県の返書はかなり長めで、医学的調査に関すること以外にも、邦彦王が皇后への上奏文などで繰りひろげた主張にひとつひとつ応《こた》えているが、山県の最も言いたいことは、つぎの部分に尽きている。

「一旦《いったん》御内定被為在《あらせられ》候後と雖《いえど》も、御血統上、微細にても瑕疵《かし》ある事に心付かせられ候て、斯《か》くては純潔なる皇統に対し奉り、恐縮の至なりとて、御辞退被為在候事は、全く御謙譲の御徳と、皇統御尊崇の御心とより出させられ候事にて、其の間、公明正大、何等の疑惑を民心に挟ましむる事なきのみならず、若し此の御心を洩れ承はらば、皇室御尊重の為め、御自ら御謙退被遊《あそばされ》候御美徳を仰ぎ、感激し奉らざる者無く」

一言で言えば、意地をはらないで御自分から婚約を辞退されれば、その皇室への忠誠心を皆が褒め称《たた》えるでしょう、と、おだてたり、すかしたりしているのである。

『原日記』によると、山県は十二月十一日に来訪した原に対し、昨十日、邦彦王を訪ねて直接話したと言っている。話の内容も具体的に書かれているから信用に足る記述だと思われるが、『田中義一伝記』によると、山県は邦彦王から親書をもらったとき風邪気味で、また王も風邪をひいて静養中だったため、二人は直接会わず、山県が十六日になって返書を出したということになっている。なぜ、このような食い違いが出たのかはわからないが、『田中義一伝記』には、宮中某重大事件のなかで山県が活発に動いたという印象をなるべく薄めたいとの意図があるのかもしれない。

裏切られた期待

さて、このようにして、邦彦王と山県が正面から主張をぶつけあうお膳立《ぜんだ》てがととのえられたわけだが、それにともなって、両者の周囲の動きも一段と活発化する。

まず、邦彦王が親書を送った直後の十日、久邇宮家の栗田宮務監督と武田属官が杉浦重剛をたずねた。前述のように栗田はいったんは婚約辞退の文章を書いた「妥協派」だったが、この日は杉浦に向かって武田とともに強硬論を吐いた。もちろん、主人の邦彦王が元老に親書を出したことも話しただろう。久邇宮家側は、一歩も引かないという姿勢を杉浦にあらためて示し、支援を要請したのである。

そして、原が山県を訪問した十一日には、白仁《しらに》武が杉浦のところにやってきた。白仁は杉浦が大学予備門長時代の教え子で、内務省神社局長、栃木県知事、文部省普通学務局長、関東都督府民政長官、内閣拓務局長官などを歴任し、大正七年二月から製鉄所長官の職にあった。製鉄所とは八幡《やわた》製鉄所のことだが、当時は明治二十九（一八九六）年に制定された製鉄所官制にもとづいて設置された農商務省の外局である。

白仁は島弘尾から皇太子婚約が取り消されそうだとの話を聞いて驚き、真相を質《ただ》そうとわざわざ九州八幡から上京して杉浦を訪れた。島は称好塾の出身で、宮中某重大事件のなかで杉浦の手足のように動いた人物である。この後も白仁は高級官吏の身でありながら、杉浦側に立って動き回り、山県や中村宮相、浜尾東宮大夫などを歴訪したり、山県に質問状を出したりしている。

翌十二日には、杉浦が友人の穂積陳重《のぶしげ》を訪問している。前述のように、杉浦は東宮御学問所御用掛の辞表を出したことを理由に謹慎の意を表し、自宅か日本中学校にこもっていたのだが、やはり居ても立ってもいられなくなったのであろう。穂積は枢密顧問官、貴族院議員をつとめる著名な法学者で、学界、官界に大きな影響力をもっていた。ことの一部始終を話し、意見を求める杉浦に対し、穂積は、杉浦の意見に全面的に賛成だが、自分の立場からして一緒に運動をすることはできない、と述べた。あいまいで思わせぶりのことを言わないのはさすがだが、杉浦は当然、失望したであろう。

さらに同日、杉浦は古島一雄《こじまかずお》に電話をかけた。古島は島や畑勇吉らに山県が皇太子婚約に横やりをいれていることを聞き、国民党総理の犬養毅《いぬかいつよし》や、自ら准元老的存在をもって任じていた伊東巳代治《みよじ》などにひそかに接触していた。杉浦はことが政治問題化するのを非常に警戒していたから、古島が犬養、伊東らに相談することにかならずしも賛成しなかったと思われるが、事件が複雑化していくなかで、古島の力を借りることが必要であることは認識していたはずである。電話での情報交換は必須《ひっす》であった。

そして、この日、『東京日日新聞』に杉浦が東宮御学問所御用掛の辞表を提出したとの記事が出た。スクープであるが、辞表提出の理由として「杉浦が色盲のため」とあるなど、内容はいい加減であった。

この記事を読んだためか、十五日、杉浦のもとを東宮御学問所御用掛の清水澄《とおる》と飯島忠夫が訪れた。清水はのちに枢密院最後の議長となった法律家、また飯島は学習院教授であり、それぞれ皇太子に法制・経済と国文・漢文を講じていた。杉浦が辞表提出の真の理由を話すと、ふたりとも同情したと『申酉回瀾録』は記すが、彼らがその後、杉浦側に立って動いた形跡はない。

同日、杉浦は松平直亮《なおあき》伯爵を訪ね、事件の経緯を明かし、徳川達孝《さとたか》伯爵へも事情を話してもらいたいと頼んだ。徳川は西村茂樹が作った思想団体、日本弘道会の総裁である。事件があらぬ方向に広がるのを警戒していた杉浦も、それなりの世論工作はおこなわざるをえなかった。

翌十六日午前には、邦彦王と親しく、のちに久邇宮家宮務監督となる本郷房太郎陸軍大将が杉浦のところに来た。本郷は杉浦と完全に意見が一致し、全面協力を約して帰った。さらに午後には、東宮御学問所主任で高名な東洋史学者の白鳥庫吉《くらきち》と後閑菊野が、偶然同時刻に杉浦のところに来た。杉浦がふたりに、「自分は皇太子の仁徳を汚さないために婚約破棄に反対しているのだ」と述べると、白鳥は賛意をしめし、後閑も感激して涙を流した。白鳥は御学問所でもこの問題について早急に討議すると約束したようだ。杉浦は白鳥が理解してくれたことに百万の味方を得た思いとなり、門下生たちに対し、

「今日は関ヶ原なり」と言ったという。

そして、十七日には東宮御学問所で御用掛会議が開かれた。謹慎中の杉浦は出席するわけにはいかないが、前日に一瀬勇三郎を通じて、清水澄にも自分の辞表について話し合うように頼んでおいた。そうすれば、東宮御学問所という場で、おかしな思惑を交えずに、婚約破棄問題を正式に話し合いの俎上《そじょう》にのせることができるというのが杉浦の狙いであった。しかし、白鳥は席上、杉浦の辞表についていっさい発言せず、ついこの間、「同情」を口にしていた清水も飯島忠夫もなにも言わなかった。杉浦の期待は完全に裏切られたのである。清水は翌日、手紙を寄越《よこ》し、「東郷総裁が欠席だったので」と弁明したが、杉浦の失望は大きかったであろう。正面から正々堂々、というのが杉浦の信念だったが、世間はそのように一直線には動かなかった。

田健治郎への接近

この間、ほかのひとびとの間でもそれぞれの動きがあった。まず、原首相は十四日に元老の松方正義を訪ねた。『原日記』はこう記す。

「松方は御取消の外なき事を断言したり。余は何《いず》れよりも相談を受けたる事には非《あ》らざれども、果して其病症ありとせば、御取消は無論の事なりと云ひ置けり」

薩摩《さつま》閥を代表する元老松方正義と現職の総理大臣原敬が、皇太子と良子女王の婚約は取り消さなければならないと、あらためて確認しあったのである。

さらに原は十八日、鎌倉の腰越《こしごえ》にある別荘に行く途中の車中で、松岡均平と話をした。松岡は第一次西園寺内閣の農商務大臣などをつとめた松岡康毅の息子で、東京帝国大学教授である。明治の終わりごろドイツに留学し、やはりヨーロッパにいた邦彦王と知り合いになり、以後、親しく付き合っていた。この日、急用があると言って原と同じ車両に新橋から乗り込み、横浜まで同行したのである。

松岡は原に邦彦王から色盲問題について相談を受けていると打ち明け、さらに邦彦王から、「色盲についての調査は山県の意を迎えるような医師にさせては困ると、原に伝言してくれ」と頼まれたと話した。そして、王は山県が婚約破棄を主張するのは、皇室令の改定について自分が反対したことを恨んでいるためではないかと思っていると言った。

原は色盲の調査については文部大臣が中心となって専門家に依頼している、皇室令云々《うんぬん》は王の思い過ごしだと答え（この点は果たして原が本心をのべているかどうか疑問のあるところだが、詳しくは第九章で述べる）、そして、つぎのように付け加えた。

「久邇宮の御挙動は穏当ならず、皇后陛下に意見書を出され、山県に書面を送られ、又栗田御附武《ママ》官が山県に往き綸言《りんげん》汗の如しとの論鋒《ろんぽう》にて論弁したる如き尚更《なおさら》面白からず。

余の考によれば、苟《いやしく》も御病症の欠点ありとせば、万世一系の皇統の上に於て絶対に之《これ》を取消さゞるを得ず、皇族としては一家の私事と混同せられ、此《この》事に思到らずして何やら運動らしき事をなさるゝは、元老等不快をも醸し、又皇室の御為めも考へられざる様に相成る事に付、国民之を聞きても批難するならん。故に宮中の御調査に一任せられて沈黙せらるゝ事穏当と思ふ」

邦彦王にとっては手厳しい意見だが、正論にはちがいない。松岡も「同感である。邦彦王にもその旨を伝える」と言うしかなかった。

一方、山県は、原が松方を訪ねた十四日に松本剛吉《ごうきち》を自宅に呼んだ。そして、興味深い発言をした。

松本は警察官あがりの政界の情報屋的な人物で代議士だったこともあるが、この当時は昔から深い関係にあった田《でん》健治郎が台湾総督になったためその秘書官となり、台湾と東京を行ったり来たりしていたようだ。田と山県、原との連絡役のような役割も果たしており、その日記（『大正デモクラシー期の政治　松本剛吉政治日誌』。以下『松本日誌』）には彼らの間を走り回るさまが書かれている。『松本日誌』によると、この日、山県は松本に次のように言った。

「田には久邇宮家の事を能《よ》く考へて置いて貰《もら》ひたい。之は余の儀ではないが、宮家には薩摩から引いた色盲の系統がある。之は御婚儀御内約の当時に気が付かなかつたが、近頃医学雑誌に色盲論が出て、恐るべき事を耳にしたから、己は密《ひそか》に宮家に伺つて御断りになつたら如何《いかが》にやと申上げた処《ところ》が、宮家では迚《とて》も己の申上げた位では御聴入れにはならない。杉浦〔重剛。東宮職御用掛〕と云ふ者が人倫説を振廻《ふりまわ》して辞表を出したが、此問題に就いては純血論が能いか人倫論が重いか、田に能く考へて貰ひたいと言うて呉《く》れ」

台湾総督の田は政界の一部では原の次の総理大臣候補と目されていた。しかし、それだけでは、山県が松本に「田には久邇宮家のことをよく考えてもらいたい」などというのはいかにも奇妙である。なぜ山県はこんなことを言ったのか。

ここで、思い出してもらいたいのは、邦彦王が十月下旬に台湾に出かけていたとの事実である。田は総督として王の接遇にあたったが、山県は、そのとき王が田に皇太子と良子女王の婚約問題についてなにか話したのではないかと疑い、そのためにわざわざ松本を通じて田にクギをさすようなことを言ったのではなかろうか。

この推測を直接裏付ける証拠はない。しかし、のちのことになるが、邦彦王が婚約問題について田の助力をもとめたという事実がある。田の日記は国会図書館憲政資料室で公開されているが、その大正十年一月十七日の条にこんな記述がある（田の日記は独特の漢文風文体で記されているので分かりにくいが、とりあえず下記のように読みくだす）。

「分部資吉久邇宮属、密談に来る。良子女王に色盲の嫌いあるをもって、東宮との婚約動揺の兆しあるの真状（を告ぐ？）。予、熟慮と善後の策を良く図るを求む。これ、かつて山県公より聞くところ、まことに重大かつ難問題、熟考を約して別れる」

田は帝国議会出席などのために十一日に内地に帰ってきた。そこに久邇宮家の属官が訪ねてきて、いきなり皇太子婚約問題を持ち出すというのは普通ではない。「田日記」からは、この問題について田が邦彦王からすでに聞いていたとは読めないが、しかし、そうである可能性も完全には否定できないのではないか。山県の恐れは杞憂《きゆう》、あるいは単なる勘繰りと片づけられないと思える。

もし、そうでないとしても、宮中某重大事件のなかで、邦彦王に田を味方にしようとの意図があることは明白である。いまは台湾総督だが、次期総理大臣とも目されている政治家を巻き込もうとする邦彦王のやり方は、いかにも露骨である。王は杉浦とははっきりとちがって、ことを政治問題化しようとしていた。

これは事件が一段落したあとの大正十年六月十九日のことだが、久邇宮夫妻は良子女王と次女の信子女王を連れて東京郊外玉川の田の別荘を訪れた（『松本日誌』同日条）。『田健治郎伝』によると、この別荘はもともとハワイが独立国だった当時の駐日公使のものだったが、富士山を正面にながめられる絶景を田が気に入って購入し、「万象閣」と名づけたという。そこに久邇宮一家はやってきたのである。

このとき、田は台湾に帰任していて不在だったが、松本が代わりに接待した。後日、訪問の答礼のために松本が久邇宮家におもむき帰ると、宮家から使いが来て物をくれた。松本が「なぜ」と訊《き》くと、使いのものは「田は次期総理だと新聞に出ていたからだ」と答えたという（『原日記』七月十日条。同日、松本が原を訪ねてこのように告げた）。

さらに九月九日、邦彦王は帰国中の田と松本を午餐《ごさん》に招いている。異様なまでの田への気づかいである。このような事実は、王の意図が奈辺《なへん》にあったかを忖度《そんたく》させるに十分な根拠となるのではなかろうか。

五博士の調査

さて、山県が松本に会った十四日の翌々十六日、邦彦王に返書を出したことは前述したとおりである。そこで、山県は王の提案した専門家による色盲に関するあらためての調査に賛成した。『原日記』によると、翌十七日の閣議のときに中橋徳五郎文相から原に、「宮相から内々話があったので、佐藤東大医学部長に相談し、五名の専門家に依頼することにした」との内談があったというから、山県は素早く動いたのである。

このことを原が十八日に松岡均平に話したことも前述した。そして、邦彦王にも再度の調査決定のことは、松岡からすぐに伝わったであろう。そして、二十日、佐藤三吉、河本重次郎、三浦謹之助、永井潜《ひそむ》、藤井健次郎の五人の博士に対し、中村宮相は色盲遺伝についての調査を正式に依頼した。

この五博士を簡単に紹介しよう。

まず、佐藤三吉は中橋文相から相談を受けた東大医学部長（東大医学部は時期によって東京帝国大学医学部とか東京帝国大学医科大学とかいう名称だが、煩を避けるためにすべて東大医学部と記す）その人である。安政四（一八五七）年生まれ。東大医学部卒、専門は外科である。大正十一年十二月には貴族院議員に勅撰されている。

河本重次郎は安政六年生まれ。東大医学部卒業、東大医学部教授。当時、日本の眼科医学界の最高権威といわれた。

三浦謹之助は元治元（一八六四）年生まれ。東大医学部卒業、東大医学部教授、帝国学士院会員、宮内省御用掛。西園寺公望がパリ講和会議に出席したときに随行している。保利真直の意見書の「裏書」もしており、邦彦王のいう意味での「関係者」のひとりであるが、そのことについて王のほうからもクレームはつかなかった。

永井潜は明治九年生まれ。東大医学部卒業、東大教授。専門は生理学。

そして、藤井健次郎はほかの四人と異なり、東大医学部ではなく理学部の教授である。慶応二（一八六六）年生まれ。東大理学部卒業、植物学を専門としていた。

以上でわかるように、まさに邦彦王の希望どおり、当代一流の専門家たちが調査にのりだしたのである。

そして、結果はすぐに出た。『田中義一伝記』によると、五博士の報告書は二十一日に提出されている。検討を依頼された翌日という早さで、ここでも何かがあったのではと疑うむきもあるかもしれないが、実際の診断がおこなわれたわけではなく、科学的な遺伝学説をあらためて検討しただけだから、結論がすぐに出るのは不思議ではない。現に、早すぎるとの文句はどこからも出なかったようだ。

五博士の意見は基本的に保利真直のものと同じであった。そのポイントを簡単にまとめると、つぎのようになる。

①久邇宮俔子《ちかこ》妃は色盲因子の保有者である。
②良子女王が色盲因子の保有者である可能性は半々である。
③良子女王が色盲遺伝子の保有者であったならば、色盲でない男性と結婚して生まれてくる男子の半分は色盲のおそれがある。
④そうして誕生した色盲の男子が色盲でない女性と結婚した場合、生まれてくる女性は色盲遺伝子の保有者となる。

要するに良子女王が色盲因子を持っているとしたら、結婚後、裕仁親王との間に生まれる男子の半分は色盲になると、専門家たちは結論づけたのである。

五博士の報告書は宮内大臣からまず山県、松方、西園寺の三元老に示されたが、元老たちはそれを邦彦王のもとに送り、熟慮してもらうということで意見が一致した。この調査結果は山県たちの主張を補強するものである。しかし、調査したのは邦彦王の希望したとおり山県の息のかかった医師ではないのだから、客観性は確実に保証されている。元老たちは邦彦王がこの調査結果を受け入れて、自分のほうから婚約を辞退することを期待した。

勝負はついた？

実際、報告書を読んだ邦彦王は動揺し、いったんは自発的辞退も考えたようだ。自分のほうから再度の調査を要求し、その結果、色盲問題については山県たちの主張が裏づけられたのだから当然であろう。『田中義一伝記』によると、久邇宮家の栗田宮務監督が王の使いとして松方正義を訪ねて、「五博士の報告が正しいのなら婚約を辞退したいと思うがどうだろうか」と意見を訊いたという。三元老のうち薩摩出身の松方に下問したというところが意味深長だが、それまでの経緯からして、松方も辞退を勧めたのではないか。実際、松岡均平が宮内大臣に「邦彦王が、結局辞退するしかないだろうと話した」と内話したということも、やはり『田中義一伝記』にある。

山県はこういう情報を得て、これで一件落着と安心した。そして、十二月三十日、邦彦王が婚約を辞退する以上、自分も色盲問題についての最初の調査が不十分だったことの責任をとらなければならないとの理由で、宮内次官あての待罪書を提出し、小田原の別邸古稀庵《こきあん》に引っ込んだ。

また、原敬も山県同様、五博士の報告書が事態収拾の決め手になると判断した。十二月二十八日の『原日記』にはこうある。

「医科大学責任者の答申もあつて診断明瞭《めいりよう》したりと云ふ以上には、宮内省より之を杉浦等に内示するを可とす。まさかに杉浦等も之を知らば夫れにても差支なしとの立論も出来ざるべし」

しかし、山県や原の見通しは甘かった。邦彦王の意向はともかく、杉浦たちが婚約解消反対の動きをゆるめなかったのである。

『中西回瀾録』によると、十二月二十三日、杉浦は小笠原長生《ながなり》を訪ね、辞表を提出したおりの条件、つまり、婚約解消の動きがなくなれば辞表は撤回するという条件を取り消し、どんなことがあろうとも辞職する、そして、これまで秘密にしていた辞表提出のことも世間にあきらかにすると断言した。要するに、専門家の調査結果がどうであろうと、自分は山県たちの主張には東宮御学問所御用掛の職を賭《と》して、絶対に反対するとの意思をあらためて明確にしたのである。

やはり『中西回瀾録』によれば、二十五日には栗田宮務監督と武田属官が杉浦のところに来て、「『宮家から一応辞退し、皇后がそれに及ばずと言うとの形にしたらどうか』

との申し入れがあった」と告げたが、杉浦たちが猛反対するとの一幕もあった。『中西回瀾録』には、誰が久邇宮家に申し入れてきたのかは記されておらず、本当にそのようなことがあったのかどうか疑いものこるが、いずれにしろ、杉浦たちの態度はきわめて強硬であった。

さらに、杉浦は二十七日に東宮御学問所総裁の東郷平八郎に招かれ慰留されるが、それを断り、「自分は東宮に知仁勇を説いてきた。いまさら婚約を解消して相手の女性を失望させるのは不仁である」などと述べた覚書を提出した。そこには「本問題の根本たる眼科専門医の意見書」は根拠が薄弱で、そのようなものを理由に「権力を以て解約を逼《せま》る者」に対しては勇断をもって当たらなければならない、とある。この「眼科専門医の意見書」というのは保利真直のものを指していることはあきらかだが、この時点で杉浦が五博士の意見書の内容を知らなかったはずはない。にもかかわらず、杉浦はそれに言及せず、いわば「古証文」である保利の意見書をあらためてあげつらっている。要するに杉浦は五博士の意見書を完全に無視しているのである。

いまさら言うまでもないが、皇太子と良子女王の婚約についてトラブルが生じたのは良子女王の母方の家系に色盲の遺伝があったからである。そして、良子女王が皇太子妃となれば、将来、色盲の天皇が誕生する可能性があるということが、山県たちの危惧《きぐ》するところであった。これに対し、邦彦王はそういう決めつけは不当であり、専門家の意見をきちんと聞いてくれと申し入れたのである。それが受け入れられ、調査がおこなわれた結果、山県たちの意見が正しいことが証明されたのだ。したがって、ここで勝負はついたはずである。ところが、杉浦はそうは考えなかった。五博士の意見書など杉浦の眼中にはないかのようであった。

杉浦と色盲問題

この杉浦の態度をどう考えたらいいか。情勢が不利になったので居直ったのだとみるべきなのだろうか。そうではあるまい。これまで杉浦が終始一貫してとってきた態度を振り返ってみれば、彼の態度が居直りなどではないことはあきらかである。端的に言えば、杉浦にとっては久邇宮家のひとびとに色盲の遺伝があるかどうかという問題は、初めからどうでもいいことだった。であるならば、五博士がいかに斯界《しかい》の権威であろうが、その報告書など無視していいのは当然である。

杉浦は倫理学を専門とする教育者などであるかのように思われているが、もともとは化学者である。二十二歳のときに政府留学生として英国に渡航し、四年間にわたって化学はもとより物理、数学、理学などを修めた自然科学者である。門下生たちが杉浦の言葉を集めた書物が刊行されているが（『杉浦重剛座談録』）、そこには、「数学に根底を置かぬ知識は駄目ぢや」などの彼の本質をうかがわせる発言が収められている。

そんな杉浦は、色盲遺伝についてどんな理論が「定説」として定着しているかということくらい、先刻承知であった。色盲遺伝について保利真直が初めに提出した報告書の内容が、学問的には正しいこともよく分かっていた。現に杉浦は良子女王が色盲因子の保有者であることを一度も否定していない。

いまから一世紀近くも前の当時、世間には色盲について珍妙な誤解をしているひとびともいた。あとで紹介、引用することになる松平康国（早大教授）の「東宮妃廃立事件日誌」には、松平がある自彊術師《じきょうじゅつし》（自彊術とは大正初期から広まった東洋的な健康増進法）に色盲について訊《たず》ねたところ、「色盲は脳神経衰弱が原因で小便が遠いか我慢しているものがなる。治療も可能で、自分はいままで何人も治したことがある」と言われて安心したという記述がある。なにやら牧歌的とさえ言いたいような話だが、杉浦の知識のレベルはそういう連中のものとは雲泥の差があった。

そしてそのことは、杉浦が、島津家から久邇宮家に伝わった色盲の遺伝が致命的な欠陥などではないと初めから確信していたことをも意味していた。皇太子婚約に影がさしていることを知ったとき、彼が仲間を集めて、色盲遺伝を「些末《さまつ》なる欠点」と言ったことを思い出して欲しい。山県が軍務との関係で色盲遺伝を問題にすることがまったく理不尽ではないとしても、婚約解消で皇太子や良子女王、また皇室の権威が受けるダメージを冷静に考えれば、色盲などは「些末」なことだというのが杉浦の真意だった。

そもそも山県にしても、色盲を致命的な障害と決めつけていたわけではない。すでに記したように、邦彦王への返書のなかでも色盲は「微細」な「瑕疵」であることは認めているのだ。しかし、それが大元帥たる天皇にあるとすれば、看過しがたい欠陥だというのが彼の立場であり、軍務とのかかわりで「一点の曇りも困る」というのが、彼の振りかざす建前であった。杉浦とは逆に、色盲の天皇が生まれる可能性を無視するマイナスと、「内定」した婚約を取り消すことによって生じるマイナスを比較すれば、どうしても前者がまさるというのが山県の言わんとするところであった。

となると、五博士が科学上、決定的といえる意見を述べたとしても、それで議論の決着がつくことにはならないのは論理的には当然であった。五博士の答申を受けて、山県がこれで一件落着と思ったのはあきらかに楽観的すぎた。そこを杉浦は見逃さなかったのである。

そしてこれ以降、良子女王が色盲遺伝子の保有者かどうかという問題は、ほとんど表面に出てこなくなる。山県たちもそれについて言いたてなくなる。つまり、「血統論」の影は徐々に薄くなってくるのだ。話の筋からすれば奇妙なことだが、事件はあきらかに変質していくのである。

人倫論は人情論

そして、影が薄くなるのは「血統論」だけではなかった。「人倫論」のほうも声高には叫ばれなくなってくるのである。これは、対立していた二者の片方が弱ってきたからには、もう一方をことさら主張する必要もなくなってきたということではない。

そもそも「血統論」が多分に建前先行の気味があったのとおなじく、「人倫論」にもそういう傾向があった。すこし細かくみていけば、そちらのほうもいろいろの難点を露呈してくるのである。

たとえば杉浦たちは「綸言汗《りんげん》の如しである。いったん内定した婚約を取り消すのは天皇の徳を傷つける」と主張しつづけた。しかし、前述のように皇太子と良子女王の婚約が正式な「勅許」を得ていない以上、この主張を論破するのは簡単である。「綸言」はあくまでも正式な勅許を言うのであり、いくら「予定」「内定」の「御沙汰《さた》書」が出されて婚約が世間周知となっていたとしても、それがないからには、「綸言汗の如し」という論理は通用しないのである。

ここで、簡単に前述した、皇太子婚約の「内定」が取り消された前例についてもうすこし詳しくまとめておこう。

『明治天皇紀』の明治二十六年五月三十一日条につぎのような記事がある。

「是の月、天皇、貞愛《さだなる》親王第一女禎子《さちこ》女王を以て、皇太子の妃たらしむるの思召あらせられ、宮内大臣子爵土方《ひじかた》久元をして旨を親王に致さしめたまふ。親王聖旨を感戴《かんたい》し、対《こた》ふるに謹みて拝承するの旨を以てす」

貞愛親王は前述のように邦彦王の叔父《おじ》にあたる皇族で、伏見宮家の当主である。伏見宮家は北朝第三代崇光《すこう》天皇第一皇子栄仁《よしひと》親王から始まる古い宮家で、天皇家の血統の

「扣え」、つまり、天皇家に適当な後継者がいないとき代わって皇位を継ぐものを出す家とされていた。実際には伏見宮家から天皇が出たことは、古い時代に一度しかなかったが、江戸時代にあった四つの親王家のなかでも最も名門である。

禎子女王はその家の長女として明治十八年に生まれた。嘉仁親王の六歳年下だから年齢的な釣り合いもいい。この「内定」のときはわずか九歳だが、前出の貞明皇后の伝記には華族女学校初等中等科（現在の中学校）在学中の禎子女王のことが、「雪の精のように肌の色が白く、見るからに王女の気品を備えていた」と書かれている。まだ九条節《さだ》子《こ》だった貞明皇后も、まぶしい目で女王をながめていたというが、禎子女王は成長してからも、皇太子妃としてふさわしい女性と周囲からみられていたのである。

ところが、この婚約があっさりとくつがえされてしまった。『明治天皇紀』の明治三十二年三月二十二日の条から引用しよう。

「伯爵土方久元を内使として第十師団長貞愛親王の寓居《ぐうきょ》に遣はし、親王の第一女禎子女王を以て皇太子の妃と為すの内約を解かしめたまふ」

子爵から伯爵に陞爵《しようしやく》していた土方は、前年に宮内大臣を辞していたが、かつて宮相として女王を皇太子妃に推し、さらには婚約取り消しの話し合いにもくわわっていたことから、このいやな役目を命じられたのであろう。第十師団のある兵庫県姫路まで出かけ、天皇の意を伝えた。貞愛親王は「格別之苦情」もなく、これを受諾したという（上野秀治「明治期における東宮妃選定問題」）。こうして、「内約」であった嘉仁親王と禎子女王の婚約は解かれた。

その理由としてあげられたのは禎子女王の健康状態である。婚約内定後に盲腸（虫垂炎）の手術をしたこと、さらに宮中顧問官橋本綱常《つなつね》（陸軍軍医総監。橋本左内の弟）、侍医局長岡玄卿《げんきょう》、元侍医局長池田謙斎など宮中の医師や、東大医学部雇教師のエルウィン・ベルツの診断によると、右胸部に水泡音が聞こえるのが問題にされた。医師たちの間では、もう少し様子をみて結論を出したらどうかとの意見もあったが、岡が「肺に異常がみられるのは嘉仁親王も同じであり、見過ごすわけにはいかない」と強硬に主張したのである。

この間の事情については資料が『明治天皇紀』以外にないこともあって、これ以上はわからない。しかし、天皇が実はこの解約に内心不満、あるいは忸怩《じくじ》たる思いを抱いたことは、解約の事実を記した『明治天皇紀』の記事につづく部分からもはっきりとうかがえる。そこには、明治三十五年六月に皇太子と節子妃の間に第二子雍仁《やすひと》親王（のちの秩父宮《ちちぶのみや》）が誕生したとき、祝詞《のりと》を奏上したついでに、「健康状態に不安があった禎子女王を皇太子妃にしなくてよかった」と言った岡玄卿に、天皇がつぎのように不快の念をあらわにしたとあるのだ。

「天皇之れを遮《さえぎ》りて宣《のたま》はく、禎子嫁して歳余、尚身《はら》むことなきも、安《いず》くんぞ之れを禎子一人の事に帰するを得んや。汝《なんじ》の言ふ所甚だ不稽《ふけい》なりと、天顔頗《すこぶ》る喜びたまはざるの色あり」

禎子女王は嘉仁親王が結婚した翌年の明治三十四年、元高知藩主家の当主山内豊景《やまうちとよかげ》侯爵と結婚したが、雍仁親王が誕生したときにはまだ子供がなかった。岡はそれを暗に指摘し、禎子女王ではなく節子妃を選んだのでつぎつぎに皇子が誕生したのでございます、と自分の判断が正しかったことを自慢したのだ。

これに対して天皇は、「禎子が結婚してからまだ一年ちょっとではないか。それに子供が生まれないのは禎子のせいとはかぎらない。お前のいうことはまったく根拠がない」と怒りの色をかくさなかったのである。

『明治天皇紀』には天皇の人間的側面を率直に記している部分がかなりあるが、この記事はそのなかでも白眉《はくび》のひとつといえるかもしれない。天皇は皇太子妃内定取り消しに忸怩《じくじ》たる思いをもっていたからこそ、岡の言わずもがなの発言をきびしくとがめたのだ。

資料的な裏づけはないようだが、嘉仁親王と禎子女王の婚約取り消しには、皇族の力が伸びるのを警戒した伊藤博文たちの意向が影響したとの見方もある。これが正しいとするならば、明治天皇の怒りにはそうしたことも関係している可能性もあるが、いずれにしろ、正式な勅許がない婚約は、天皇が内心同意していなくても簡単に取り消されてしまうのである。

以上が皇太子の婚約解消の前例となった出来事の経緯だが、これを覚えている皇室や宮中関係者はまだたくさんいた。彼らのなかには、杉浦の主張は世間一般の「常識」にすぎず、「雲の上」では通用しないと思うものもいたのではなかろうか。

さらに「人倫論」の弱点として、それが実は「人情論」に過ぎないということがあげられる。

前述したように、杉浦は浜尾新《あらた》東宮大夫と話しあったとき、婚約解消となれば良子女王は自殺するか尼にでもなるほかない、と断言した。それでは天皇が「不仁」をおこなうことになるというのが杉浦の主張であった。たしかに自殺や出家は極論としても、もし婚約が解消されてしまったときの良子女王の受ける精神的打撃ははかりしれないものがあるだろう。杉浦の言うことは、「開かれた皇室」の時代に生きるわれわれには納得しやすい。

しかし、この主張はいったん建前同士がぶつかる議論の場に出るとなると、案外もろい面をもっている。なぜなら、良子女王は宮家の娘、つまり皇族だからである。いかに若い女性であろうとも、皇族は天皇と皇室のことを第一に考えるべきだという規範から逃れることは出来ない。もし、婚約の遂行に少しでもさしさわりがあることが出てきたら、個人的感情は忍んでも、その取り消しを受けいれるべきだという主張も十分に成り立つのである。

事件が起きたころ、元老たちの依頼をうけた伏見宮貞愛親王が、自分から邦彦王を説得すべく動き出したことを思い出してほしい。長女の禎子女王と嘉仁親王の婚約を解くとの天皇の意思を伝えられ、即座にそれに従うことを承知した親王にとっては、邦彦王への説得は、ごく自然な行為であったろう。

裕仁親王と良子女王の教師であった杉浦が、若いふたりの幸せを願うのは当然である。もし婚約が取り消しとなれば、悲惨なことになりかねないと心配するのも無理はない。

ここで、佐藤愛子の『血脈』という作品を引き合いに出すのは突飛かもしれないが、実はあの傑作長編小説のなかに杉浦の長男が登場する。佐藤愛子の姉と相思相愛の恋人としてだが、この長男がとんでもない放蕩者《ほうとうもの》であった。父の杉浦は彼にさんざん手こずらされるのだが、そんななかで杉浦は若い男女の心理に思いをいたすようになっていったのであろう。彼は決してこちこちの道学者ではなく、教え子の気持を人一倍思いやるあたたかい教師だったのである。

が、そうであっても、それはあくまでも杉浦の「私情」であった。杉浦はともかく、皇族が「私」を優先することは許されない。杉浦の「人倫論」は、やはり「人情論」であった。

もっとも、こういう杉浦の主張の弱点を、山県たちが指摘したわけではない。杉浦が「血統論」を完全に論破しようとしなかったのと同じく、「人倫論」への正面からの攻撃もなかった。要するにこの騒動のなかでは、初めから論理と論理がぶつかりあうということはなく、両者が奥歯にもののはさまったような主張を投げかけあい、隔靴搔痒《そうよう》の闘いをくりひろげていたのである。だからこそ、権威ある学者たちの調査結果が出ても、問題は解決に至らなかった。そして、最後には、山県も杉浦も望んでいなかった論理を超えた力がはたらくことになった。

頭山満の介入

話を事件の具体的な経過に戻そう。

『中西回瀾録』には、大正九年の年末あたりに杉浦たちと交渉があったひとびととして、壬生基義《みぶもとよし》（伯爵。邦彦王の義弟）、有馬貞子（頼寧《よりやす》伯爵の妻で北白川宮能久《よしひさ》親王次女）、土屋正直子爵（侍従）などがあげられている。その間のおもなやりとりを言えば、壬生は「皇后を説得できるのは皇后の生母（九条道孝の側室）の野間幾子《のまいくこ》しかいない」と述べ、有馬は「義姉で明治天皇の皇女である北白川宮成久王妃に話をしてみる」と言い、土屋は杉浦に「和気清麻呂《わけのきよまろ》になれ」と励まされた。

この顔ぶれを見てわかるように、杉浦たちの運動は宮中深くにおよびだした。壬生伯爵、有馬伯爵夫人、土屋子爵は、いずれも皇族たちに私的なパイプをもっている。あくまでも正面からの運動にこだわっていた杉浦は、東宮関係者に対するはたらきかけを最優先していたが、情勢が手詰まりになっていくなかで、やはりもう少し運動の幅をひろげねばと思い出したのであろう。

しかし、杉浦はとくに政治色を帯びたひとびととの接触には依然として慎重であった。皇太子婚約はあくまでも宮中の問題であり、東宮関係者はあてにならないとしても、宮中外の力を借りるのは避けなければならないとの態度を崩さなかった。ところが事態は、そのような杉浦の意思とは違う方向に動きはじめる。彼が望まなかった政治家や政治的結社の関係者が徐々に事件の舞台に顔を見せてくるのである。たとえば、頭山満《とうやまみつる》やその一派がそうであった。

『原日記』の十二月二十八日条に、田中義一陸相が原につぎのような山県の伝言をつたえたとの記事がある。

「皇太子附の杉浦重剛、其（婚約の）御変更に反対し、（略）之を頭山満等にもらし、頭山は其の親近者に流布したる結果、彼等一派山県攻撃を企つる由、杉山茂丸《しげまる》、山県に内話したるに因り、其事を余に内話し置けよと伝言なり」

杉浦が皇太子婚約問題について頭山に話し、それを頭山が自分の影響下にあるものたちに告げた結果、山県への攻撃が始まろうとしていると、杉山茂丸が山県に内報した——田中は原にこう伝えたのである。

周知のように、頭山満は大アジア主義を標榜《ひょうぼう》する玄洋社の総帥として隠然たる力を持つ右翼陣営の巨頭である。安政二年生まれだから、杉浦重剛と同じ年齢。捉《とら》えどころのない独特の魅力を持つカリスマ的な人物だった。また、杉山茂丸は頭山の片腕ともいうべき存在で、山県もふくめた政治家たちとの付き合いも多く、一種の怪人物と目されていた。『原日記』の記事によれば、皇太子婚約をめぐって大きな事件が起きていることが、ついにこういう類《たぐい》のひとびとの耳にはいってしまったということになる。

このこと自体は事実であろう。しかし、杉浦が頭山に事件について話したという点については、疑わなければならない。事件が拡大するのを極度に警戒していた杉浦がそんなことをするはずはないし、『申酉回瀾録』によっても、それは立証できるのである。

まず、『申酉回瀾録』によれば、杉浦がこの問題で頭山と接触したのは十二月二十四日が最初である。それ以前に杉浦が宮中で重大事件が起きていると頭山に告げた形跡は、少なくとも『申酉回瀾録』を読むかぎりではいっさいない。しかも、二十四日のふたりの接触も、頭山が杉浦を訪ねるという形でおこなわれたのであり、杉浦からもちかけたものではない。

そして二十四日に両者が会ったとき、頭山は宮中某重大事件についてすでに知っていた。なぜそう断定できるかというと、このとき頭山が杉浦に対し、「皇太子婚約問題について話をするために杉山茂丸に山県を訪問させた」と述べたと『申酉回瀾録』にあるからだ。頭山は杉浦以外のルートから宮中某重大事件について情報を得て、配下の杉山に山県を訪ねさせたのである。

ついでに言えば、『原日記』の記事を素直に読めば、杉山は頭山たちの動きについて山県に密告したかのように思える。しかし、頭山と杉山の関係からすれば、やはりそうは考えにくい。『申酉回瀾録』にあるように頭山が杉山を派遣したとみるべきであろうが、それをまた単純に、頭山たちが山県を牽制《けんせい》したり恫喝《どうかつ》したりするための行為、というふうにみることも出来ないのだ。たとえば、国会図書館憲政資料室の「山県有朋関係文書」にある一通の書簡を読むと、そうした感を深くせざるをえない。書簡の一部を引用しよう。

「従来山県公に対する世評の云々は、権力の在る処、衆怨《しゅうえん》の府と為《な》る世態の常事に外ならざりしも、先頃、宮中重大事件起り、公が受けし悪声は或《あるい》は公の晩年を誤るなからんかを危み居る処、物極って変ずる習ひに違《たが》はず。一陽来復、公の心事を解し、公の忠誠を知るの徒は時と共に増加し来り、一面政党政治の醜状天下に暴露し、私曲多しと称せられし藩閥政治より幾倍倍する党人の横暴私曲を目撃せる国民は之を一洗するの必要を認め（後略）。就いては公と最も密接なる老台より民心の帰向しつつある処を説き公をして西山公（水戸光圀《みつくに》のこと）たらしめられては如何に候や」

要するに山県が誤解されていると同情を寄せ、政党の横暴に対抗するために山県に頑張ってもらわなければならないと言っているのだが、この山県への好意にあふれる文章を書いたのは、なんと黒龍会主幹の内田良平なのだ。ただし、文面からわかるように、これは山県に直接宛てられたものではなく、「(山県)公と最も密接なる老台」宛のもので、それを「老台」が山県に、「内田からこんな手紙がきました」とわざわざ自分の書簡に書き写して送ったのだ。つまり、「山県文書」にある書簡は「老台」から山県へ宛てたものなのだが、その「老台」とは、実に杉山茂丸なのである。

後述するように、内田は某重大事件の中で多くの仲間を率いて山県攻撃の示威行動を計画したり、皇太子婚約が解消されないことが決まった直後、明治神宮に祝賀の集団参拝をおこなったりした人物だが、その内田が事件が解決してわずか二ヵ月半後(内田書簡の日付は大正十年四月二十七日)にこのような書簡を書いているという事実は、某重大事件で山県と右翼陣営が激しく対立していたという見方が単純には成り立たない証《あかし》であろう。さらに、その書簡の内容を杉山が山県に伝えたのは(それは杉山が内田から書簡をもらった直後であろうが)、山県と杉山、そして頭山の関係が某重大事件をめぐって、少なくとも従来漠然と言われていたほど敵対的ではなかったことを示している。

それはともかくとして、杉浦は頭山や杉山の動きをどう受けとったのであろうか。二十四日に頭山が述べたことに対して、杉浦がどのように反応したかは『中酉回瀾録』にも書かれていない。ただ、一月十一日の夜にまた訪ねてきた頭山に、杉浦が事件を政治問題化させないように注意したという記事が『中酉回瀾録』にあることから推測すれば、頭山や杉山の動きを喜ばなかったことは確かであろう。

これ以後、頭山が宮中某重大事件のなかでどんな動きをしたかについては、信頼できる資料がないためあまりはっきりしない。従来、彼が事件解決の過程で大きな力をふるったかのように言われることも多かったが、なにか確証があるわけではない。また、以下に述べるような頭山と杉浦の関係を考えると、頭山が杉浦の意思に反する形で事件に介入したとは考えにくいのである。

『頭山満翁正伝』に頭山が杉浦について語った文章が収められているが、その冒頭にはつぎのようにある。

「人らしい人の少い今の世に、杉浦の如きは人間離れのした真の人格者であつた。人格といふよりは寧《むし》ろ神格、神に祀《まつ》らるべき資格を立派に具へてゐた。(略)古《いにしえ》の賢人君子は、書物の上で伝へられてゐるが、杉浦の如きは目のあたりその実体を示した生ける聖人君子であつた」

手ばなしの賛辞というべきであろう。そして、やはり『頭山満翁正伝』にある杉浦の「頭山君との交誼《こうぎ》」と題された談話によると、頭山は杉浦が病床にいるときに五百円もの見舞金を贈ったり、杉浦が東亜同文書院長として清国に渡るときに、杉浦夫人に「御留守中何か御用事がありましたら、何なりと申越されるやう」と申しでたりしている。一言で言えば、頭山は杉浦に心服していたのであり、繰り返しになるが、彼が杉浦の意に反するような形で宮中某重大事件に介入するとは、とうてい考えられないのである。

頭山が杉山を山県のもとに派遣し、皇太子婚約解消の主張を牽制するようなことを言わせたのは、『原日記』にも『中西回瀾録』にもあるのだから事実であろう。しかし、それ以後、頭山が引き続き積極的に事件に介入し、杉浦の主張が通るように活動したとは考えにくいし、その確証もない。

もっとも、世間における頭山の存在感の大きさを考えると、彼が宮中某重大事件に関心を示しはじめたという事実を知ったときに、山県や原たちが「面倒なことになった」と思ったのは想像に難くない。そして、そういう心理が事件の収拾に大きな影響をあたえたということは否めない。具体的な動きを見せようが見せまいが、頭山という人物にはそれだけの力があったのである。その意味では、どのような形であれ頭山が事件に関心をもったということは大きかったと言えるだろう。

大隈重信の約束

やはり大正九年末あたりから、頭山たちに少しおくれて事件に介入してきた勢力があった。彼らの動きは前出の松平康国「東宮妃廃立事件日誌」などによって追うことができるが、これも事件を政治問題化させるうえで一定の役割を果たした。もちろんそれは杉浦の望むところではなかったが、皮肉なことにそのきっかけを作ったのは杉浦自身であった。

十二月三十日、杉浦は旧知の牧野謙次郎を招いた。牧野は文久二（一八六二）年生まれ、早稲田大学で中国思想などを講じる教授である。大隈重信《おおくましげのぶ》が東西文明調和研究会というのを組織したときに松平康国などと参加し、該博な知識を披露して気に入られ、大隈のブレーンのひとりといった存在になっていた。その牧野に杉浦は皇太子の婚約が解消されかかっていることを告げ、この問題について大隈に相談したほうがいいか意見を聞いたのである。

杉浦の同志である一瀬勇三郎などは、早くから大隈と協議することを主張していた。大隈は元老でこそないが、二度総理大臣をつとめ、宰相としての能力はともかく反藩閥勢力のシンボル的存在として国民的な人気をもっていたから、一瀬の主張は戦略的には理にかなったものであった。杉浦はなかなかそれに同意しなかったが、手詰まりになった状況を打開するために、大隈と近い牧野に相談するだけはしようという気になった。『中西回瀾録』には、「今や形勢益々非なるを以て、遂に牧野氏を招きて、事実を打明け」とある。それまで皇太子婚約が危機に瀕していることをまったく知らなかった牧野は、杉浦の話を聞いて驚いた。そして、大隈に相談したほうがいいかどうかと尋ねる杉浦に向かって、「之を政治問題たらしめんとする意向を洩《も》らされた」のである。今度は杉浦が驚く番であった。あわてて、「飽くまでも政治問題とせずして、解決すべき」だとクギをさしたのだが、しかし、これはあきらかに杉浦が甘かった。なぜなら、牧野は杉浦とちがってただの学者ではなく、もともと政治的な行動も辞さない人物だったからである。

明治四十四年二月、「南北朝正閏《せいじゅん》」問題が世間を騒がせたことがあった。楠木正成《くすのきまさしげ》などの「忠臣」たちが従った南朝こそが天皇家の正統であるにもかかわらず、尋常小学校の国史教科書が南北朝を並べて記述しているのはおかしいと、一部の政治家たちが言いだしたのである。結局、政府が過ちを認め、教科書を執筆した文部編修の喜田貞吉《きたさだきち》（のち京大教授）を休職処分としたが、このとき藤沢元造という代議士をたきつけて議会で質問させ問題を大きくしたのは、早稲田大学講師だった牧野や松平康国なのである（ついでに言えば、このとき山県有朋は文部省批判の意見に全面的に賛成した）。そのような人物が、皇太子婚約をめぐって宮中や政界上層部がもめていると聞いておとなしくしているわけがない。

牧野は翌三十一日、大晦日《おおみそか》でしかも大雪が降っているにもかかわらず、早速、大隈を訪ねた。その模様を杉浦に報告した手紙で、牧野はつぎのように述べる（『申酉回瀾録』）。

「何《いず》れ近々一応葉山（原注・両陛下御避寒中）へ伺候に付、其れ迄《まで》に何とか一工夫致し可申《もうすべく》候様、咄《はなし》有之《これあり》候」

大隈は天皇、皇后にはたらきかけると約束したのである。もっとも、実際にはこの言葉はリップサービスに過ぎず、大隈は事態の打開のためになんの努力もしなかった。しかし、大隈の態度がどうであろうが、宮中某重大事件はこのときを境にして、さらに広い範囲のひとびとの知るところとなり、短期間のうちに強い政治色をおびていくのである。

第五章　政治と怪文書

城南荘・国民義会グループの登場

牧野のもとを松平康国が年賀に訪れたのは、牧野が大隈に会った翌々日、つまり、大正十（一九二一）年一月二日である。松平が事件について記した「東宮妃廃立事件日誌」（以下、「松平日誌」）は、そのときの模様の記述から始まる（「松平日誌」は刈田徹教授が「宮中某重大事件の基礎的史料に関する研究」で全文を紹介した。以下の引用はすべて同論文からのものである）。

「午後、牧野謙次郎の所へ年始に廻《まわ》り、坐敷に通つて挨拶《あいさつ》のまだ終るか終らない内に、同君（牧野）は声を潜めて、君、皇室の重大問題が起つたぜ、と先づ口を切つておいて、それから杉浦重剛氏と会見の顚末《てんまつ》、並に大隈侯に運動したことを語り吾輩《わがはい》の意見を尋ねた」

挨拶もそこそこに声を潜めて、というあたりに牧野の興奮ぶりがうかがえるが、松平の反応も打てば響くようであった。もちろん、「松平日誌」は松平本人が書いたものだから、自分を格好よく見せている気味がないでもないが、即座につぎのように歯切れよく返事をしたという。

「それはなんでもないことで、杉浦氏が横山正太郎になりさへすれば解決出来る。併《しか》し、それは宛《あて》にならないから、此方《こちら》は此方の手段を取らうではないか。就いては同志を作る必要がある。吾輩は押川方義《おしかわまさよし》、五百木《いおぎ》良三の両君に相談して見たい」

横山正太郎とは薩摩《さつま》の人。森有礼《ありのり》の実兄で、明治三（一八七〇）年七月二十七日、政府に抗議し、集議院の門前で割腹自殺を遂げた。松平は、横山のように一命を賭《と》す覚悟があれば問題は簡単に解決するが、それは杉浦には出来まいと言うのだ。松平は牧野とちがって杉浦にあまり好意的でなかったらしく、このような冷たい言葉が出てくる。そして、自分たちは自分たちで事態に対処するために、同志にはたらきかけようと言った。

これを聞いて牧野は少し慌てた様子を見せた。なぜならば、牧野は杉浦から相談をもちかけられたとき、この話は絶対に秘密にしてくれと言われ、松平にだけは打ち明けるが、そのほかの人間には言わないと約束していたからである。牧野は、押川や五百木に話すのならば杉浦の了解をとらなければならないと松平に言う。ところが、松平はそんなことは必要ないと、牧野の杉浦への気兼ねを一蹴《いっしゅう》した。「松平日誌」にはこう言ったとある。

「杉浦は何と云はうと御互は皇室の為めに尽すのであるから、誰れと事を共にしやうが此方の勝手である。それに吾輩一人、君から話を聞いた所でどうしやうもない」

結局、牧野もそれ以上は異議をとなえなかった。牧野は杉浦に会ったときに口走ったように、もともとこの一件を政治問題化しようとしていたのだから、内心では松平の言うことに初めから賛成していたのであろう。

松平は早速、芝にあった五百木の自宅に回った。すさまじい勢いだが、残念ながら五百木はどこかに年賀に出かけて留守だった。そこで、翌三日午前に出直す。今度は五百木も在宅していた。五百木は勢い込んで説明する松平に、その話は大竹貫一からちらっと聞いたことがあるがまさかと思っていたと前置きして、つぎのように述べた。やはり「松平日誌」からの引用である。

「今の話によると大変なことである。是非とも閥族を潰《つぶ》してしまはねばならん。或は天が大廓清《だいかくせい》の為めに此の問題を下したのかも知れない。押川君は今旅行中であるから、帰京次第会合の場所を定めて御通知しやう」

五百木も牧野や松平と同じく、問題を完全に政治的な観点からとらえていた。「閥族」、つまり山県有朋をつぶしてしまうために、この事件を利用しようと、初めから目論《もくろ》んだのである。

かくして、一月九日、牧野、松平、五百木、押川の四名が、品川の洲崎館《すさきかん》というところに集まった。そこでは、大隈たちを通じて天皇、皇后にはたらきかけること、色盲などたいしたことはないと証明するために専門家の意見を聞くことなどを決めた。さらに一月二十三日、この四名に大竹貫一、佃《つくだ》信夫の二人を加えた六名が同じく洲崎館に集合した。彼らがこれ以後、皇太子婚約解消に反対し、ともに動いていくのである。そのほとんどは「城南荘」という会のメンバーであり、また同会に集まったひとびとは「国民義会」の名のもとに活発な政治活動をおこなっていた。城南荘や国民義会については、刈田徹教授の前掲論文や、都築《つづき》七郎『政教社の人びと』のなかの「城南荘と国民義会」などを参照してほしいが、つづめて言えば、藩閥政府の専横を批判し、積極的な大陸政策を主張するひとびとの拠点のひとつであり、大隈重信の応援団的な色彩が強かった。以下、この六人を城南荘・国民義会グループと呼ぶことにする。

余計なこと

ここで六人をごく簡単に紹介しておこう。

まず、押川方義は皇室中心主義をとなえるクリスチャンで仙台の東北学院の創設者でもある。当時は代議士であった。大竹貫一もやはり代議士で、近衛篤麿《このえあつまろ》のもとで対ロシア強硬論と満州問題の解決を主張し続けていた。正岡子規の親友で俳人としても知られた五百木良三（瓢亭《ひょうてい》）は、一貫して大竹と行動をともにしており、城南荘の事務所は彼の自宅に置かれていた。佃信夫は著名な国家主義団体「黒龍会」の創設時の幹事でもあった。松平康国は早稲田大学教授で、幕臣だった父が戊辰《ぼしん》戦争で戦死したため、長州と山県を心底から嫌っていたと都築七郎の文章にはある。牧野謙次郎については前にふれた。

さて、前述のように、松平や五百木たちは問題を政治的なものにしようと目論んだが、これに慎重だったのは押川であった。押川も問題の重大性は認識しており、城南荘・国民義会グループが一月二十三日に洲崎館で集まる前にも大隈や下田歌子にはたらきかけたりしていた。しかし、彼はもともと山県にある種の好意を感じていた（『聖雄押川方義』）こともあったためか、問題は杉浦が解決するのが筋だと言い、まず杉浦に「山県が主張を撤回しなかったら、すべてを天下に公開すると言えばいい」と勧めることを主張した。

松平が杉浦に好意的でなかったことは前述したが、佃や五百木も同じだった。佃は押川の言うようにしても徒労だろうと主張し、また、五百木も杉浦にどれだけの決心があるのか危ぶむと述べたが、とにかく事の順序として牧野が杉浦に会うことになった。

翌二十四日、牧野は杉浦を訪ねた。『中酉回瀾録』によれば、「（杉浦自身が）如何にもして両陛下に拝謁を請ひ、意見を伏奏せられたし」と迫る牧野に、杉浦が「此の事にして為《な》し得べくんば、予、何を以てか此の如く苦しむことをせん」と述べ、逆に「諸君が大隈侯に出動を勧告せられんことを望むものなり」と城南荘・国民義会グループに大隈へはたらきかけるように勧めた。さらに杉浦は城南荘・国民義会グループへの警戒心を隠さず、牧野が、今日の話の内容を「同憂者」に告げてもいいかと訊《き》いたのに対して、「予の名を出すことは予の立場として迷惑なると共に、世間或は予より貴下一派に援助を乞《こ》へりと誤解する」と言って断った（「松平日誌」同日条）。杉浦は城南荘・国民義会グループとの「共闘」を、はっきりと拒絶したのである。

杉浦を通じての工作を主張した押川も、この会見の結果を聞いて、「杉浦氏の忠臣と言ふ処は一つも見えないではないか」（「松平日誌」一月二十六日条）と憤慨し、松平たちに同調した。城南荘・国民義会グループは独自の動きを始めたのである。

彼らが最も力をいれたのは、山県への工作である。まず、松平が山県への警告書を書いて、六人の連名で送った。その際、自分たちだけの名前では世間が大隈がうしろにいると勘ぐるかもしれないと五百木が主張したので、何人かの軍人や学者にも差出人に加わってもらおうとしたが、誰も参加してくれなかった。このあたり、城南荘・国民義会グループの行動は意気込みのわりには詰めが甘いのだが、結果を言えば、入江貫一が山県の代理として、事情を説明するために城南荘を訪れることになった。山県へのはたらきかけは半分くらい成功したわけである。

入江貫一は長州出身で内務大臣などを歴任した野村靖《やすし》の次男であり、当時、内閣恩給局長であった。そのような職にあるものが山県の代理役をするというのも一見奇妙だが、入江は大正九年九月まで枢密院議長秘書官として山県に仕えていたから、面倒な役を押しつけられたのであろう。山県の権勢は、高級官僚をそのような形で使うほど大きかったのである。

入江と城南荘・国民義会グループの会見は、二月五日、押川の自宅でおこなわれたが、山県はこの会見がおこなわれることを、松本剛吉を通じて原首相に伝えた。城南荘・国民義会グループが山県に送りつけた警告書は原にも送られていたので、原は押川たちが皇太子婚約問題で動きだしたことは知っていたが、山県が彼らに事情説明をするなど「余計のことと思ふ」と日記に記している（『原日記』二月七日条）。

たしかに、事件の直接の関係者でもない城南荘・国民義会グループに、代理を使ってとはいえ元老の山県が接触するのはサービスのしすぎという気もする。原の言うように「余計のこと」である。それにもかかわらず、山県が入江を派遣したのは、城南荘・国民義会グループにふたりの代議士がふくまれていること、そして、彼らが大隈と近い関係にあることが気になったからであろう。さらにこれは後で触れるが、会見がおこなわれた二月五日のころには、事件全体の状況が、決して山県に有利でない方向に微妙に変化しだしていた。それも、山県の態度を軟化させた一因であった。

ともかく、そうしておこなわれた入江と城南荘・国民義会グループの会見だったが、入江は山県のこれまでの主張を説明し、六人はそれを聞くということで終わった。そして、入江は説明資料として持参した色盲についての東大教授たちの意見書を、六人の要求に渋々ながら応じて渡し、帰っていった。要するに言いっぱなし、聞きっぱなしの会見であった。

この会見があった当日、押川たちが山県や原などに送った警告書が杉浦のもとにも届けられた。これについて杉浦の側近で『申酉回瀾録』の筆者でもある猪狩史山は、「城南荘組の運動は、政治的色彩を帯びたれば、我等同人の深く知らざる所なり」と、同書に素っ気なく記している。

さらに押川たちはこの事件を「皇族対閥族」の闘いととらえ、皇族たちに奮起をうながすべく文書を呈することにした。邦彦王への文書は牧野が、そしてほかの皇族へのものは松平が起草した。また、色盲問題と時をおなじくして起きていた皇太子外遊問題（城南荘・国民義会グループは外遊に反対していた）に関連し、もし皇太子が摂政になれば外遊も中止せざるをえないだろうとの立場から、早く皇太子を摂政にとの趣旨の意見書を内大臣、宮内大臣に提出することにした。この動きには第二次大隈内閣の海軍大臣だった八代《やしろ》六郎海軍大将も参画し、「東宮を早く摂政になしまいらせて基礎を固めておかざれば、或る部内に天武天皇を担ぐ者もある」と、かなりきわどい発言をしたりしている（「松平日誌」二月七日条）。

このように城南荘・国民義会グループの動きは奔放なものであった。そのために、上記の猪狩の発言からもわかるように、杉浦たちの運動とドッキングするということにはならず、その結果として、城南荘・国民義会グループが直接、事件解決へ大きな影響をあたえたとはいえないが、しかし、入江が押川宅を訪れたことは新聞でも報じられたから、そのことが各方面に無言の圧力をあたえたことは否定できない。その点、城南荘・国民義会グループの行動は前述の頭山満の動きと同じ効果をもたらしたのである。

怪文書

しかし、宮中某重大事件が最終局面をむかえたこの時期、もっとも大きな意味をもったのは「怪文書」の流布であった。そして、その背後には久邇宮家のなりふりかまわぬ動きがあった。もともと杉浦たちと異なり、問題の政治化をためらわなかった邦彦王やその家臣たちが、「人倫論」対「血統論」という、それなりに「理性的」な争いの枠を越える勝負に出てきたのである。

一月二十四日といえば、前述のように牧野謙次郎が杉浦重剛を訪ねた日だが、ふたりの会見の最中、書生が杉浦のところに「宮内省の横暴不逞」と題する筆者不明の文書が届けられたと持ってきた。杉浦はすぐに一読し、牧野にも見せた。「松平日誌」同日条には、「何人か匿名にて極秘宮内省の横暴不逞と表書し、久邇宮御婚約の御破談の計画あることを指摘して宮内当局山県以下一派の非違を痛論せり」との牧野からの報告が記載されているが、文書の全文は『申酉回瀾録』に収録されている。以下、内容を見ていこう。

「宮内省の横暴不逞」はタイトルにふさわしく、「土方《ひじかた》（久元）、渡辺（千秋）、田中

（光顕）の徒を大臣に戴いて、以来久しく世上群疑の府たる宮内省は、最近に於て又々由々敷《ゆゆしき》一大事件を惹起《じやつき》すべき形勢あり」という宮内省攻撃の文章で始まる。そして、それに続いて、皇太子と良子女王の婚約に疑義が呈されてからの事実経過などが記されていく。中村雄次郎宮内大臣が久邇宮家宮務監督の栗田直八郎に宮家からの婚約辞退を勧告したこと、その理由は色盲症の遺伝であること、しかし、婚約「内定」時の調査によって、それはまったく問題がないことがわかっていること、良子女王が心身ともに一点の非難すべきところがないことは明白であること、そもそも色盲は幼少時の視覚訓練の欠陥に由来することが多く、また女性にあらわれることはほとんどないこと、しかるに宮内当局は陰謀をめぐらして婚約を取り消そうとしていること等々である。

さらに、前年秋、貞明皇后（文書中では「やんごとなき御方」とある）が教育展覧会に行啓したおり、山県派の石黒忠悳《ただのり》前日本赤十字社社長（陸軍軍医総監）が部下の軍医に命じて「恐るべき色盲症」と題する講話をさせ、皇后にショックをあたえたと非難する。そして、つぎのような刺激的な「暴露」をくりひろげる。この文書の眼目である（○○は原文のまま）。

「現宮内省の背後に○○攪乱《かくらん》常習犯とも謂《い》っべき○○公の蛇の如き眼光の耀《かがや》けることを牢記《ろうき》せむことを要す。夫《それ》に又中村宮相が由来長閥に阿諛《あゆ》迎合せる○○的人物なることは市井無頼の徒も三舎を避くる所にして、渠《かれ》は其身、宮中至大の責任を荷《にな》ひ乍《なが》ら、皇室尊厳の意義を解せず、又大義名分の何物たるを弁ぜず。輓近《ばんきん》その推挽《すいばん》（原注・輓カ）に係る○○公の足下に匍匐《ほふく》しつゝ、惟《ただ》命維《これ》奉じ、百方術策を弄《ろう》して、陰に陽に御婚約の破却を企てつゝある而已《のみ》ならず、○○公の直属系統たる準長閥児○○子も亦《また》公の意を承《う》けて暗中飛躍し、宮中府中、相呼応しつゝ、陰謀の進捗《しんちょく》に没頭しつゝあり」

文中の「○○公」が山県有朋、「○○子」が清浦奎吾《きようらけいご》であることは簡単にわかる。皇太子婚約破棄は山県の企てた陰謀であり、中村宮相や清浦がその命ずるままに動き回っているというのが、この文書の主張するところなのだ。要するに杉浦はもとより、頭山満や城南荘・国民義会グループも明示的には決しておこなわなかった山県への攻撃が公然となされているのである。そして、それが露骨な政治的色彩を帯びていることは、引用部分に続くつぎの一節を読むと、なおはっきりするだろう。

「現首相原君、並に現内相床次《とこなみ》（竹二郎）君は、頃日《けいじつ》、偕《とも》に共に励声一番、公衆に向て国民思想の険悪を説き、且我国民、近時に於ける尊皇愛国的精神の欠乏を慨せり。是れ洵《まこと》に憂国の至忼《しこう》と謂つ可《べ》し。此際、吾人の特に為政者としての両君に切望する所以《ゆえん》は、一面徹底的に下を戒飭《かいちょく》すると共に、一面徹底的に上を用慎するを要す」

首相や内相をおだてあげ、山県との分断をはかろうとする意図が露骨にあらわれている。これまでも述べたように、原敬は皇太子婚約は解消すべきであるとの主張を一貫して曲げなかったが、この文書の筆者はそれを知ってか知らでか、このようなあからさまな言辞を弄《ろう》している。

そもそも皇太子婚約は宮中のことである。そして宮中と府中（政府）の別を厳格にすることは立憲政治の基本である。それが乱れれば、天皇や皇室は政争の渦中に巻き込まれかねない。だからこそ、杉浦は婚約解消反対運動のなかで政治家と手を結ぶことを、神経質に忌避してきたのである。ところが、この文書は首相、内相を暗に煽動《せんどう》するという形で、問題を政治の舞台に引っ張りあげることを策しているのだ。

一体、誰がこのような文書を書き、配布したのか。婚約の直接の関係者しか知りえない事実がいくつも書かれていることからすれば、これが久邇宮家とまったく無関係であるとは考えられない。当時、これを読んだひとたちもそう思ったようで、やはり文書を送りつけられた原敬も、「多分久邇宮家関係者の処為《なすところ》と思はるゝ」と一月二十四日の日記に記しているが、『中西回瀾録』ではつぎのように文書の筆者がはっきりと特定されている。

「来原慶助《くるはらけいすけ》といへる人、之《これ》を為したること明白となり、来原氏は一度官憲の手に取調べられ、此の事実を久邇宮家属官武田氏より聴き得たりといひしかば、武田氏は宮内省に召喚せらるゝに至れり」

この文書は久邇宮家属官からの情報にもとづいて、来原慶助という人物が書いたというのだ。

では、来原慶助とは誰か。「来原慶助といへる人」との書き方からすると、すくなくとも当時はそれほど知名度の高い人物だったとは思えない。さらに『申酉回瀾録』は、世間ではこの来原が杉浦の門下ではないかと疑うものが多く、白鳥庫吉のような人でさえ、そう信じていたと記す。ここからしても、来原の素性は世間一般では知られていなかったと判断できよう。

しかし、これも『申酉回瀾録』によれば、山県有朋はこの文書と杉浦とは関係ないと明言していたという。とすると、山県は来原がどんな人物かということを知っていた可能性が高い。広くめぐらされた山県の情報網が、いち早く来原の正体を突き止めていたとも考えられるが、実は後述のように、来原は少年時代を長州の萩《はぎ》で過ごしていたから、山県周辺の長州出身者、あるいは山県自身の記憶のどこかにその名前がとどまっていたこともありうる。

さらに明治のある時期においては、来原はまったく無名の人物というわけではなかった。むしろ、社会の一部ではよく知られていたといっても過言ではない。黒龍会が編んだ『東亜先覚志士記伝』にも、その略伝がある。

それによると、来原は明治三年、旧津和野《つわの》藩士の家に生まれ、少年時代を母親の生まれ故郷である萩で過ごし、松江の島根県師範学校を卒業したあと台湾で教師となり、さらに廈門《アモイ》の東亜同文書院副院長兼教頭として、中国人の教育にあたった。そのころから軍とのつながりをもち、日露開戦前には児玉源太郎中将の密命を帯びて、「戦時予備行動」に従事したという。開戦と同時に黒木為楨《ためもと》大将の率いる第一軍司令部の通訳として従軍し、戦後は営口《えいこう》の満州日報社社長兼主筆になった。

その後については、『東亜先覚志士記伝』も「戦後の満州問題に寄与する所が多かつた」と記すだけで、派手な活動はしなかったようだ。そのため、大正後半にもなると、山県のような人々を除いては、来原のことを世間ではほとんど忘れていたのであろう。では、その来原がなぜ「某重大事件」にクビを突っ込んだのか。それを直接に明らかにできる資料はないが、来原が久邇宮家や邦彦王と交流があった可能性は高いと推測できる。その根拠は、日露戦争中に来原が属した第一軍司令部に邦彦王もいたという事実である。

邦彦王は明治三十七年二月十三日に第一軍司令部付きを命じられ（当時、大尉。戦中に少佐に進級）、同二十日、新橋駅を発って戦地に向かった。そして翌年十二月九日に凱旋《がいせん》するまで同司令部にいたから、この間、来原と接触したであろう。もとより皇族と一通訳だから、両者の関係が非常に密接だったとは考えられないが、なんといっても戦地という特殊な場所でのことだから、まったく付き合いが無かったとは思えない。現に来原が戦後すぐに著した『黒木軍百話』という書物には、戦闘の合間に来原がパオッという鹿の一種をしとめたのを見た邦彦王が面白がったとの記述もある。このようなことがきっかけとなって、戦後も来原が久邇宮家に出入りしていたことは十分に考えられる。が、それはそれとして、宮家ともあろうものが、外部に機密の情報を洩《も》らし、露骨な工作をするだろうか、かかわりがあったとしても、決定的なものではなかったのではないか、という疑問も当然ありうる。属官武田健三の個人的な勇み足という可能性もなくはない。

しかし、ここに二通の手紙がある。書いたのは来原、宛先《あてさき》は武田と、やはり久邇宮家の分部資吉である。日付は三月十七日、年は記されていないが、大正十年の三月十七日、某重大事件が一応の解決をみてから約一ヵ月後であることは確かである。そして、これを読むと、やはり久邇宮家と怪文書の間には非常に深いつながりがあったと断定せざるをえない。まず、武田宛の手紙の全文を紹介しよう。

「虔啓《けんけい》　陳者昨日御枉駕《おうが》種々御交渉之結果、現金壱万五千円御交付にて全部事落着を告ぐべく、本日午前十一時迄に不取敢《とりあえず》庚申青年団へ報酬すべき金五千円御持参之事と、且又該金員は縦令《たとい》如何なる事あるも久邇宮家乃至《ないし》武田より出金之儀は絶対に秘密を守られたしとの御懇命を尊重し、旁《かたがた》、本日自宅に拾幾名之者一同を招集して分配を致すは聊《いささか》周囲に憚《はばかり》ありと存じ、昨日御帰り後、直に主立ちたる一、二輩と相談之上、本日午後五時を期して、芝神明付近活動当時之根拠宅（原注・実は荒物屋の二階）に参集之儀を通知し、小生午后四時自宅を出で、其方へ罷越《まかりこ》すべく只管《ひたすら》貴下の御来宅を待詫《まちわび》候処、今以て御来宅なきは勿論《もちろん》、杳《よう》として何等の御沙汰《さた》も無之《これなく》、実《まことに》以て奇怪至極の儀に奉存入候。万一にも本日に立到り御違約等の儀も候はゞ夫れ之由々敷一大事にて、其責任たる何分にも貴家御一身にて御負荷の事は勿論、御返事之模様にては小生直にS生帯同、御返事御伺ひに罷出否や小使に御即答相煩はし度、此段及御伺候也。匆々《そうそう》。

十七日午後一時　　来原生拝

武田健三殿案下」

原文に句読点を適宜打っただけなので少々わかりにくいかもしれないが、趣旨はつぎのようである。

一、昨日（三月十六日）、武田が来原のところに来て話し合った結果、一万五千円ですべてを落着させることになった。

一、本日午前十一時までにとりあえず庚申青年団に渡す五千円を武田が持ってくることも決まった。しかし、金が久邇宮家や武田から出たことは絶対に秘密にしてほしいとのことだったので、団員たちを来原のところに来させて金を渡すのはまずいと思い、本日午後五時に芝神明あたりの活動拠点に集めることにした。

一、そのためには自分も午後四時には家を出なければならないが、今にいたるまで武田は来ないばかりか連絡もない。
一、もし、約束を守らないならば、その結果おこることについては、武田が全責任を負うべきである。
一、返事の次第では、Sを連れて伺うが如何《いかが》か。

この手紙の内容の真偽を疑うことはできる。来原が勝手に話をでっちあげている可能性も皆無ではない。しかし、来原がどんな人物であったにせよ、まったくなかったことをタネに、このように露骨な脅迫状めいたものを、宮家の属官あてに出すことはまず考えられない。火のないところに煙は立たないというが、まさに火は轟々《ごうごう》と音を立てて燃え盛っている感じである。

さらに、来原が分部に宛てた手紙も見てみよう。

「風雲切迫時局未定之折柄、前文御容謝可被下《くださるべく》候。扨《さて》本日辞邸後、無人之際之事とて、小生自身踵《きびす》を旋《めぐ》らし、芝之集合所に駆付け候処、渠等《かれら》はS生始め、団員一同、彼是《かれこれ》午後三時頃より山王台野党演説等応援をも謝絶して会合、只管小生の到るを待詫び候事故、小生も実は言句の出づる処を知らざる程なりしが、貴下との御約束を尊重して百方慰諭致せし上に、兎角《とかく》明夕刻六時過S生及其他一、二名之代表者の来宅を希望する旨申述べ候処、一同快諾直に解散、赤坂方面へ躍進し、小生も亦《また》今晩階楽園之招待を謝絶し、只《ただ》今《いま》帰家致し候次第に付、左様御承知之上、明夕刻五時（○は原文）迄には御間違なく、何分御返答之程偏《ひとえ》に希望致候。万一不得要領に終るとせば、小生も深く決心覚悟候は勿論、武田氏度々の背信所為の為め、或は引いて宮家再度之辞退問題之突発せむも難計《はかりがたく》、呉々《くれぐれ》も御含《おふくみ》之程願上候。先《まず》は右、今夕刻之始末御報音、如此《かくのごとく》に御座候。匆々不宣。

三月十七日夜　　　　慶助

久邇宮家

分部資吉殿机下

」

これによると、来原は武田宛の手紙を出したあと久邇宮邸を訪れ、分部と会っている。そして、分部からなんらかの言質《げんち》、おそらく武田の約束した金は払うという類《たぐい》の約束を得た。そして、武田の約束不履行に怒っている仲間のところに行き、彼らをなだめた。そういうことが読み取れる。が、問題は落着したわけではない。来原は分部をはっきりと脅迫している。もし、約束が果たされなかったら「宮家再度之辞退」もありうるとほのめかした手紙の一節は、分部を震えあがらせたであろう。久邇宮家は、とんでもない連中とかかわりをもってしまったのである。

もっとも、久邇宮家が身から出たサビに悩まされるのは、事態収束後のことだ。当面、来原の書いた怪文書は事件の推移にどのような影響を与えたか。

『中酉回瀾録』によると、この怪文書が各方面に配布されたのを受けて、新聞、雑誌などで皇太子婚約問題について報じることがいっさい禁止されたという。政府が怪文書を重大視したことがわかる。そして、そのことは『原日記』の記事からもうかがえる。先に一月二十四日の同日記の一節を引用したが、あのあとにはつぎのような文章が続く。

「如此事にては世間の注目する所となり、甚だ妙ならざる次第に付、岡警視総監より宮相に注意せしむる事となしたり」

原は文書が各方面に大きな影響をあたえかねないと心配し、警視総監から宮内大臣に警告させたのである。なぜ、宮内大臣になのかは説明するまでもなかろうが、久邇宮家をちゃんと監督してくれということだ。ここにはないが、来原たちを十分に取り締まることも、当然、原は警視総監に命じたであろう。

そして、やはり『原日記』によると、二十六日、原は石原宮内次官に会った。そこで、「久邇宮王女色盲系に付云々《うんぬん》に関し、印刷物を配布するものあり、速かに何《いず》れとも御決定なくしては行政上困却の旨」を告げた。これに対して石原は、「宮内省にても色々詮《せん》議《ぎ》中なり」と答えたが、同席した枢密院副議長の清浦奎吾は、「此事に関し枢密院に御下問の上御決定ありては如何と山県より内々申越あり」と明かした。山県も怪文書が方々にばらまかれたことを気にして、なんとか速やかに事態の解決をと、このような提案をしたのであろう。つまり、久邇宮家が書かせた怪文書は、原や山県を少なからず動揺させるに十分な効果を発揮したのである。

来原は前述のように怪文書を執筆、配布したことで官憲の取り調べを受けた。しかし、罪に問われ、社会的に抹殺されるようなことはなかったらしい。大正十五年六月には平凡社から『不運なる革命児　前原一誠』を、さらに昭和四（一九二九）年六月には巌松堂から『赤禍　共産主義真相』を上梓《じょうし》している。後者の巻頭には平沼騏一郎や宇垣一成《かずしげ》の書が掲げられ、政友会の実力者の一人である岡崎邦輔《くにすけ》の序文めいたものがついているほどだから、それなりの存在感はもちつづけたようだ。もっとも長寿を保つということはなく、昭和五年九月十五日、六十一歳で死去した。

ここで、北一輝《いっき》にも触れておこう。

北と宮中某重大事件のかかわりについては、従来、いくつかのことが言われてきた。とくに北が久邇宮家に呈した文書が素晴らしいもので、当時、「怪文書中の白眉《はくび》」とうたわれたことは、多くの北の評伝などが記すところである。さらに、面白いエピソードとしては、事件の最中、もともと霊感に富んでいた北夫人に白い鬚《ひげ》の老人がのり移り、「運動を続けなさい。運動はかならず成功します」と口走ったという話がある。そして、その日の午後、北の自宅に白い鬚をはやした杉浦重剛が訪れ、庭の梅の一枝を所望して帰っていったというのである（「座談会　北一輝を語る」『北一輝の人間像』所収）。

このようなことから、北が宮中某重大事件で非常に重要な役割を果たしたとの印象をもつ人も多い。「革新運動」における北のその後の華々しい活躍ぶりも、そのような印象を強めるのに役立っている。しかし、実際のところ、この事件の中で北が具体的にどのように動いたかは、ほとんどわかっていないし、彼の動きが事件解決に決定的な寄与をしたというふうに断定できる資料もない。要するに先に述べた頭山満や杉山茂丸の動きと同様、北の動きも山県たちの陣営に不気味な思いをさせたというくらいのことが、言えるに過ぎないのだ。

議会内の動き

このころ、議会でも密《ひそ》かな、しかし、大きな動きがあった。その中心となったのは、古島一雄であった。

古島は慶応元（一八六五）年、但馬国《たじまのくに》豊岡の生まれ。小学校卒業後上京し、同郷の浜尾新の家に寄宿しながら共立学校（現在の開成中学）に通っていたころ杉浦重剛を知り、その門下生となった。そして、杉浦の推薦で雑誌『日本人』の記者になったことがきっかけで言論界に入り、『万朝報《よろずちょうほう》』記者などを経て、明治四十四年、代議士に当選した。

前に述べたように、古島は皇太子婚約問題が起きてからさまざまな動きを見せていた。杉浦の強い意向を受けて、問題が政治化しないように注意はしていたようだが、『中西回瀾録』が伝えるところによれば、言論界と政界にわたるその動きはなかなか派手だった。そして、それが、皇太子婚約をめぐる異変を広い範囲に知らしめたこと、結果として、事件の解決に大きな影響をあたえたことは否定できない。

古島が宮中某重大事件について知ったのは、島弘尾と畑勇吉を通じてであった。大正九年十一月下旬、島と畑が古島を訪ね、委細を話したのである。『中西回瀾録』には、「(島と畑は)私《ひそ》かに相謀り、打ち連れて古島一雄氏を訪《おとな》ふ」とあるから、杉浦はこのことを知らなかったのであろう。杉浦の慎重すぎる態度に業をにやした二人が独断専行したと思える。

話を聞いた古島は、「政治上の問題ならば兎《と》に角、宮中の事に関しては、已《し》れも全く門外漢なり、良策あるにあらざるも、先づ試に伊東巳代治子を訪ふて、其《そ》の意見を徴すべし」と言った。伊東は当時、枢密顧問官、帝室制度審議会総裁、そして国務大臣待遇の臨時外交調査会委員であった。権勢欲をむき出しにする性癖があり、原敬などからは警戒と軽侮の目をもって見られていたが、長いキャリアをもつ政官界の実力者のひとりであることはたしかである。古島は所属する国民党の総理(党首)の犬養毅にも相談して、伊東を訪れた。

伊東は古島に向かって「この問題の由来はきわめて複雑だ」と言うだけで、解決策のようなものは示さなかった。複雑な問題にクビを突っ込むことを避けたという見方もできるし、また、東宮大夫の浜尾新、東宮侍従長の入江為守でさえ、十一月下旬の時点では皇太子婚約問題についてまったく知らなかったことを思えば、伊東もなにが起きているか詳しく知らなかったために、古島に内容のあることを言えなかったという可能性もある。いずれにしろ、古島の伊東への訪問はさしたる成果がなく終わった。

『申酉回瀾録』によるかぎりでは、このあとしばらく古島の動きは見られない。杉浦と連絡を取り合っていたことは前にも述べたが、そのおりに杉浦から政治的な動きはしないでくれと牽制《けんせい》されたのかもしれない。が、古島は問題に関心を失っていたわけではなかった。大正十年一月十二日、古島は杉浦を訪問し、自分が得た情報を伝える。それは山県が『時事新報』記者の桜井轍三《てつぞう》を小田原の自邸に招き、「此《こ》の事件の為に、山県の白髪首を望むものあらんには、更に惜む所に非《あら》ず」などと語ったという情報だった。

このことを古島に教えたのは桜井本人であった。古島は桜井を含む何人かの新聞記者とも積極的に連絡をとり、密《ひそ》かに山県側の情報を集めていたのである。

山県の桜井への発言の真意はいまひとつわからないが、「白髪首」云々という言い方だけ聞けば、山県がなにか重大な決心をかためたとも受けとれる。古島はこれを伝えることで、杉浦の奮起を促そうとしたのではなかろうか。このころ、杉浦たちの運動は完全に行き詰まっていた。それまで杉浦の意を体してあからさまな動きを慎んできた古島も、ついにしびれを切らし、運動に活を入れようと動き出したと推測できる。

そして、それから数日後、古島は大胆な行動に打って出た。田中義一陸相が国民党の代議士たちを招待した宴会の後で、田中に何気ない風を装って、「彼《か》の色盲問題は如何になりたるか」と尋ねたのである。

『申酉回瀾録』には、田中は「軽々に之を受け」とある。田中は古島と杉浦の関係も知っていただろうが、懇親の席ということもあって気がゆるんでいたのか、つぎのように答えた。

「彼の事件は早く断行するの要あり。宮内大臣をして葉山に赴かしめたり」

宮内大臣を葉山にいる天皇のところに派遣したからすぐに解決するだろう、と軽い調子で口をすべらしたのである。

これに古島はかみついた。田中に向かい語気を強めて、「元老の画する所、並に之に参画せる陸相、宮相等の大失策」を痛論し、「斯《か》かる不倫道のこと行はれたらんには、社会主義者、過激派等のもの共、時に乗じて其勢力を得るのみならず、延《ひ》いては国乱をも来すべき虞《おそれ》ある」と畳みかけた。そしてさらに、「是を以て内閣を倒し、元老を葬ること亦《また》易々たるのみ」と迫ったから、田中は啞然《あぜん》とした。

国民党は政友会、憲政会に次ぐ議会第三党で、所属する代議士数は両党にくらべて格段に少なく、与党政友会が圧勝した大正九年五月十日の総選挙では二十九議席を獲得したにすぎなかったが（政友会二百七十九、憲政会百八、無所属四十八）、党首の犬養毅を始めとしてうるさ型が多かった。なかでも古島は犬養の片腕として政界で一目置かれる存在だったから、この恫喝《どうかつ》めいた発言は田中を慌てさせたであろう。

田中がこの古島の行動を受けて、具体的にどのような反応を見せたかはわからないが、山県や原にすぐに通報し、なんらかの対策を講じようとしたことは容易に想像できる。

しかし、事態は予想外のスピードで展開していった。その直接のきっかけとなったのは、一月二十六日、『読売新聞』に杉浦重剛が「宮相と道徳上の意見が合わない」との理由で東宮御学問所御用掛の辞表を提出したとの記事が出たことであった。

杉浦が辞表を提出したのは前述のように前年の十二月四日である。その事実は古島を含む杉浦門下生などによって、宮中関係者や報道各社にひそかに伝えられてはいたが、宮内省などからの正式な発表はなかったし、杉浦もそのことを公言しなかったから、この記事は世間の興味をひいた。

もっとも、記事のなかには、杉浦の辞表提出と皇太子婚約問題との関連はいっさい出てこない。「裏面には非常に複雑した問題が潜んでいる」などという思わせぶりな表現はあるが、それ以上のことは書かれていない。が、翌日の同紙には「廿六日の本紙市内版は又複《またまた》発送の途中差押さへられたり」との「謹告」が掲載された。二十六日付の『読売新聞』は、杉浦辞表提出の事実を書いたために発売禁止（発禁）処分を受けたのである。

政府がこのような厳しい処置に出たのは、あきらかに原首相などが某重大事件が危険な方向に進みかけていると判断したためであろう。すでに述べたように、この二十六日には原が石原宮内次官に会って怪文書問題への宮内省の的確な対応を要請しているが、原は『読売新聞』の記事の背後にも久邇宮家がいるのではないかと勘ぐったのかもしれないし、さらに古島の田中への恫喝も影響したはずである。

ところが皮肉なことに、この発禁という処分が、事態を沈静化させようという原の意図を裏切って、事件をますます拡大してしまう結果をもたらした。当時、議会の暴れん坊で通っていた佐々木安五郎《やすごろう》（照山）という代議士が、発禁措置がとられた理由を議会で質《ただ》し、政府を追及すると騒ぎだしたのだ。

佐々木は「蒙古王《もうこ》」との異名を持つ大陸浪人あがりの代議士で、妻は著名な大陸浪人川島浪速《なにわ》の妹である。国民党に属していたが、当時は離党して純正国民党という小会派を作っていた。古島の『一老政治家の回想』によると、佐々木は皇太子婚約がもめているということを城南荘・国民義会グループの大竹貫一らから聞き、杉浦を訪問して事情を尋ねたりしたが、杉浦は警戒して詳しいことを話さない。切歯扼腕《やくわん》していたところにこの発禁問題が起きたので、飛びついたというわけであった。

このことについての『申酉回瀾録』や『一老政治家の回想』の記述は、時間の前後関係などがやや錯綜《さくそう》しているが、それを整理、総合してみると、事態は以下のように動いたことがわかる。

一月二十六日、古島が議会に登院すると、国民党幹事の前川虎造が待ちかまえていて、「佐々木蒙古王が杉浦重剛がなぜ辞表を出したかという質問書を提出したいので、国民党も賛成してくれと言ってきた。面白いと思うのでさっき代議士会を開いて賛成することに決めた」と告げた。古島は、「とんでもない。これは議会で論議することの出来ない問題なのだ。賛成を取り消せ」と言い、代議士会長の西村丹治郎に代議士会をあらためて開かせ、そこで「宮中の問題を議会に持ち出すことは宮中の鼎《かなえ》の軽重を問うことになる。宮中のことは議するべからずとの信念のもとに、佐々木の質問に賛成することは取り消してくれ」と大演説をぶった。

代議士会は佐々木への賛成を撤回したので、古島はそれを党首の犬養に報告した。『一老政治家の回想』では、このとき犬養はそれを了承し、「真相がよく分からないから、伊東巳代治のところに行って聞いてこい」と言い、古島もそれを受けてこの問題で初めて伊東を訪問し、衆議院で工作してみようと決心したことになっている。しかし、既に述べたように『申酉回瀾録』では、この問題で古島が伊東を訪問したのは、前年十一月のことになっている。『一老政治家の回想』が昭和二十六（一九五一）年に書かれたものであることを考えると、『申酉回瀾録』の記事のほうが正しそうだが、あるいは古島は伊東を何度も訪問したのかもしれない。いずれにしろ、古島は佐々木の行動への同調は拒否したものの、皇太子婚約問題への関与をやめる気はまったくなかったのである。

古島が目をつけたのは、野党第一党である憲政会（加藤高明総裁）の下岡《しもおか》忠治であった。下岡は内務官僚あがりの代議士だが、尊皇派の儒学者藤沢南岳《なんがく》の弟子だったから、こういう問題には理解があるだろうと思い話をした、と『一老政治家の回想』にはある。下岡は皇太子婚約がもめていることをまったく知らず、古島の言うことを聞いてびっくりしたが、「山県さんもそんなことをしたら天下の同情が良子女王に集まってしまい、自分が窮地に陥ることがわからないのか」と、さすが政治家だけに理解が早い。そして、

「安広伴一郎《やすひろ》と平田東助に会って事情を聞いてから返事をする」と答えた。安広は枢密顧問官で、それまでに法制局長官などを歴任した大物官僚、平田は既述のように山県にも近い准元老的人物である。

翌二十七日、下岡は古島に会い、「ふたりに聞いてみたら君の言う通りだった。これからどうしたらいいか」と尋ねた。古島は「俺にまかせろ」と胸を叩《たた》き、下岡には加藤高明の了承を得てくれるように頼んだ。加藤も、「宮中のことを議会で取り上げないことには賛成だ」と明言、これで古島は野党の委任を取りつけた形となった。そして、今度は与党政友会総務の岡崎邦輔のところに出向いた。

岡崎は陸奥《むつ》宗光の従弟《いとこ》で、策士として名高く、政友会内ではまとめ役として重きをなしていた人物である。野党の下岡とは違い、さすがに事件が起きていることは知っていた(前述のように岡崎はのちに怪文書の筆者である来原慶助の著書に序文を書いている。もし、この当時から両者に連絡などがあったとすれば、某重大事件の経緯はさらにややこしいものだったわけだが、原と岡崎の関係などから考えると、岡崎が事件に絡んで策動した可能性はかなり低いと思われる)。

古島は岡崎に、「この問題で山県を葬り去り、政友会内閣を覆すのは簡単だ。しかし、われわれは立憲政治の確立を期する立場だから、宮中のことを議会で議することはしない。とりあえず国民党、政友会、憲政会が一致して佐々木の質問を抑えよう」と持ちかけた。こう言われれば岡崎も賛成せざるをえない。古島はさらに、議長も引き込もうと言い、古島、岡崎、下岡の三人で衆議院議長の奥繁三郎に会うことにした。

このあたりの古島の手並みは実に鮮やかというほかない。皇室を政治に巻き込まない、宮中のことは議会でとりあげないと言いながら、結局は衆議院議長まで渦中に引きずり込み、事件を完全に政治問題化してしまった。山県や原が嫌がり困惑する方向に、事態を転換させたのである。

前に見たように、この時期、城南荘・国民義会グループなどは、しきりと檄文《げきぶん》などを書いて気勢をあげ、大隈重信を引っ張り出そうと動いていたが、それは結局ひとりよがりのものにしかすぎなかった。事件は政治の世界の奥深いところで、「血統論」か「人倫論」かといった論争も関係なく、収拾に向けて動き出した。

収拾

二月にはいると、原や古島たちの動きはますます活発になり、事件の主役は山県、杉浦から彼らに代わった観がある。

二月二日、原は中村雄次郎宮相を首相官邸に招き、会談した。皇太子婚約問題について、政府の最高責任者である首相と、宮中の責任者である宮相が正式に話し合うのは初めてである。同日の『原日記』には次のようにある。

「皇太子妃に御内定の久邇宮王女の色盲云々に関し、久邇宮家より出たりと思はるゝ運動如何にも激烈にて、殊に東宮侍講杉浦重剛が頭山満等に洩らし、浪人共の利用する所となり、各種の印刷物を配布せられ、而して此問題は果して如何に解決せらるゝものなるや、国論全く其方向に迷ふ情況にて、行政上捨置き難きことと考へ、中村宮相の来訪を促し、官邸に於て会見し、本問題を長く未定の間に置かるゝは皇室の御為めにも宜《よろ》しからず、又行政上に於ても如何にも憂慮に堪へざる次第なれば、何れとも速かに決定ありたしと懇談したり」

ここで注目すべきは、原が皇太子婚約解消反対運動の大もとに久邇宮家がいると、はっきり認識していることである。原が来原慶助がまいた文書を読んだとき、これには久邇宮家が関係しているのではと疑ったことは前述したが、警視庁筋などからの情報で、その疑いはすぐに確信に変わったであろう。そして久邇宮家が裏側で積極的に動いている以上、問題をいつまでも放置しておくと、とんでもないことが起こると焦りだしたにちがいない。そしてそれが、宮相との会談につながった。

中村は、「如何にも困難せし様子にて」つぎのように言ったと、『原日記』は記す。

「実は清浦に枢密院に御諮詢《しじゅん》のことを相談せしも、清浦は全会一致の望なしとて之を躊《ちゅ》躇《うちょ》し、又自分も御諮詢とあれば御変更の勅裁を求めて御諮詢となることにて、累の陛下に及ぶを恐る、又平田に相談せしに平田は急速に解決せざるを可とする口気にて決せず」

中村は中村で手をこまねいていたわけではない。枢密院副議長の清浦奎吾には、皇太子婚約問題を枢密院に諮詢したらどうかと相談している。前述したように、枢密院議長の山県も清浦に同じ趣旨のことを持ちかけているが、問題が完全に膠着《こうちゃく》化してしまった以上、それが事態の打開をはかる手のひとつとして浮かび上がったのである。

枢密院は、「天皇の諮詢に応《こた》へ重要の国務を審議す」と大日本帝国憲法第五十六条に定められた枢密顧問官によって組織される機関である。枢密院官制第六条の一項には、「皇室典範及皇室令に於て枢密院の権限に属せしめたる事項」などについて天皇の諮詢があったときは意見を上奏するとあるから、皇太子の婚約という皇室の重大事をとりあげるのは不自然ではない。

しかし、清浦はこれを渋った。枢密院官制第十二条には、「枢密院の議事は多数に依《よ》り之を決す」とあるが、まさか、皇太子婚約について多数決で事を決するわけにはいかない。全会一致でなければかえって事態は悪化してしまう恐れがある。しかし、清浦はとてもそれは望めないというのだ。

さらに中村自身、枢密院への諮詢は天皇自身が「内定」させた婚約の変更を天皇自身が求めることになり、その結果、天皇が事件の渦中に巻き込まれることになると考えた。前に見たように、婚約の「内定」はあくまでも非公式のものであったが、正式な諮詢となると、当然、形式的なことばかりを言っているわけにはいかない。中村の心配は当然であった。

また、中村は平田東助にも相談した。しかし、平田は解決を急ぐ必要はないと言うだけだった。平田は山県の「股肱《ここう》の臣」で、しかも、問題発生当時から山県や西園寺との話し合いにも加わっていたにもかかわらず、情勢の変化を敏感に察知し、あきらかに巻き添えになることから逃げ出そうとしていたのである。中村も意外な思いをしたであろう。

もっとも、中村はおろおろしていたわけではない。反山県のひとびとは中村を山県の「傀儡《かいらい》」呼ばわりしたが、中村は宮内大臣としての立場はわきまえていた。原が、「事情はわかるが誰かが責任をもって決定するほかないではないか」と言うと、つぎのように答えた。

「其責任は即ち自分の取るべきものにて、元老の説其他は皆な参考に相談せしに過ぎず、本日は西園寺侯にも意見を聞く筈《はず》なれば（実際に西園寺に会ったのは翌三日である）、其上にて、自分責任を以て決定すべし」

さて、以上のような動きに古島たちの動きがからんでくる。これについては、『申西回瀾録』『原日記』『一老政治家の回想』がそれぞれ記しており、いくつかの点で矛盾しているところもあるが、大筋は以下のようだと思われる。

二月三日、奥衆議院議長と政友会の岡崎、憲政会の下岡、そして、国民党の古島の会談がおこなわれた。そこで、奥が西園寺、原に会って、皇太子婚約を変更しないように申し入れることが決まったので、奥はまず西園寺を訪ねた。

奥が用向きを述べると、西園寺は、「君はどんな立場で来たのか。議長としてか、プライベートにか」と訊いた。「プライベートだ」と答えたところ、「これは元老なんかのタッチする問題ではない。原のところへ行け」と言うので、奥はなすすべなく帰った。元老のタッチするところではないとは、西園寺もぬけぬけと言ったものだが、要するに奥は軽くあしらわれたのである。

仕方がないので、今度は奥は原のところに行った。するとすでに西園寺から連絡を受けていたらしい原は、「これは内閣ではなく宮内省の問題だ」と言う。まるで奥は「子供の使い」あつかいである。古島は、「原がそんな態度をとるなら承知しないぞ」と怒ったが、さすがに原は奥には建前を述べたものの、宮内大臣にすぐに電話して、「早く結論を出さないと大変なことになる」と申し入れた。皇太子婚約事件があきらかに変質しだしたことを、原ははっきりと悟ったのである。やはり、古島たちの動きには絶大な効果があった。

そして、奥の訪問のおそらく後であろうが、同日、中村も西園寺を訪ねた。前日、原に言明したとおり、中村は宮相としての決心を固めていた。それを伝えるための訪問で

たとある。

ある。『原日記』二月四日の条には、このときのことを西園寺が原につぎのように語っ

「中村宮相昨日来訪にて、斯くなりたる上は中村自身の責任を以て御内定通御決行のことに決定して、此問題を解決し、而して宮相を辞すべしと言ふに付、西園寺は其決定も辞職も之を黐さしむることは、自分のなし得べきことに非らざれども、自分、万世一系の皇統に苟《いやし》くも御病系を混じて可なりと言ふことには同意を表はすこと不可能」

中村は皇太子婚約の「内定」に変更なしという方針でいくことを言明したのである。西園寺はこれが意外だったらしい。奥を適当にあしらったことからすると、西園寺の状況認識には甘いところがあったようだ。まさか、中村がそこまで決心しているとは思わなかった。そして、中村が自分だけの考えで決意したのではなく、平田東助との相談があったのではないかと思い、中村に質《ただ》したところ、果たしてそうだった。

中村と平田の相談は、中村の西園寺訪問の直前におこなわれたのであろう。二月一日以前に中村が平田と会ったときには、平田の態度は煮え切らないものだったことは、前述したとおりである。平田も形勢をながめながら態度を変えたのだ。西園寺は、平田が、「君だけ責任を取つて遂行と決定せば可なり」と、中村を説得したのではないかと推測する。『原日記』二月四日条は、上記引用部分以外にも興味深い記述に満ちている。と

もに皇太子婚約解消を主張していた西園寺と原は、「変更せず」との中村の決心を知って興奮したのであろう。かなりきわどいことを言い合っている。

なかでも注目すべきは、邦彦王についての発言である。原はこのように記す。

「御変更の議起り相談の席にては、山県、平田、中村、松方同席にて、山県、平田、中村は久邇宮より御辞退ある様に致すべしと言ふに付、西園寺は同宮は一《ひ》と癖ある方なり、万一御同意なき時は如何にするやと反問せしに、平田、中村、山県は夫れは大丈夫なり、又伏見宮より御話もあるべしと思ふに付間違なからんと言ふに付、西園寺は伏見宮は久邇宮を説得せらるゝ程の御力なかるべしと言ひたるも、彼等は容易のことに考居《かんがえい》たるらし」

ドロくさい権力闘争は苦手でも、さすが権謀術数のうずまく京都朝廷の世界で何百年も生き延びてきた公家の当主である。邦彦王は一と癖ある、と皇族を見る目もクールであった。

西園寺のあけすけな発言につられたかのように、原も大胆なことを言った。

「久邇宮家の運動薩州人の運動甚だし、（略）皇室の将来を考ふるに久邇宮外戚《がいせき》を以て何かに干渉なきを保すべからず、而して又之に所謂《いわゆる》薩派が跡押をなす様のことありては、皇室国家の為めに由々しき大事を生ぜんも知るべからず」

皇太子が良子女王と結婚すれば、久邇宮が外戚として干渉するのではないか、というのだから激しい発言だが、これが一時の感情にかられての言葉ではないことは、某重大事件が一段落したあとの原の言動からも推測できるし、また、その懸念が決して杞憂《きゆう》ではなかったことも、本書の後半であきらかになる。

そして、もう一つ西園寺と原の会話のなかでの重大なポイントは、山県が長州閥のなかで孤立していることを、二人がはっきりと認識したことである。

西園寺が、中村宮相の陰に平田東助がいることを察知したのは前述のとおりだが、原もつぎのように言う。

「山県系が右様表裏反覆誠意なくしては、到底無効ならん」

宮中某重大事件は山県が火をつけたのである。そして他の元老たちや原なども巻き込み、皇太子婚約解消に向けて動いたのだ。ところが、山県の配下である平田や中村が、いつの間にか婚約遂行もやむなしなどと言いだした。原にしてみれば、二階にあがって梯子《はしご》を外されたようなものである。「表裏反覆誠意がない」と怒るのも無理はなかった。

平田や中村が山県を裏切るような態度を取り出したのは、もちろん、山県の「血統論」と杉浦の「人倫論」をくらべて後者に理《ことわり》があると判断したからではない。乱れ飛ぶ怪文書や政治家たちの動きに、これではとても山県に勝ち目はないと判断したからであろう。

そして、その判断は実は山県自身のものでもあった。痩《や》せても枯れても伊藤博文と並んで明治国家を支えてきた山県である。主観的願望だけで物事を見るようなことはせず、自分にとって情勢がかんばしくなっていることは自覚していた。そして、その結果、弱気な態度を見せるようにもなった。前述したように、二月五日に側近の入江貫一を城南荘・国民義会グループと会談させたのも、そのあらわれである。また、その前日には押川方義などからの書簡に対して鄭重《ていちょう》な返書も書いている。原が入江と城南荘・国民義会グループの会談に「余計なことだ」と腹を立てたことも前述したが、原も山県の軟化をはっきりと悟ったのであろう。

「御変更なし」

そして、原も事態収拾に向けて舵《かじ》を切り出す。長州閥の無責任な態度が不愉快ではあっても、総理大臣としては知らぬ顔を決めこむわけにはいかない。しかし、皇太子婚約問題は宮中のことで、政府には関係ないという建前を崩すことはしたくない。そこで、原は松本剛吉を呼び、山県や平田に「宮内大臣がぐらぐらしていて困る。どちらかにはっきり態度を決めるように促してくれ」と伝言するように頼む。あくまでも問題の解決は元老と宮内省の責任だというわけだ。承知した松本は、まず五日、山県に会いに小田原の古稀庵に出かけた。

『松本日誌』によれば、原の伝言を聞いた山県は、「尤《もっと》もだ、原の言ふ通りである」と答えた。山県がすでに自説に固執していないことがわかる。ただし、「血統論」を放棄したわけではなく、時勢のおもむくところに、やむをえず従うというニュアンスである。山県は松本に、数日前に来訪して「人倫論」を振り回した下岡忠治を徹底的にからかってやったとも話すが、こんなことを言うところに山県の未練がうかがえる。

さらに松本は八日に神田駿河台《するがだい》の平田邸を訪ねた。平田は、「自分も余程心配して居れども、何分にも自分は宮内省の腰弁ゆゑ何とも遣《や》り方が無い」などと言う。中村宮相が西園寺に白状したように、中村が「婚約は予定どおり遂行」との判断を固めた裏には平田がいた。にもかかわらず、「自分は宮内省の腰弁」とはよく言ったものである。松本はさらに「此事は山県老公も余程御心配なされて居られますから閣下は十分の御尽力下さるやうに願ふ」と迫ったが、平田はぬらりくらりと逃げる。松本は平田が自分に胸襟を開いていないようだと感じ、台湾から帰国中の田健治郎を引っ張りだすことにした。既述のように、田は松本の親分筋にあたる。

平田に聞くと田に会ってもいいと言うので、松本は田にすぐ電話をし、会見はその日の午後三時から平田邸でおこなわれた。しかし、これも実りはなかった。平田は松本に言ったことを繰り返すだけだった。ところが、田が引き上げた後、午後四時に中村が平田邸を訪れる。宮相は相変わらず自称「腰弁」の平田に緊密な連絡をとっていたのだ。それを知った松本は、日記に「尚、同日午後四時に中村宮内大臣（雄次郎。陸軍中将、男爵）は平田子を訪問せられたり」と書く。松本はこの期《ご》におよんでも本心を明らかにしない平田の狡猾《こうかつ》さを痛感したであろうし、それを原や山県にも告げたことだろう。

この中村の平田訪問は『原日記』によると、夜ということになっている。夕方に首相官邸で閣議を開いていた原を中村が訪ね、「元老たちは御婚約変更を主張し、平田たちはそれに同調しないので困っている。今夜、平田を訪ねて態度を決定したい」と述べたと『原日記』にはある。原訪問が先か、平田訪問が先か、どちらが先かによって、中村のスタンスへの判断も微妙に変わるが、しかし、いずれにしろ、事態収拾に於《お》いて、平田と中村の動きが太い軸になっていることは確かである。

平田については、もう一つ興味深い事実がある。

正確な日時はわからないが、おそらく二月八日か九日、平田邸を国民党総理の犬養毅が訪れ、それをたまたま居あわせた『時事新報』記者の前田又吉（蓮山《れんざん》）に目撃された。すると平田は前田に、「犬養が来たのは秘密にしてくれ」と懇願したのである。ただの会見ならば秘密にする必要はない。皇太子婚約解消反対を唱えている犬養と会って、山県の意に反するようなことを語り合ったからこそ、内緒にしてくれと言ったのであろう。

しかし、前田は古くからの政友会担当で、後には『原敬伝』を著すような人物である。口止めされても黙っているわけがない。原にこのことを話してしまう。

原は日記に「国民党の古島一雄が杉浦重剛の門人にて議院内にても頻《しき》りに此問題を持廻《まわ》り、御内定御変更の不可を唱へ居る事なれば、犬養が平田に吹込みたるにあらずやと疑はるゝ節も之あるなり」と記す（二月十日条。記事からは原がこの話を前田から聞いたのは九日と推測できる）。原の平田への不信はますます募ったであろう。

さて、時間をもとに戻す。中村が途中で訪ねてきた八日夕方の閣議で、原は閣僚たちに皇太子婚約問題の顚末《てんまつ》を話す。

「余より東宮妃に御内定の久邇宮王女色盲系云々に付色々の物議を生じ居るに付、問題の真相並に今日迄の経過顚末を閣僚に内話したり」（『原日記』同日条）

原内閣の閣僚たちのところにも怪文書の類《たぐい》は送られていたし、さまざまな噂も彼らの耳に入っていた。婚約変更論者だった原がどのように「問題の真相」を話したのかはわからないが、「内話」にしろ、閣議の場で総理大臣が閣僚たちに話したということは、ことが完全に公となったのを意味する。そして、慎重で現実的な政治家である原がそれに踏み切ったのは、彼が問題が決着に向かって進んでいると判断したからであろう。皇太子婚約が解消されることは最早《もはや》ありえない。原はそう悟った。

翌九日の『原日記』には、下田歌子が訪ねてきて、つぎのように言ったとある。

「色盲云々に付山県の陰謀によりて御変更の企をなしたるものなりとの誤解は仲々深く入り居れり、皇族方御内部にも注入多く、現に或る御息所《みやすどころ》（皇族妃のこと）より直接山県の企にて云々との御話ありたる位なり」

下田歌子は山県に加担しているように言われたり、また、城南荘・国民義会グループの押川方義らの宮中対策の対象のひとりになったり、事件のなかでどのような立場をとっていたのか判然としないが、事件についてのそれなりの詳しい情報をもっていた。原は彼女の話を聞いて、ますます状況が山県に不利となったことを認識しただろう。

また、下田の言った皇族云々に関連して見ると、二月八日付で城南荘・国民義会グループ六名が、各皇族に対して山県攻撃の上書を送っているが、出された時期から判断して、これが事件の解決に影響をあたえたとは思えない。しかし、皇族への上書送付が山県の権威を傷つけたことは確かである。

宮相辞任

そして、事態はクライマックスに向かって一気に進んでいく。

二月九日、中村宮相は小田原古稀庵に山県を訪ね、最終的に決意を告げた。山県は翌日やってきた松本剛吉にそのときの様子をこう話している（『松本日誌』二月十日条）。

「昨日中村が来て愈々《いよいよ》重大問題の解決を付けると言ふから、宜しいと答へた。全体ならば、事は頗る《すこぶ》重大なる問題であるから、直に聖断を仰ぐべき筈であるが、今日にては陛下は御脳の御宜しく無い時であるからそれも出来ず、己は純血論なれども決して己の主張を採るには及ばず、貴様は気の毒であるが、事の落著を見て辞さねばならぬ、己に遠慮は入らぬから、貴様の思ふ通りに遣れと言ったら、辞職は固《もと》より覚悟の前であるから問題は速かに解決致しますと答へた。中村はこれから熱海《あたみ》に行って松方侯を訪問すると言うて居た」

山県が話したように、中村は古稀庵を辞したのち、熱海に滞在していた松方のところに回った。宮相が両元老に話した結果、皇太子婚約は変更されないことと、中村の辞職が確定した。中村はその日は熱海に泊まり、東京には帰らなかった。

十日の動きは急である。まず午前十時ごろ、宮内省ではこんなことがあった。宮内次官石原健三が帝室会計審査局長官倉富勇三郎のところにやってきて、「宮内事務官の二荒《ふたら》芳徳《よしのり》が、混乱を避けるために大臣の辞任と御婚約に変更なしとのことを早く発表したほうがいいのではないか、と言っているがどうしようか」と相談したのである。

「倉富日記」によれば、中村は皇太子婚約は変更せず、自分は混乱を招いた責任を取って辞職するとの決意を八日に石原と倉富に告げている。そして、そのことは宮内省の上層部の間に広まっていたが、二荒は世間にも早く知らせたほうがいいと言うのだ。しかし、肝心の中村はまだ帰京していない。石原と倉富は、「大臣不在中に発表するのはまずい」「熱海に電話してすぐ帰ってくるように言おう」「それにしても、御婚約に変更なしと発表するのはまだ早いのではないか」などと言い合うが、結論はいっこうに出ない。

午後になると今度は宗秩寮《そうちつりょう》総裁の仙石政敬《まさゆき》が倉富の部屋に来て、話し込んでいく。邦彦王の義弟にあたる仙石は、「自分は久邇宮家の属官に婚約辞退を勧めていたから、こうなった以上は辞職するつもりだ」と言い、倉富も、「自分も婚約変更を主張していたから、もはや宮内官として留まるわけにはいかない」と言う。そして、「お互い辞表を出すときは、前もって教えあおう」と約束する。要するに宮中の高官たちは自分のことばかり心配し、おろおろしているだけであった。

事態はそんな彼らにおかまいなしに進む。倉富たちがやくたいもないことを言いあっていたころ、内務省警保局長川村竹治と警視総監岡喜七郎が原を訪ね、「中村宮相から内々皇太子婚約に変更なしと聞いたが、人心の動揺を防ぐためにそのことを公表すべきだろうか」と訊《き》いた。治安当局にとっては、中村が東京にいようがいまいがどうでもよかったのである。

『原日記』には、原が「之を戒しめたり」とある。と言っても、宮相不在ということを気にしたわけではない。「其事は是迄《これまで》政府の干与せざる事に付政府に於て公表等なすべきものにあらず」との建前から戒めたのである。

当時の内務大臣は薩摩人の床次《とこなみ》竹二郎である。床次はもともと内務官僚で、第一次西園寺内閣成立直後、内務大臣の原によって本省の地方局長に大抜擢《だいばってき》され、次官を経て退官、政友会入党、代議士当選、そして、原内閣内務大臣就任という経歴をもつ。原に大恩を受けているわけだが、某重大事件に際しては、密《ひそ》かに皇太子婚約変更反対の動きをした形跡があった。原はそれに気づき、床次に注意したりしているが（『原日記』二月四日条）、床次は辞任を覚悟で、原の意に沿わなかった（『幻の総理大臣　床次竹二郎の足跡』）。大臣がこんな調子だから、警保局長や警視総監が先走るような行動をとりたがるのも無理はないが、原にしてみれば不愉快だったであろう。

しかし、川村や岡の心配は彼らにすれば当然のことであった。と言うのは、翌十一日の紀元節を期し、内田良平の主宰する浪人会などのいくつかの右翼団体が、明治神宮参拝に名を借りて大規模な行進などをおこない、騒ぎを起こすことを目論《もくろ》んでいたからである。治安当局としては、なんとかそれを未然に阻止したい。そこで、川村らは原の指示を無視してしまう。午後六時、皇太子婚約に変更なしということと宮相の辞任を、新聞記者に発表してしまうのである。

『原日記』の記述から判断すると、川村らが原のもとを引き上げた後、午後三時過ぎに、熱海から帰京した中村が、原のところに来た。そして、元老との会談の内容を報告し、あわせて、御婚約に変更なしと宮相辞任を政府から発表してくれと頼んだ。原が「筋がちがう。これは宮中の問題だから宮相か宮内次官から発表しろ」と断ると、中村は、「押川方義たちが首相への面会を求めているらしい。彼らに会って話すという形で発表してくれないか」と粘る。原が、「だめだ。発表は今夜中に宮内省からおこなえ」と再度突っぱねると、中村は渋々、承知したと返事をした。

しかし、中村は原にはそう答えながら、川村らに対して、内務省から発表してくれと密かに要請したのである。そして、川村たちもそれを受けて、上述のように新聞発表をおこなってしまったのだ。原は怒り、川村を叱責《しっせき》するが、後の祭であった。内務省発表の二時間後の午後八時、宮内省も「御婚約決定には変更なし」と発表する。

杉浦重剛のもとに「勝利」の知らせが届いたのは、新聞発表前の十日午後である。古島一雄が「問題は解決した」と電話してきたのである。さらに牧野謙次郎もやって来た。そして、白仁武も床次内相の代理として来て、解決にいたる顚末を話す。正式発表前であるから、ここでも床次は原を裏切っていた。夜になり、杉浦は一瀬、畑、島、猪狩などの同志に吉報を通知する。

一方、一敗地にまみれた山県は、十日、小田原に訪ねてきた松本剛吉にうっぷんをぶちまけていた。『松本日誌』同日条によれば、松本が来訪の挨拶《あいさつ》をすませるや否や、山県は「己は勤王に出て勤王で討死したと申されて、亢奮されたる模様に見受け」られたという。

翌十一日の新聞各紙には、前日の内務省および宮内省の発表が掲載された。『東京朝日新聞』朝刊から引用する。

御婚約御変更無し

宮内大臣辞職確定

（内務省当局者談）

良子女王殿下御婚約の儀に就き種々の世評ありしも、御変更等の儀は前々無之趣き確聞す。尚ほ中村宮内大臣は此際辞表を提出すべく決心せられたる由なり

宮内省発表

良子女王殿下東宮妃御内定の事に関し、世上種々の噂あるやに聞くも、御決定は何等変更なし

かくして、皇太子と良子女王の婚約を変更しないことと、中村宮相の辞任は、完全に世間周知のこととなった。宮中某重大事件は、一応の決着を見たのである。

第六章　後日談

勝利宣言

大正十（一九二一）年二月十一日、杉浦重剛は九段の靖国《やすくに》神社に、また杉浦夫人は明治神宮に参拝した。いうまでもなく、裕仁親王と良子女王の婚約がつつがなく履行されることに決まったことを感謝するためである。

また、内田良平を先頭とする浪人会や、そのほかの右翼団体のメンバーは、かねて予告していたとおり、集団で明治神宮に出かけた。内田らは、午後一時から明治神宮の社殿前で婚約の遂行と皇太子外遊の延期を祈願する文を読み上げたあと、平穏裡《り》に解散した。取締当局が恐れた暴発はなかった。

杉浦重剛が明治神宮に行かなかったのは、おそらく、浪人会などと同一歩調をとったと誤解されるのを避けるためであろう。杉浦は最後まで政治的な行動とは一線を画すという態度を貫いた。しかし、久邇宮家の武田、分部両属官は、この日の午前、参拝客でごった返す明治神宮にあらわれた。これではまるで「勝利宣言」である。杉浦が見せたような配慮が、久邇宮家にはまったくなかったと言わざるをえない。

武田、分部が神宮で参拝していたころ、倉富勇三郎は千葉県の銚子《ちょうし》へ向かう汽車の中にいた。前日夜遅く、中村宮相から電話で、静養のため銚子の別邸にいる伏見宮貞愛《さだなる》親王に会いにいってくれと頼まれたからである。貞愛親王と並んで皇族の長老格だった閑院宮載仁《ことひと》親王にはすでに石原次官が報告をしたから、ご苦労だが貞愛親王には君が大臣代理としてお目にかかってくれ、ということであった。

倉富は昼に銚子に着き、犬吠埼《いぬぼうざき》近くの伏見宮別邸で親王に会った。親王は宮内大臣の処置を了承したあと、わざわざやってきた倉富の労をねぎらい、そして、つぎのように言った（「倉富日記」同日条）。

「予が久邇宮ならば此事は躊躇《ちゅうちょ》なく御辞退申上ぐるなり。少しにても欠点ある者を妃として差上げて如何《いか》にして心を安んずることを得るや。御辞退申上げてこそ、心が安んずる訳に非《あら》ずや」

二十二年前、貞愛親王は娘の禎子女王の皇太子妃「内定」を解くとの天皇の内命を伝えられ、それを即座に受け入れた。倉富から、裕仁親王と良子女王の婚約には変更なしと報告されたとき、貞愛親王の脳裡《のうり》にそのことが浮かばなかったわけはない。そして、自分の邦彦王に対する「婚約を御辞退しろ」との勧告が遂に無視されたことも、貞愛親王をあらためて索然たる気持ちにさせたであろう。それが、親王に「如何にして心を安んずることを得るや」との言葉を口にさせた。

貞愛親王はこの後もずっと、皇太子婚約は変更すべしとの考えを変えなかった。中村雄次郎のあとを襲って宮内大臣となった牧野伸顕の五月十四日の日記には、牧野に対して親王が、「父宮（邦彦王）の御辞退は当然の事なり、神様の御血統に不純分子の混入は甚だ宜《よろ》しからず」と述べたとある。

では、貞愛親王以外の皇族たちは、皇太子の婚約に変更なしとのニュースを聞いて、どのように反応したのであろうか。それを直接にうかがわせる記録は残っていないが、二月十一日に原首相を訪ねてきた下田歌子のせりふなどから、推測することは可能である。下田はつぎのように言った（『原日記』同日条）。

「色盲問題に付山県の陰謀なりとて山県を排斥する事意外に各方面に深く注入しあるに驚きたり。一例を云へば朝香宮《あさかのみや》妃殿下すら、其御話ある次第なり。而して斯《か》くまでになりたるは杉浦等一派即ち男子の運動のみならず、婦人に在りては後閑菊野と云ふ人、其宣伝に努めたるは大に力ありしが如し」

朝香宮妃殿下とは明治天皇の皇女、大正天皇の異母妹にあたる允子《のぶこ》内親王である。つまり、血統的に最も上位にある皇族さえ、皇太子婚約変更の動きは山県の陰謀だと信じこんでいるというのだ。皇族、とくに女性皇族たちが、事件に関する情報を宮内省などの公式ルートからほとんど知らされていなかったことは、のちに牧野宮相に対して朝香宮妃の姉にあたる竹田宮大妃（昌子内親王。大妃とは先代の妃のこと）が語った言葉からも明らかだが（『牧野日記』大正十一年五月十六日条）、それだけに彼女たちは、非公式な形で久邇宮周辺から注入される情報を信じこみ、山県への反感をつのらせ、良子女王へ同情を寄せたのであろう。

下田の話を聞いた原は、感想をつぎのように日記に記した。

「要するに山県久しく権勢を専らにせし為め、到処《いたるところ》に反感を醸したるは此問題の最大原因なるが如し」

原のため息が聞こえるではないか。

ただ、原はさすがに総理大臣であった。こうした騒ぎの最中、宮内省に皇太子洋行について早く発表しろとうながす。婚約問題で勝利をおさめた勢力が、かさにかかって皇太子洋行反対運動を激化させることを未然に防ごうとしたのである。

宮内省も今度は敏速に反応し、二月十三日夜、内閣に「皇太子出発は三月三日に決定」と通知してくる。原はすぐに議会に皇太子が乗る軍艦の運用予算を提出することを決めるとともに、川村内務省警保局長に命じて、宮内省に「皇族についてのことがあまりに世間に流出しすぎる」と注意させた。婚約変更なしの決定がもたらす影響を最小限にとどめたいと、原はさまざまな手を打ったのである。

邦彦王の驕り

二月十三日午後五時から日本中学校の会議室では、杉浦たちが内々の祝賀会を開いた。参会したのは七十名。『申西回瀾録』は「酒めぐり人熱す」と記す。前日、杉浦は東宮御学問所への辞表を撤回することも表明している。勝利の宴は心地よかったであろう。

一方、山県は官位爵位をすべて返上すると言いだした。しかし、そんなことをされては事態がややこしくなるだけである。東京と小田原の間を田中義一や松本剛吉らが行き交い、山県をなだめるのに必死になる。また、十二日昼前、古稀庵に暴漢が乱入するという騒ぎもあった。さらに小田原で山県弾劾《だんがい》の演説会が計画され、その予告ビラを見た山県は、「かういふ馬鹿者が居る、今日の内務省、警視庁などでは迚《とて》も取締りは出来ぬと思ふから、君（松本剛吉）に相談して陸軍大臣から壮士五十人ばかり借受けて皆殺しにしてやらうと思ふ」と激昂《げっこう》した（『松本日誌』二月二十日条）。

松本剛吉は、「公の憤激せらるゝ容子を見て予は不思議に堪へず、一壮士が攻撃演説の引札《ひきふだ》（ビラ）を撒《ま》いたからとて憤激せらるゝやうな事は無い筈《はず》」（同上）と驚く。

このように杉浦は喜び、山県は激怒した。では、もう一人の主役である邦彦王はどうだったのか。

婚約に変更なしということが世間に知れわたった日に、久邇宮家の属官二人が明治神宮に参拝したのは前述のとおりである。それは新聞にも報じられた。久邇宮家は喜びを隠さなかったのだが、さすがに邦彦王が世間の目にふれるところで快哉《かいさい》を叫ぶというようなことはなかった。

しかし、当然、周囲は邦彦王の心の中を読む。一月十八日、元老松方正義はひそかに久邇宮家を訪ねた（『松本日誌』一月十八日・二十三日条）。松方は薩摩《さつま》出身であるにもかかわらず、表面的には山県に同調し、婚約解消を主張していたのだから、そのあたりを弁解しに行ったのであろう。もっと露骨だったのはやはり婚約解消を主張していた倉富勇三郎などの宮中高官たちである。倉富らが辞表を提出しようとしていたことは前述したが、辞表は実際に提出され、新宮内大臣（二月十九日就任）の牧野伸顕によって却下された。すると倉富らはわざわざ久邇宮家に挨拶《あいさつ》に行ったのである（『松本日誌』四月二十二日条）。これを牧野から聞いた山県は、「之《これ》は怪《け》しからぬ、宮内省官吏の進退に関して宮家に申出るとは何事ぞや」（同上）と激怒するが、官吏の変わり身が早いのは昔も今も同じである。

こういうことが起きるたびに、邦彦王は自分が勝ったことを認識したことだろう。だからかどうかはともかく、ある行動に出た。皇太子が洋行する前に拝謁（対顔）したいと願い出たのである。本書冒頭に書いたとおり、これが貞明皇后を怒らせた。

この拝謁願い出のことは『牧野日記』にしか出てこない。そしてそれがいつおこなわれたのかは分からない。ただ、皇太子のヨーロッパ訪問の日程を宮内省が正式に内閣に通知したのが二月十三日だから、婚約に変更なしと決まった直後であることは間違いない。皇后は邦彦王の態度を「御自分様が勝つたと云ふ御態度」と非難したが、たしかにこのようなタイミングから見れば、王は勝ちに乗じて驕《おご》っていると思われても仕方なかった。「皇太子御婚約に変更なし」との発表があったにせよ、婚約が「正式」に整っているわけではない以上、邦彦王は皇太子の未来の舅《しゅうと》でもなんでもなく、皇族の一人にすぎない。とくに対顔したいと希望するのは僭越《せんえつ》であった。

さらに邦彦王は良子女王の天皇への拝謁も願い出、やはり皇后に拒否された（『原日記』七月十日条にある松本剛吉の談話）。これも時期は不明だが、松本によれば、皇后は「厳寒中」を理由に拒否したというから、二月半ばか下旬ごろである可能性が高い。『原日記』七月十日条には、拝謁がいっこうに実現しないため、久邇宮家では「非常に神経を痛め居る」と松本剛吉が言ったとある。要するに焦っていたのであるが、焦りが焦りを呼ぶかのように、邦彦王の拝謁要請は執拗《しつよう》をきわめたようだ。

『牧野日記』の八月六日条からは、それを牧野が心配し、久邇宮家の木村英俊事務官に注意したことが分かる。夏の間、天皇、皇后は日光の御用邸に滞在していたが、邦彦王はそこで自分たち夫婦と良子女王が拝謁したいとも願っていた。牧野はそれをたしなめ、木村は、「皇太子殿下御帰朝後と雖《いえ》ども宮家より角立ちたる御申出等は万なかるべし」と返事をした。貞明皇后が邦彦王に対して怒っていることを牧野が波多野元宮相から聞かされたのは五月九日である。牧野は久邇宮家の事務官らにそのことを告げ、これ以上出すぎたことをすると万一の場合がありうると暗に警告したのであろう。あまりに「角立ちたる」申し出をするとろくなことはないと。

そして、木村事務官はそれを了解したと言ったが、邦彦王や久邇宮家の関係者たちが、牧野の憂慮を本当に理解していたかは疑わしい。前述のように田健治郎の別荘を良子女王を連れて訪問したり、それが政界の有力者である田と親密な関係を持ちたいためだと言ったり、これらは十分に「角立ちたる」ことであろう。

また、古島一雄の『一老政治家の回想』には、事件の直後、古島の娘が死去した際、久邇宮から突然、供物が届き、古島がびっくりしたとの挿話もある。もちろん、某重大事件における古島の活躍への礼の意味であろうが、古島は久邇宮家とはまったく付き合いがなかったので驚いたのである。ここでも久邇宮家の行動は、天真爛漫《らんまん》と言おうか、傍若無人と言おうか、露骨なものであった。

邦彦王の焦り

それにしても、なぜ、久邇宮家はこのように各方面を顰蹙《ひんしゅく》させるような行動ばかりをとったのだろうか。

結局、邦彦王が焦ったのは、二月十日、宮内省が「皇太子御婚約に変更なし」と発表し、山県との闘いで自分が勝利をおさめたにもかかわらず、そのことが天皇によっていっこうに正式に認知されなかったからであろう。

そもそも裕仁親王と良子女王の婚約がもめたのは、それが「御予定」「御内定」のレベルにとどまり、「納采《のうさい》の儀」によって正式なものとなっていなかったからである。勅許が得られ、「納采の儀」がすめば、元老であろうが誰であろうがそれに口をはさむことは不可能である。邦彦王としては、もう二度とこのようなトラブルが起きないためにも、早く勅許を得たい。それを強要することは出来ないが、天皇に自分や良子女王が拝謁することで、なんとかそれに近い形を作り上げたい、そう切望したであろう。

ここで例の来原慶助による「脅迫」との関連も考える必要がある。

前章で述べたように、来原からの手紙が舞い込んだのは三月十七日である。来原が最終的に要求したのは現金一万五千円だが、それ以外に、自らの洋行費用三万円と「臨時秘密結社費用」二千五百二円も要求している。あるいはこの三万円強が一万五千円にディスカウントされた可能性もあるが、いずれにしろ半端な金額ではない。少し古い数字だが、『帝室統計書』によると、大正二年に久邇宮家に支給されていた歳費が五万円強だから、いかに宮家でもおいそれと出せる金ではない。臨時秘密結社費用だ、洋行費用だと無体な要求をされるのは、足元を見られていたからであり、それは身から出たサビであることは確かだが、これも久邇宮家をイライラさせたのは間違いなかろう。

しかし、要求された金額以上に久邇宮家一同を震え上がらせたのは、来原の二通めの手紙にあった「宮家再度之辞退問題之突発せむも難計」という文章ではなかったか。金を寄越《よこ》さなければ婚約をもう一度目茶苦茶にしてやると言わんばかりの手紙を前に、宮家関係者一同、困り果てたことであろう。実際には、この一件は世間に表沙汰《おもてざた》になる前に片づいたようだ。そこに宮内省や治安当局の介入があったのか、金が実際に支払われたのかといったことは不明だが、前述のように来原が『不運なる革命児　前原一誠』を上梓《じょうし》したのは大正十五年六月だから、彼が罪に問われて社会的に抹殺されるというようなことはなかった。来原も久邇宮家も適当なところで手を打った可能性が高い。が、それにしても、この脅迫が邦彦王や久邇宮家の「非常に神経を痛め」、「角立ちたる」行動に走らせるきっかけのひとつになったことは間違いない。もし、婚約に勅許が与えられていればこんな男ひとりのために悩まされることはないのに——そう思うのは当然であろう。

そして、以上のような邦彦王の焦慮はまったくの被害妄想というわけではなかった。というのは、宮中や政府上層部では、依然として皇太子婚約は確定したわけではないという意見が根強かったからである。貞明皇后や伏見宮貞愛親王がそう主張していたのは何度も述べたが、負けたはずの山県でさえ、六月上旬、天皇から枢密院議長に留任せよとの命を受けたことを報告するために邦彦王を訪れた際、「私の考は前より更に渝《かわ》りはありませぬと言葉を強くして申上げ」る有様であった（『松本日誌』六月九日条）。王は黙って聞いていたという。

さらにこのとき、山県は、流布された怪文書には邦彦王しか知らないことが出ていたと、面と向かって当てこすりも言った（『原日記』六月七日条）。二月十日から時間が経つにつれ、山県は元気を回復し、邦彦王に挑戦的な態度をとることさえ辞さなくなっていた。不遜《ふそん》といえば不遜だが、山県は元帥、陸軍大将、邦彦王は中将である。貫禄《かんろく》の違いというものかもしれない。

そして、最も明確な意見を表明していたのは、原敬であった。原は二月十日のあとも、問題は未解決との立場を一貫してとっていた。たとえば七月三十一日、山県を訪問した原はつぎのように述べた。

「本件は何等決定したる事あるに非ず、故に之が解決は他日必要ならんが、果して殿下（皇太子）摂政とならるゝものとせば其上にて裁断を仰ぐべく、又皇后陛下の思召《おぼしめし》を承りて解決する事至当の順序なり」（『原日記』同日条）

そして、皇后はどのようにお考えなのかという山県の質問に対して、「御賛成には之《これ》なき様なりと拝察す」と答えている。

原は西園寺にも同じような意見を述べていたし（『原日記』七月二十七日条）、牧野宮相に会ったときも、婚約遂行は決定したわけではないと明言し、邦彦王一家が田健治郎の別荘を訪問したことについても、注意を促している（『原日記』八月三日条）。さらに、十月五日にも牧野に、「色盲問題については皇太子が摂政になったあとで決めればいい」と述べた。

宮中と府中の別をはっきりとさせるのは、ほかならぬ原の主張であったが、しかし、現職の総理大臣がこういう態度をとりつづけたことは、邦彦王や牧野には不気味であったにちがいない。

原敬暗殺

が、原は自己の主張をあくまでも貫くことができなかった。大正十年十一月四日、東京駅頭において、中岡艮一《こんいち》という十九歳の男によって刺殺されてしまったからである。

この原敬暗殺事件については、その背後関係など、いまだに不明なところが多い。某重大事件ともなんらかの関係があったとの推測もあり（たとえば長文連《ちょうふみつら》『原首相暗殺の真相』）、それはそれで魅力的なのだが、残念ながら確証はない。

原が裕仁親王と良子女王の婚約を解消すべしとの主張を変えなかったのは何故か。原は政友会のリーダーとして、山県を頭領とする藩閥勢力と一貫して政治闘争をくりひろげてきた。原が力をつけ、山県が老いるにしたがって、両者の関係は徐々に敵対的なものから妥協的なものに変化していったが、原が山県に全幅の信頼を寄せるというようなことはなかった。

それにもかかわらず、宮中某重大事件の渦中においては原は山県の「血統論」に全面的に賛成した。婚約解消の主張は長州閥のエゴ丸出しのごり押しだとの批判が方々で噴出し、山県の子分である平田東助のような人物すら山県に背く中で、原は婚約取り消しを主張し続けた。それは何故か。

答えははっきりしている。原は女王の父邦彦王の露骨な行動を看過することが出来なかったのである。テツオ・ナジタが「政治技術の巨匠」と評したように、原は時にあからさまに現実的なふるまいをする政治家であった。しかし、原は、日本は政党政治が主流となる立憲君主国家にならなければならぬとの理想を忘れることはなかった。それが反藩閥、反山県につながり、そして、実質的に日本最初の政党内閣である原内閣として結実した。ところが、その原の前に、あらたに理想を妨げるものとして現れたのが、皇族として政治の世界の外で超然としていなければならないはずの邦彦王であった。

原は鋭い感覚で、某重大事件における邦彦王の行動の危険性を見抜いたにちがいない。皇后に呈した書簡を第三者に見せ、次期総理大臣と噂される政治家に接近し、正体のさだかでない人物に怪文書を書かせるという、原の理想からすれば信じられないことをする皇族。それが原にとっての邦彦王であった。

大正天皇は心身ともに衰えていた。そして皇太子はまだ若年である。宮中は明らかに求心力を失っていた。そういう状況のもとで邦彦王が皇太子の舅《しゅうと》になったらどうなるか。長年の闘いの末、藩閥勢力はすでに往年のような専横をきわめることはできなくなっている。しかし、そのかわりに皇族が出てくるのならば、すべては振り出しに戻りかねない。原はそう思ったのであろう。

が、原は殺された。暗殺の翌日、貞明皇后は牧野伸顕に対して、「原は何《い》つもにこ〳〵して能《よ》くあの様の襟度《きんど》が保てるものと考へ居りたり。日常容易ならざる心配重なりたらんに実に珍しき人なりし」と語って、落涙した（『牧野日記』十一月五日条）。

皇后の涙には、某重大事件のなかで原が婚約を解消すべきだとの態度を崩さなかったことへの感謝の情も含まれていたはずである。

落着

十一月二十五日、皇太子裕仁親王は摂政となる。書類に押す印鑑が入った籠《かご》を侍従長がもらいにいくと、天皇がそれを拒否するという一幕もあったが（『侍従武官日記』十一月二十五日条）、これで七十年近くにおよぶ裕仁親王（昭和天皇）の長い時代が実質的に始まった。しかし、だからといって、原が期待したように、摂政自ら自分の婚約についてすぐに裁断し、問題を決着させるというようなことはなかった。

年が明け、大正十一年一月十日には、大隈重信が死去する。そして、二月一日、山県有朋が死ぬ。願い出ていた官爵の返上は結局認められず、この希代の「悪役」は、「枢密院議長元帥陸軍大将従《じゅ》一位大勲位功一級公爵」のまま、長逝した。享年八十五。明治天皇が崩御したとき宮中に伺候した山県は、「伊藤（博文）はいいときに死んだ」とつぶやいたというが、その予感どおり、山県は失意のなかに死んでいった。

宮中某重大事件が決着したころ、当時、陸軍大学校長（中将）だった宇垣一成は、「皇家の血液はイヤが上にも純精ならしむるの必要がある」との立場から、山県のことを「皇家の万年を祈る国士」「見上げたる誠意の人」と評し、「同情禁ずる能《あた》はざるなり」と記した（『宇垣一成日記』）。田中義一を通じて山県に連なる宇垣ならではの感慨だが、やはり、このような声も公然たるものにはならず、いまにいたるまで山県有朋は汚名のなかにいる。

山県の死の数日前、摂政裕仁親王は、牧野宮相を呼び、自分の結婚後の女官制度の改革などについて熱心に語った（『牧野日記』一月二十八日条）。親王にとっても、自分が結婚することは既定のことであり、霞《かすみ》が関御殿《せき》の自室に良子女王の写真を飾っている（『牧野日記』五月十六日条にある竹田宮大妃の言葉）ことからもわかるように、その相手が良子女王であるのは親王にとって自明だったが、しかし、まだ正式にはなにも決まっていなかった。

三月十四日、スウェーデン公使が牧野のところに来て、摂政の結婚時期について尋ねるが、牧野は「未定」と答える（『牧野日記』同日条）。牧野は数日後、邦彦王を訪ねるが、婚約時期などについては具体的に言わず、そのうち、天皇の裁可を仰ぎたいと思っているとだけ語る（『牧野日記』三月十七日条）。

このような慎重な態度の裏には、皇后が邦彦王に強い不快感を示し、婚約遂行を渋っていたことがあるのは疑いない。原と山県がいなくなっても、皇后が内心消極的である以上、宮内大臣としては軽々には動けない。牧野は順序を踏んで根回しを始めた。

まず、五月十六日に明治天皇の皇女で大正天皇の妹である竹田宮大妃昌子内親王に会って事情を説明し、「婚約は内定通り進めるように聖断を仰ぐつもりだ」と述べた。内親王もそれに賛成し、「皇后と皇太子妃の仲が円満でないと困るから、結婚もわだかまりがないようにしたい」と、女性らしい心配の言葉を付け加えた（『牧野日記』同日条）。

さらに同月二十九日、牧野は伏見宮貞愛親王を訪ね、「皇太子の結婚問題をこれ以上延ばすわけにはいかない。良子女王は仁徳に富み、将来の皇后としてふさわしい」と述べた。婚約解消論者だった親王も、もはや自説に固執はしない。「自分は全然大臣の意見に同感なり」と言い、牧野は「大に安堵《あんど》せり」（『牧野日記』同日条）。

そして、六月九日午前十一時、牧野は貞明皇后に拝謁し、これまでの経緯を詳しく説明し、内定通り進行したいと願った。これに対して、皇后は大略つぎのように思いのたけを述べた。

一、皇室に色盲という不純分子が入るのは恐れ多い。自分も近眼が皇子たちに遺伝して申し訳ないと痛感している。色盲遺伝があることが分かったからには、それを黙許するのは心苦しい。

一、しかし、皆がよく相談して婚約に変更なしと決めたからには涙を呑《の》んで勅許されるのは仕方ない。

一、昨年の出来事（婚約に変更なしとの発表）以来、色盲のことは第二段となった。久邇宮がもっと慎みのある態度をとるように切望している。

一、皇太子も皇統の純血についてよくわかっていないようだ。天皇の位は預かったものので、われわれの私有ではないことを大切に考えて欲しい。

一、一昨年の暮れに山県から色盲のことを聞いたので皇太子にも話しておいた。婚約については母である自分も皇太子も決めることは出来ず、国家的な問題だから協議のうえ決まるということも、念のため話しておいた。

貞明皇后の聡明《そうめい》さは、この牧野への言葉からもわかる。牧野も感激し、「久邇宮殿下の事に付ては固《もと》より皇室の内事には無之、国と皇室との御関係は実に国家の大事なれば、大臣（牧野）にも今後大に注意致す（略）尚《なお》皇太子殿下へも申上ぐる（原注、事件の事）積りなり」と返答した。また、牧野は皇后が良子女王には好意を持っているようだと感じた。皇后はさらに、「昨年来可成《なるべ》く御結婚の事に付ては行掛《ゆきがかり》を生ぜざる様特に注意し来りたり」とも洩《も》らし、牧野はその行き届いた配慮に打たれる。「今日の拝謁は誠に難有、皇室、国家の為め無限の安心を覚ゆ」との、この日の日記の最後に記された牧野の文章には、肩の荷を下ろした安堵感があふれている。

この三日後の六月十二日、牧野は皇太子に拝謁した。一昨年来のことや医学的な調査の結果を報告し、「御内定通り勅許を仰ぐを上策と考慮致す」旨を言上したが、皇太子はとくに嬉《うれ》しそうな様子も見せなかった。「殿下は格別の御表情を拝せず、一、二御下問ありたるが御《ご》嘉納《かのう》可被為在《あらせらるべき》由《よし》御仰せあり」と『牧野日記』は記す。皇太子がもう少し喜ぶかと思っていたのであろう、牧野は拍子抜けしたようだ。

もっとも、皇太子は自らの婚約をめぐって深刻な問題が起きていたことは認識していた。とくに良子女王の父邦彦王の行動が目に余ることも知っていた。そう断定出来るのは、『牧野日記』の大正十年九月六日条につぎのような記事があるからだ。

「殿下が沢田〔節蔵〕に御物語りありたる時、仰せに『久邇宮とは自分意見の違ふ事あり。殿下は自分の妻の父君に渉《わた》せら《ママ》るゝに付、他日意見の合はぬ事もありて困まる場合を生ずべし。然しそふ云ふ時は公私の区別を立て処置すれば差支なかるべし』とありたる由」

皇太子がこう語ったのは、洋行中のことである。皇太子はかなり早いころから、婚約問題がもめている理由の一つが、邦彦王の行動にあるのを知っていたことが、ここから分かる。であれば、婚約遂行が確実になったからといって、皇太子が無邪気に喜んではいられないのは当然であった。

この六月十二日、加藤友三郎内閣が成立したが、牧野は翌々十四日、加藤総理大臣と清浦枢密院議長にも皇太子結婚について内話し、十五日には西園寺公望に同趣旨の書簡を送る。これで要路への根回しは一段落したため、十六日、皇后にその旨を報告した。このとき、皇后はまたも邦彦王についての感想を洩《も》らした。皇后の怒りと懸念は深い。

十九日、いよいよ牧野は邦彦王に会う。皇太子と良子女王の結婚について勅許を仰ぐことになったと告げた後、次のように付け加えた。

「将来の為め相当の御挨拶を―乃《すなわ》ち過去に於て本件に関し少からぬ御心配を掛上げたる事、今後、良子殿下に付ては宜しく御願申上ぐる意味を最近の機会におゐて皇后陛下へ被仰上《おおせあげら》れ度、左《さ》候時は将来の御間柄にも御都合宜しかるべく、物は始めが大切なり」

かなり露骨な忠告だが、邦彦王もまさかこれにそっぽを向くわけにはいかない。「総《す》べて同感、左様可致《いたすべし》」と返事をした。

そして翌二十日午前十時前、牧野は裕仁親王に拝謁し、結婚を許可する親書への署名を願った。もちろん、摂政、天皇の代理としての行為である。親王は直ちに署名した。「茲《ここ》に於て昨春以来の大問題、乃《すなわち》現職拝命以来常に念頭を離れざる難題の勅裁を得て心身共に解放されたる感あり」（『牧野日記』同日条）。

裕仁親王はこの日の午後三時、天皇、皇后に会い、邦彦王も三時半に参内した。発生以来約二十ヵ月、宮中、政府を揺るがせた宮中某重大事件はやっと完全に落着した。

牧野の安堵は上記の通りだが、なおも安心出来なかったのか、翌二十一日、久邇宮家に祝いに行き、久邇宮夫妻と良子女王に会ったあと、とくに邦彦王ひとりに拝謁し、「今後御態度に付更に申上ぐ。可成《なるべく》御扣《ひか》へ目《め》に願上ぐ」と述べ、新聞に記事や写真が掲載されないように気をつけて欲しいとまで言った。邦彦王のほうは「何度も同じことを」とうんざりしたかもしれないが、それも牧野にしてみればやむをえないところであった。

皇太子と良子女王の「納采《のうさい》の儀」は、九月二十八日におこなわれた。そして、成婚式は翌大正十二年秋におこなわれることが内定した。しかし、同年九月一日の関東大震災のため、式は摂政自身の発意で延期され、結局、大正十三年一月二十六日に挙行された。もちろん、国を挙げての慶事だったが、その喜びの余韻がまだ残る二月五日、とんでもないことが起きたのである。

第七章　朝融王事件

もう一つの婚約解消

皇太子成婚式の直後に起きた「とんでもないこと」を、以下、「朝融王事件《あさあきら》」と呼ぶ。その内容は、皇太子妃の実兄久邇宮朝融王の婚約破棄とそれにまつわるゴタゴタである。当初、関係者たちは問題を極秘裡《り》に処理しようとしたがうまくいかず、ついに大正十三（一九二四）年一月初め、揉《も》め事は外部に漏れ、「事件化」してしまった。その間の経緯が今日でも詳しく分かるのは、これまでもたびたび登場した倉富勇三郎の日記が細かく記録しておいてくれたからである。

嘉永六（一八五三）年、久留米《くるめ》に生まれた倉富は、司法省民刑局長、東京控訴院検事長、朝鮮総督府司法部長官、法制局長官などを歴任後、貴族院議員を経て、大正五年十月に帝室会計審査局長官として宮中入りした。前述のように、宮中某重大事件の中で皇太子婚約解消賛成の立場をとったため、事件が一段落した後、辞表を提出したが、結局留任し、大正十年十月から十一年六月までは宗秩寮《そうちつりょう》総裁事務取扱を兼ね、十二年十月からは枢密顧問官を兼任していた。十四年十二月には枢密院副議長、十五年四月には議長となることからもわかるように、宮内官僚中の大物である。

この倉富は、あたかも趣味のように日記をつけた。毎日毎日の公私にわたる出来事を、独特の癖のある小さい字でじつに克明に記録した。現在、国会図書館憲政資料室に寄託されている膨大な量の日記の現物をながめると、倉富には悪いが、「世の中にはヒマな人間もいるものだ」という思いすら浮かんでくるほどだ。しかし、その度を越した几帳《きちょう》面《めん》さのおかげで、われわれは「朝融王事件」の詳細も知ることが出来る。

二月三日の「倉富日記」の関係部分はつぎのように始まる。

「午後三時頃、国分《こくぶ》三亥《さんがい》来り、朝融王殿下の婚約問題に付ては、是《これ》まで噂話には話したることありたるが、最早、宮内省に持ち出さざるを得ざることとなれり」

倉富を訪ねてきた国分は、久邇宮家宮務監督である。某重大事件時に宮務監督だった栗田直八郎の後任として、大正十一年六月からその職にあったが、それまでは倉富同様、司法官僚であった。大阪控訴院検事などを務めた後、明治四十一（一九〇八）年二月に韓国政府に「招聘《しょうへい》」されて検事総長となり、日本による韓国併合後は総督府司法畑の要職を歴任、大正二年十月には司法部長官も兼ねた。その前任者が倉富であるから、二人は宮内官になる以前から近い関係にあった。国分が倉富のところに来て重大事を洩《も》らし、相談をもちかけたのは、そういう因縁もあったからであろう。

倉富は国分の談話を四百字詰め原稿用紙に換算して四枚分ほど記録している。その内容を、適宜、原文を交えながら摘記していこう。

①久邇宮家の婚約解消の意向が酒井家にも聞こえ、酒井家の家政相談人の武井守正などが心配している。

②朝融王の意思を確かめるのが第一だと思い王に聞いたところ、王は「此のことは疾《と》く決心し、如何《いか》なることあるも、結婚する意なし。但、皇太子殿下の御婚儀済むまで、問題を起すことを見合せ居りたるなり」と言った。国分は、「只今は嫌にても夫婦となれば好くなるものなる故、思ひ返されては如何《いかが》」と言ったが、王は「絶対に承知せず」とのことであった。

③国分はこうなった以上は朝融王の父親である邦彦《くによし》王の意向を聞くしかないと判断し、朝融王に会った翌日、久邇宮家の家令である野村礼譲と一緒に邦彦王に拝謁した。邦彦王はつぎのように言った。

「此ことに付ては疾く考へ居りたることあり。然《しか》し、皇太子殿下の御婚儀済むまでは其《その》儘《まま》に為《な》し置く考なりしが、最早御婚儀も済みたる故、其の事も処置すべき時なり。自分は此問題は是非取り止め度《たき》考なり。其訳は婚約の女には節操に関する疑あり。此疑ある以上は如何なることありても之《これ》を嫡長子の妃となすことを得ず。尤《もっと》も節操のことは的確なる事実は知り難き、疑丈けにても承知し難し。之を妃となすことは先祖に対しても済まざることと思ふ。婚約を取消すに付ては先年の良宮《ながみや》（良子女王）の関係もあり、朝融は勿論《もちろん》、自分（原注・邦彦王殿下）に対しても種々の非難あるべくも、如何なる非難あるも其ことは甘じて之を受け、是非とも之を解約せんと思ふ。朝融が婚約遂行を望む様のことあれば、自分（原注・邦彦王殿下）は非常に困る訳なりしも、朝融が解約を好むは自分（原注・殿下）に取り非常に好都合なり」

国分はこれを聞いて、「此ことは既に御内伺も済み居る様にて、酒井家にても容易に解約を承知すべしとも思はれず」と反論したが、邦彦王は、「如何なることありても遂行する訳に行かず」という態度を崩さなかった。

④国分はかくなる上は宮内省の詮議《せんぎ》を待つ以外ないと判断し、昨日、宗秩寮総裁の徳川頼倫《よりみち》と酒巻芳男宗秩寮庶務課長兼爵位課長に会って報告した。徳川や酒巻は、ただ結婚したくないとか、節操に疑いがあるとかいうことでは婚約解消の理由には不十分だと言ったが、国分としては、邦彦王や朝融王がなんとしても婚約を破棄したいというからにはどうしようもない。明日九時に宮内大臣に会って事情を話すことにした。

⑤酒井家がこのことを知ったのは、久邇宮家の分部資吉が自分の判断で「宮家では婚約を破棄したがっている」と前田利定家に出入りしている某に話し、某がそれを前田の妻に話し、前田の妻が酒井家に話したからだ。国分が分部を詰《なじ》ったところ、分部は、「この婚約が整ったのは山田春三が宮務監督のときで、自分がその手伝いをした。だから、自分の責任で処理しようとした」と答えた。

これが、二月三日に国分三亥が倉富勇三郎に話したことのあらましである。以下、ここに登場する人物や事実関係について、既述のこととの重複もあるが説明を加えていく。

まず、朝融王である。王は明治三十四年二月二日、久邇宮邦彦王の第一王子として誕生した。母は島津公爵家出身の俔子《ちかこ》で、弟妹に邦久王（久邇侯爵）、良子女王（香淳皇后）、信子女王（三条西《さんじょうにし》公正伯爵夫人）、智子《さとこ》女王（大谷光暢《こうちょう》伯爵夫人）、邦英《くにひで》王（東伏見伯爵）がいる。学習院初等科、中等科を経て大正七年九月に海軍兵学校に入校（四十九期）し、十年七月卒業、十一年五月に少尉に任官した。

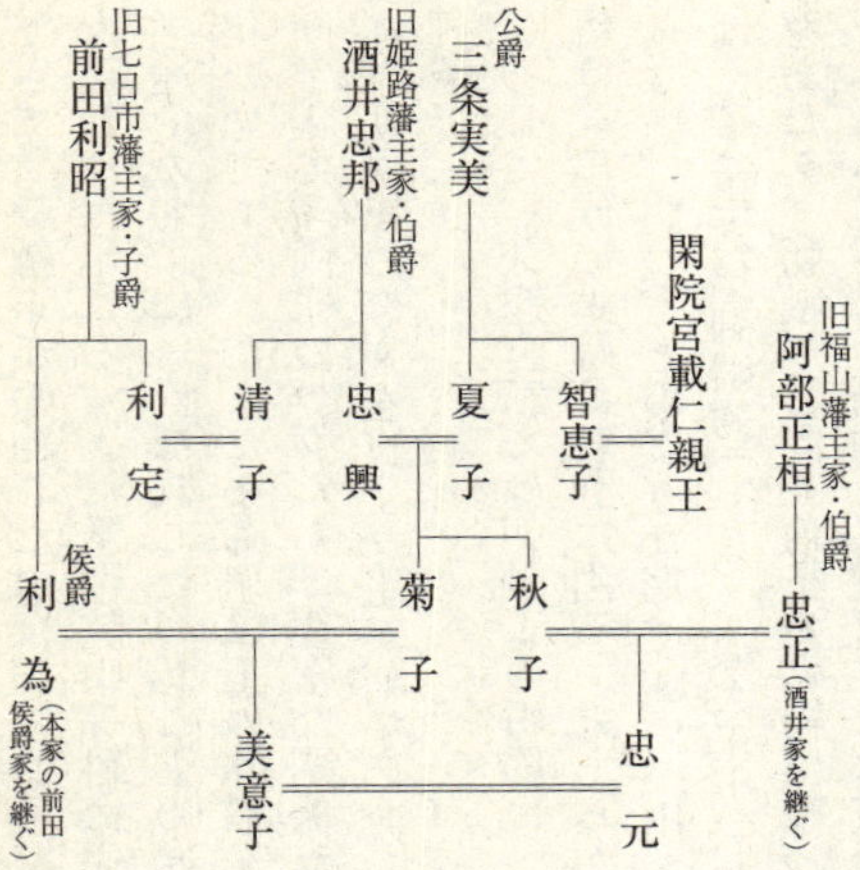

つぎに酒井家である。同家は徳川譜代の名門、旧姫路《ひめじ》藩主の伯爵家で、当時の当主は旧福山藩主阿部《あべ》伯爵家から養子に入った忠正。忠正夫人は先代忠興《ただおき》の長女秋子で、その妹に菊子（明治三十六年九月二十三日生まれ）がいる。この姉妹の母は三条実美《さねとみ》の七女夏子。忠興の姉、つまり秋子や菊子の実の伯母にあたるのが、国分の談話のなかに「前田の妻」として出てくる清子である。「前田」とは旧七日市《なのかいち》藩主家の前田利定子爵（上の系図参照）を指す。

さて、朝融王が婚約したのは酒井伯爵家の菊子である。婚約にいたる詳細は不明だが、大正五、六年ごろ、まだ学習院中等科に通っていた朝融王が、学習院女学部中等科に通学途中の菊子に一目ぼれしたのがことの始まりらしい。王は当時十六、七歳だから、少年の恋である。たまたま菊子は王の妹信子女王と同学年、また、姉の秋子は良子女王と同学年で、両家の少女たちは親密な関係だったから、恋の成就には都合がよかった。現に、朝融王の恋文を良子女王が菊子に渡したこともあったという(「倉富日記」二月七日条)。

そして、久邇宮家では朝融王の婚約について天皇に内々願い出る。皇室典範第四十条には「皇族の婚嫁は勅許に由る」とあるから、天皇の許しがなくては朝融王は妃をもらえない。いつ、どのような形で願いが出されたのかは確認できないが、『牧野日記』には、「大正六年御婚約」とある(大正十三年二月十五日条)。いずれにしろ、天皇は許しをあたえ、朝融王と酒井菊子の婚約は整った。

ところが、この婚約を久邇宮家では破棄したいと言い出したのだ。当の朝融王も、父親の邦彦王も、「絶対に菊子とは結婚しない」「させない」と言い張る。邦彦王がその理由としてあげたのは「菊子の節操に疑いがある」ということである。節操云々《うんぬん》の内容については後述するが、結論だけ言えば、邦彦王の疑いにはまったく根拠がなかった。しかし、邦彦王は「真偽が定かでなくても、疑いがあるだけでも問題だ」と主張する。とにかくなにがなんでも婚約を解消したいのである。こうなると最早《もはや》、久邇宮家だけで処理できることではない。国分は仕方なく皇族、華族に関する事柄を担当する宗秩寮の徳川頼倫《よりみち》総裁（旧和歌山藩主家。侯爵）に相談をもちかけたが、徳川としても「勅許を得た婚約が、そんな薄弱な理由で解消出来るわけがないではないか」と言うしかない。冷たく突き放された国分は、とうとう宮内大臣に報告することとなった。

以上が事件の枠組みと、発端の概要である。そして、これを知ったほとんどの人が、同じような感想を抱くにちがいない。「なんだ、宮中某重大事件とまったく同じ構図ではないか」と。

たしかにその通りである。いったん天皇の許しを得た皇族の婚約の解消をめぐるトラブルという点で、両者は瓜《うり》二つである。しかし、宮中某重大事件と朝融王事件をくらべると、グロテスクなのは後者であることは言うまでもないだろう。なぜならば、某重大事件において婚約を解消される側の「主役」だった人物が、朝融王事件では婚約を解消する側の「主役」として登場しているからである。劇の観客たちとしては、唖然《あぜん》とせざるをえないのであった。

宮中某重大事件において、久邇宮家はあきらかに「被害者」と見られていた。貞明皇后を怒らせた邦彦王の非常識な言動はごく一部にしか知られず、また山県有朋という絶好の「敵役」がいたために、世間の同情は良子女王と久邇宮家に集まった。とくに自分にはなんの落ち度もないのに、むりやり皇太子との仲を裂かれようとした良子女王は

「悲劇のヒロイン」となった。

ところが、邦彦王は、朝融王事件において、平然と山県と同じ役回りを演じようとしたのである。酒井菊子を良子女王が陥りかけたのと同じ悲運に陥らせようとし、天皇の許しの有無など問題にならないとの態度を取った。しかも、「倉富日記」にあるように、邦彦王はそれが「先年の良宮の関係」で、つまり宮中某重大事件との絡みで、世間の非難を浴びるであろうことも十分に自覚していた。

「朝融王事件」の最大のポイントは、まさにここにあった。常識的に考えれば、これを解決するのは簡単である。皇族が天皇の内諾まで得た婚約を勝手な理由で解消することなど出来るはずがないのだから、久邇宮家の申し出など、宮内大臣や宗秩寮総裁が一蹴《いっしゅう》すればいい。ましてや、宮中某重大事件のことを思えば、邦彦王にそのようなことを言い出す資格のないことは明らかである。にもかかわらず、邦彦王と朝融王の父子は異常な粘りをみせた。その結果、事件はずるずる長引き、宮内省の高官たちは大汗を流すことになる。そして、宮中某重大事件のなかで貞明皇后や原敬が抱いた「外戚《がいせき》」邦彦王への懸念が、決して杞憂《きゆう》ではなかったことが、はからずも証明されるのである。

牧野伸顕の困惑

さて、これから事件の推移を見ていく。

久邇宮家宮務監督の国分三亥は、倉富勇三郎に告げたとおり、二月五日朝、野村礼譲とともに宮内大臣牧野伸顕を訪れた。『牧野日記』にはつぎのようにある。

「国分、野村両氏入来。朝融王〔久邇宮〕御婚儀の件に宮家御希望の次第縷々《るる》申出あり。事容易ならず、考慮し置くべしと答へ置く。出省の上、〔徳川〕頼倫〔宗秩寮総裁〕侯へ談示し置けり」

もちろん、宮内大臣としては邦彦王の希望を、「はい、そうですか」と認めるわけにはいかない。牧野は「重大なことなのでよく考える」と国分らに答え、宮内省に出勤して徳川宗秩寮総裁に、「今朝、国分たちが来て、朝融王と酒井菊子の婚約を解消したいと申し出た」と告げた。前述のように、徳川はすでに事情のあらましは知っていたが、ここであらためて宮内大臣からゲタを預けられたわけである。

徳川頼倫は徳川御三卿《ごさんきょう》のひとつである田安家に生まれた。慶喜《よしのぶ》のあと徳川宗家を継いだ家達《いえさと》（亀之助）は兄になる。旧和歌山藩主である徳川侯爵家の養子となり、明治三十九年六月に家督相続した。大正十一年六月、それまで倉富勇三郎が九カ月ほど事務取扱をしていた宗秩寮総裁に就任。名門侯爵家の当主にふさわしい地位についたわけだが、朝融王事件に関しては、徳川はやや複雑な立場にあった。なぜならば、徳川の嗣子頼貞《よりさだ》は島津忠義《ただよし》の娘為子と結婚していたからである。為子の姉俔子は久邇宮邦彦王の妻で朝融王の母だから、頼貞は朝融王の義理の叔父となる。上級華族や皇族の家の間には、かならずといっていいほど親戚、姻戚関係があるから、こういうこと自体は珍しくもないが、ややこしい事件が出来《しゅったい》したとなれば、話は別になる。西園寺公望が頼倫を「深思熟慮細心の注意を持っているが惜しいかな勇気に不足」と評したということを、ほかならぬ頼倫の長男頼貞が書き残しているが（『頼貞随想』）、そういう人柄の頼倫にとって、久邇宮家との近しい関係は後述のように精神的プレッシャーのもとになってしまった。

さて、牧野宮内大臣の指示を受けた徳川は、昼食を摂りながら倉富、小原駩吉《せんきち》、松平慶民《よしたみ》と相談をした。小原は維新のときに勤皇派として功績があった大垣藩家老小原鉄心（忠寛《ただひろ》）の孫で、宗秩寮主事などを歴任し、当時は宮内省内匠頭《たくみのかみ》（男爵）。松平は福井藩主松平春嶽《しゅんがく》（慶永《よしなが》）の息子で、当時は宗秩寮宗親課長（子爵）である。

五人が昼食を摂った場所は宮内省の食堂。おそらく周囲には、他の宮内官たちもたくさんいたであろう。少なくとも機密事項の相談にふさわしい場所ではない。要するに、徳川はこのときはまだ事態をそれほど深刻に考えていなかったのではないか。とりあえず軽い気持ちで、心安い宗秩寮関係の宮内官たちに相談してみようと思ったのであろう。

倉富は日記につぎのように記している。

「松平、小原等は、国分三亥が邦彦王殿下、朝融王殿下が婚約遂行を諾せずとて、其の儘宮内大臣に申出たるは無責任なり、国分の力にて殿下の承諾を得ること能《あた》はざるならば、なぜ宮務監督を辞するの手段を為さざるやとの論を為せり」

徳川に相談された小原や松平は、このように国分三亥を批判する「正論」を吐いた。そして、それは理屈としては筋の通ったものだった。しかし、そのようなまともな理屈が通用しないからこそ、国分は宗秩寮総裁や宮内大臣に泣きついたのである。小原や松平は、まさか邦彦王父子が理屈もなにも無視して我がままを押し通そうとしているとは考えていなかったから、暢気《のんき》に「正論」を述べたてたのであろう。ふたりも徳川同様、事態の本当の深刻さをまだ理解していなかった。

もっとも、あとでも触れるように、松平は非常な硬骨漢で、皇族であろうがなんであろうが、ルールを破るものは絶対に許すべきではないとの主張の持ち主だったし、小原は日ごろから牧野宮内大臣に批判的だったから、それぞれの信念や思惑から強硬な意見を披瀝《ひれき》したふしもある。いずれにしろ、この日の食堂での協議は短時間で終わったようだ。

そして、翌々日の二月七日午後一時半、今度は宮内省内の宗秩寮総裁室に、徳川、倉富、松平と入江貫一が集まった。入江は某重大事件当時は内閣恩給局長官だったが、大正十二年四月からは、内大臣平田東助の秘書官長の職にある。天皇の最側近である内大臣の秘書官長を協議の場に加えたということは、徳川も事態が簡単には処理できそうもないということを、認識し始めたからではないか。

同日の「倉富日記」を読むと、この日の協議では大きく分けてふたつのことが取り上げられたのが分かる。

ひとつは事件の概要である。まず徳川が朝融王と菊子の婚約の経緯について簡単に説明し、朝融王の妹の良子女王と菊子の姉の酒井秋子は女子学習院の同期生で、朝融王から菊子への手紙の取次ぎは良子女王がしたと述べた。そして、つぎに邦彦王が言いたてている「節操」云々《うんぬん》の噂が流れたルートについて、「金子某（原注、男爵）が酒井伯夫人の妹の嫁し居る前田利定の夫人より之を聞き、其ことを久邇宮分部某に話し、分部より久邇宮に告げたるものなる由」（「倉富日記」）と報告した。

ここに「金子某（男爵）」とあるのは、金子有道という人物のことである。金子と名乗る男爵家はひとつしかなかったから、そう断定できる。つぎの「酒井伯夫人の妹の嫁し居る前田利定の夫人」というのは、酒井菊子の父忠興の姉で、前田利定と結婚した清子のことである。酒井伯爵家の幕末から明治にかけての家督相続は非常にややこしく（たとえば菊子の父忠興の先代は女戸主の文子だが、彼女は忠興からすれば五代前の忠顕の未亡人という複雑なことになっている。これは幕府の大老を出す家柄だった酒井家が、天皇政権によって「朝敵」とされ、当主たちがつぎつぎに隠居させられたことの結果である）、それを反映して倉富の文章も分かりにくいが、「前田利定夫人＝菊子の伯母清子」であるのは間違いない。

要するに菊子の節操云々の噂は「前田清子」→「金子有道」→「分部資吉」→「邦彦王」という順に流れたというのが、徳川の説明であった。

さらに徳川は、久邇宮家の国分や野村礼譲が金子に対して「噂の真偽を確かめろ」と迫ったが、金子は仙石政敬（子爵。徳川頼倫のつぎの宗秩寮総裁。夫人は邦彦王の妹）に対し、「この噂はもともと前田夫人が話したものだ。いまさら自分に責任を負わせるのはおかしい」と文句を言ったこと、また、久邇宮家属官の分部が、酒井伯爵家に謝罪に出かけたことなどを付け加えた。

以上が、徳川総裁による事件についての説明である。そして、協議でもうひとつ取り上げられたのは事件の処理の仕方であった。前述のように、牧野宮内大臣は、事件の処理を宗秩寮総裁である徳川に任せたのだが、倉富は、「この問題は皇室全体にもかかわることだから、事態の収拾には宮内大臣自らが進退を賭《と》して当たるべきだ。まず徳川から宮内大臣に邦彦王に意見を述べるように勧め、もし、それを大臣が受け入れなかったなら、宮内次官の関屋貞三郎か徳川自身が邦彦王に会うべきだ」と主張した。さらに、徳川が、酒井伯爵家との交渉は自分が直接やると言ったのに対し、倉富は、「酒井伯爵は養子だから、自分の娘のことを決めるようなわけにはいくまい。直接やるよりも、酒井家が信用している仲介者を立てるほうがいいのではないか」と、意見を述べた。

つまり、倉富は事件への対応において宗秩寮や徳川総裁が一歩引くことを提案したのである。もともと宗秩寮は皇族、朝鮮王公族、華族、朝鮮貴族の身位、身分に関することを管掌する部局である。したがって、朝融王問題も建前から言えば宗秩寮が処理すべき事案であり、それは倉富も十分に承知していたはずだ。にもかかわらず、このような主張をしたうらには、倉富の微妙な意識があったと見るべきであろう。邦彦王が、宮中某重大事件のときに次いでまたまた自分の主張をゴリ押ししようとするなら勝手にすればいい。ただし、そこから生ずる面倒の処理は、薩摩閥の牧野が責任をもってやるべきだ。倉富は内心、そう考えていたにちがいない。倉富は「長閥」とか「反薩摩」といった旗幟《きし》を鮮明にさせていたわけではないが、某重大事件のときは皇太子婚約解消賛成の立場をとったし、牧野にも好意的というわけではなかった。

結局、七日の協議は倉富の意見の線でまとまり、翌八日、徳川が牧野に会った。『牧野日記』には、このようにある。

「久邇宮家云々に付、徳川総裁より昨日、倉富〔勇三郎・枢密顧問官〕、入江両氏とも相談の結果の報告あり。大臣より一応直接殿下へ御話し申し上げ、其上にて更に相当手段を取る方可然《しかるべし》との事なり」

いったん預けたゲタを投げ返された形の牧野は、自ら邦彦王に会うことにした。そして、そのための準備として、事実関係を調査したり、当時、皇族の最長老格だった閑院宮載仁《ことひと》親王に会って意見を聞いたりした。ことの性質上、牧野がこのように慎重になるのは当然であったが、その間、宮内省高官たちの牧野を見る目は、かならずしも温かくはなかった。中でも小原吉の牧野批判は執拗《しつよう》であった。

前述のように、小原は二月五日の食堂での協議のメンバーには加わっていた。しかし、二月七日の協議には参加していない。「倉富日記」の二月八日条には、そのことに小原が苦情を言うさまが記されている。自分も協議に加わるつもりだったのに、知らせてくれなかったのはどうしたことか、というのである。

倉富は慌てて、「徳川は君（原注・小原）を加へんと云ひたるも、問題は極めて明瞭《めいりよう》なり、一に宮内大臣の決心如何《いかん》に関ることとなる故、予が君（原注・小原）を加ふる必要なからんと云ひたり」と弁解する。よく意味のわからない言い訳だが、小原にヘソを曲げられては面倒だと思ったか、倉富は七日の協議の内容について詳しく説明する。これに対して、小原は「皇后が婚約解消の理由について質問したら宮内大臣はどう答えるのか」「婚約は酒井伯爵家からの辞退という形で解消せざるをえないだろうが、そのとき宮内大臣の進退をどうするのか」と、いきなり宮内大臣の責任を問うようなことを言い、さらに「宮内大臣は何事も政府の云ふがまま」と断じ、「自分（原注・小原）は徳川（原注・頼倫）に対し、何も宮内省には遠慮するに及ばず、十分大臣に主張せよと云ふ」とまで付け加えた。小原はほかの叙爵問題などについても、なにやかやと牧野批判を開陳する。倉富はそれに対し牧野をかばうようなことも言うが、小原の意見に反対するわけではない。

さらに翌九日、今度は倉富が内匠寮に小原を訪ねる。倉富が徳川から聞いたところとして、牧野が閑院宮載仁親王を訪ね、朝融王問題について言上したところ、親王は「婚約破棄などできるわけがないではないか」と答えた、閑院宮が解消に反対なら牧野は一層困った立場に立たされるだろう、と話すと、小原は冷たくつぎのように言った。

「大臣（原注・牧野）は味方を増す為に言上したることとなるべきも、夫《そ》れが反対にては尽《ことごと》く困難なり。婚約破棄のことに付、皇后陛下に言上すれば必ず其事柄の御質問あるべく、又、田中義一等は必ず故山県（原注・有朋）の為に復讐《ふくしゅう》する様の考より攻撃するならん。いづれにしても此問題は大臣（原注・牧野）の進退に関するものなり」（「倉富日記」二月九日条）

まるで牧野が窮地に立たされ、辞職に追い込まれるのを期待しているとしか思えない態度である。ことに「田中義一等は必ず故山県の為に復讐」云々のところなど、小原たちが朝融王事件を某重大事件との絡みでどのように捉《とら》えていたかをよく示している。

さて、牧野が邦彦王に会ったのは二月十四日か十五日である。当の牧野の日記では二月十五日ということになっているが、「倉富日記」の二月十五日条に、松平慶民が倉富に「宮内大臣（原注・牧野伸顕）が昨日、久邇宮邸に行き、邦彦王殿下に謁し」と告げたとある。当人の記述を信用するほうが筋かもしれないが、几帳面《きちょうめん》な倉富がうっかりするとも思えない。ここは両方を併記するしかない。

その会見において、牧野は朝融王と酒井菊子の婚約遂行を邦彦王に迫った。『牧野日記』から彼の発言を抜粋する。
「此れは道徳上の問題たるは勿論、殿下には今日となりては直接御縁続きの事なれば、本件の取扱如何に依りては御立場に非常なる困難を来しては、実に容易ならざる義」
「今日の国運は多難、（中略）唯《ただ》、皇室の尊厳、御高徳の旺盛《おうせい》に依つて統一を保つ事も相叶《あいかな》ふ次第なり。其皇室に於て人倫道徳を傷つける様の出来事は、極力之を避けざる可からず」

牧野の言葉の意味は明瞭である。皇族、とくに皇太子妃の父親として天皇と「直接御縁続き」の皇族が人倫を傷つけるようなことをしては国運にもかかわる、というのだ。

すでに摂政となっていた裕仁皇太子と良子女王の成婚式がおこなわれたのは、大正十三年一月二十六日である。天皇の心身不調は国民の間に知れわたっており、牧野たちにとっては、皇太子（摂政）は国民の「統一」のための希望の星であった。成婚式は、国民こぞって皇室のニューリーダーを仰ぎ見る絶好の機会であり、それも滞りなく済んで、牧野はほっとしていたはずだ。それなのに、誰あろう皇太子の舅《しゅうと》が信じられないようなことを言い出したのである。表面的な礼は失しなかったであろうが、牧野の口調は容赦のないものだったに違いない。

邦彦王もさすがに神妙に聞いていたらしい。そして、牧野の発言が終わると、「一々尤もなり。左様なくてはならぬ」と、全面同意の言葉を口にした。

普通ならば、話はここで一件落着である。しかし、そうはならないのが、この王のユニークなところであった。邦彦王は、つぎのように言葉を続けたのである。

「本件に付ては数年来頗《すこぶ》る苦慮したる末にして、今日まで此儘にして放任し置きたるは、一方殿下御婚儀に妨害をなしては相済まずと考へたるを以てなり。已《すで》に目出度万事御結了なされたるに付、懸案を解決し度申出たるなり。畢竟《ひっきょう》、万策尽きたる結果の発意なれば宜敷《よろしく》諒察あり度」

皇太子と良子女王の婚儀の邪魔をしてはいけないので、これまでは黙っていたのだ。とにかく、こちらとしてもどうしようもないので何とか宜しく頼む、というわけである。牧野の言うことが「一々尤も」だったら、皇太子の結婚式が済もうがどうしようが関係ない。それを、慶事が終わるまでは静かにしてやっていたのだと言わんばかりの態度である。さらに王はこう言った。

「自分の動機は令嬢に関係の伝聞なり。之は噂に止まるとするも先祖に対しては済まず。二、三男なれば兎《と》も角《かく》、嗣子の配偶としては認容する事能はず」

例の「節操」問題である。長男の婚約の解消を望むのは、ひとえに菊子にいかがわしい噂があるためだ。そんな女を嗣子と結婚させては先祖にもすまない。これが宮内大臣に対する邦彦王の説明であった。非は全面的に相手方にあるというのである。

牧野はこれに反論する。婚約解消の希望が国分三亥からもたらされて以来、宮内省が酒井菊子の「節操」にかかわる噂について調査したことは、前述の「倉富日記」における徳川頼倫の談話から明らかである。もちろん、牧野にも調査の結果は報告されていたから、反論は容赦ない。

「例の噂さなるものは某夫人より出て他方面には聞へざる事事実にして、然《し》かも実家の名誉に関係し先祖に対しても申分けなき事を近親者其他歴代以来の縁故ある方面には何等手段を取らず、第三者に向つて軽々敷流布するに至りては、其心事は固より其事柄も頗る怪訝《けげん》、疑心を挿《さしはさ》むの外なく愚考致さゞるを得ず。（中略）如此根拠ある事と認め得ざる風評を前提として、已に六年に渉り成立したる約束を破壊する事は、道徳上の責任も夫れ丈け深甚なる道理なれば、到底之を敢《あえ》てするは事情許さゞる儀なり。大臣は殊に此風評には信を置く事能はざる旨を申上げたり」

ここに「某夫人」とあるのは、菊子の伯母前田清子を指すことは言うまでもなかろう。この女性が噂の発信源で、彼女がそれを言いふらした裏には外部からはよく分からない親族間の複雑な事情があり、噂自体に確たる根拠のないことを牧野は把握していた。

　こうなると邦彦王はグゥの音も出ない。一言の反論もしなかったようだ。牧野は日記に、「余程御困まりの御様子に恐察せり。要するに前記の噂さは口実に供せられたるもの丶如く、実際若宮（朝融王のこと）の御請願の切なるものありて御決心遊ばされたるもの丶如く拝察す」と記す。完全に邦彦王の心中を読みきっていたのである。そして、だからこそ、牧野は邦彦王を説得できたなどといった甘い考えはもたなかった。日記の文章はつぎのように続く。

「今日の拝謁に付ては多少の御感動は在らせられたりと御見受け申上げたるも、今後果して那《な》辺《へん》まで御反省なさるべきや頗る心配なり」

　この牧野の悲観的な予想は完全に的中した。

牧野、あきれる

　久邇宮邸から宮内省に帰った牧野は、徳川頼倫と松平慶民に邦彦王との会見の模様を話した。そして翌日、倉富は松平から、「牧野は邦彦王に婚約解消は絶対に出来ないと伝えた」と聞く。これに対する倉富の反応は冷たい。

「大臣（原注・牧野）が既に右の如く切り出したる以上は之を貫徹する覚悟なかるべからず。殿下（邦彦王のこと）がどこまでも承知せられざるときは、実に困りたることなるべし。然し、此に至りたる上は、大臣（原注・牧野）より婚約解除の工夫に付相談するときは格別、夫れまでは宗秩寮にても手を出さざる方宜しからん」（「倉富日記」二月十五日条）

まるで宗秩寮は宮内省の部局ではないかのような言い方で、牧野への協力姿勢はまったく見られない。

倉富でさえこんな調子だから、あの小原駩吉はもっと冷たい。牧野が閑院宮載仁親王に会ったことを再び話題にして、牧野を批判する。

閑院宮載仁親王は伏見宮邦家親王の王子で、邦彦王の叔父である。元帥、陸軍大将で、兄の伏見宮貞愛親王が大正十二年二月に死去したあと、皇族の最長老であった。したがって、牧野が相談に行くのは不思議ではない。しかし、実は朝融王問題に関しては、載仁親王はまったく第三者的な立場というわけではなかった。なぜなら、親王の妃は三条実美《さねとみ》の娘で、酒井菊子の伯母にあたる女性だったからである。

小原はこのことを仙石政敬から聞く。そして、鬼の首でも取ったかのように、「牧野（原注・伸顕）は其関係を知らずして閑院宮殿下に申上げたるものならん」と、倉富に告げる。そして、「自分（原注・牧野）が困り居るに付、御助を頼むと云ふ様に申上げたらば御承知ありたるならん。謎の如きことを申上げては、所詮、御承知あることなし」（「倉富日記」二月十九日条）と、牧野批判をおこなう。要するに小原には、牧野のやることなすことがすべて気に入らないわけである。

　こういう空気は牧野には面白くなかったに違いない。しかし、牧野は倉富や小原が期待したように、事態の収拾に失敗し、宮内大臣を辞任するような羽目には陥らなかった。牧野は、問題はあくまでも宗秩寮が処理すべきだとの姿勢を一貫して崩さず、先頭に立って自爆するような真似はしなかったのである（ついでに言えば、牧野は人件費整理のための「老朽者」引退との名目で小原を更迭してしまう〈『牧野日記』三月二十八日、四月四日条〉。牧野と「批判勢力」とでは、所詮、格が違ったようだ）。

　なぜ牧野はそのような態度を貫けたのか。もちろん、彼の資質ということがあるだろう。大久保利通《としみち》の次男として生まれ、有能な外交官としていくつもの修羅場を切り抜け、外相、農商務相なども歴任した男にとって、皇族のわがままに付き合って宮内大臣の地位を棒に振るなど、考えるだけで馬鹿馬鹿しいことだったであろう。そして、もうひとつ、牧野には有利な事情があった。それは、前述したように宗秩寮総裁徳川頼倫が久邇宮家の姻戚だったということである。

　繰り返しになるが、徳川の嫡男頼貞は邦彦王妃俔子の妹為子と結婚していた。つまり頼貞は邦彦王の義弟、朝融王の叔父ということになる。邦彦王の言い分が常識を逸脱しており、問題が普通の話し合いで解決できる見込みがない以上、最後は泣き落としのような手段を取らざるを得ない。その場合、こういう姻戚関係に大いに利用価値があることは、誰が見てもあきらかだ。つまり、徳川は初めから否応《いやおう》なしに、事態の打開に乗り出さざるを得ない立場に置かれてしまっていたのである。もし、徳川が牧野同様に図太い神経の持ち主だったら、それがどうした、と居直れたかもしれない。しかし、西園寺公望に「勇気に不足」していると評されたように、徳川はそんなことは出来ない性格だった。酒井家との交渉を自ら買って出ようとして倉富に反対されたことは前述したが、徳川には、すべて宮内大臣に任せておけばいいというような態度をとる「勇気」はなかった。

牧野が予想したように、宮内大臣の諫言《かんげん》にもかかわらず、邦彦王は婚約解消の希望を取り消さなかった。「倉富日記」を見ると、倉富や小原などは毎日のように朝融王問題について情報を交換しているが、事態はいっこうに進展しないのだから、いつもらちもないことを語り合っているだけで、まるで井戸端会議である。

そして、三月八日、二月十四日の邦彦王訪問から三週間余が過ぎた日、牧野は徳川を自分の代理として邦彦王のところに派遣した。そろそろ返事をもらおうということだろうが、自分が行かず徳川を行かせたのは、たいして期待をしていなかったために違いない。案の定、徳川に対し邦彦王は、「酒井令嬢〔菊子〕品行問題は全く取消」と言いながら、「両者到底円満の共同生活見込なきに付、可然《しかるべく》大臣におゐて配慮頼む」と繰り返すだけであった（『牧野日記』同日条）。

徳川はこのことを牧野に報告する一方、倉富や松平慶民にも話す。もちろん、三人がいくら話し合っても妙案が出るわけではない。それまでと同じような議論を繰り返すだけである。あらためて整理をすれば、その根本には、以下のようなにっちもさっちも行かなくなった状況があった。

朝融王と酒井菊子の婚約を実行することは、邦彦王のかたくなな態度から考えて、もはや難しい。しかし、久邇宮家の側からの申し出をいれる形で婚約解消をおこなうのは不可能である。なぜなら、婚約は天皇の内々の許しを得ており、皇族がそれを無にすることはありえない。となると、酒井家からなんらかの理由をつけて解消を願い出、久邇宮家もそれに同意し、天皇がそれを仕方なく認めるという形にするしかないが、本来、なんの落ち度もない酒井家が、ドロをかぶるようなことを承知するはずはない。

まるで、解けるはずのないパズルに取り組んでいるようなものである。松平などはついに業をにやして、いっそ久邇宮家から解消を申しださせ、朝融王にはその責任をとらして臣籍降下させたらどうか、などと過激なことを言いだす始末だった（「倉富日記」三月十日条）。

松平は大正元年に侍従になり、最後の宮内大臣として皇室の敗戦処理に奔走するまで三十数年の間、宮内官僚として各種の役職を歴任するが、皇族に対しても剛直な態度で接することで有名で、皇族の「閻魔《えんま》大王的」な存在だったという（藤樫《とがし》準二『千代田城宮廷記者四十年の記録』）。久邇宮家の国分宮務監督が朝融王問題で宮内省に泣きついてきたとき、松平が国分の責任を厳しく追及しようとしたことは前述したが、今度は朝融王を皇族から外してしまえというのだから、いくら業を煮やしてとはいえ、たしかに剛直さは半端ではない。

松平は同じことを久邇宮家の関係者にも話したようで、驚いた宮家の野村礼譲が小原駩吉のところにやってきて、「松平が朝融王を臣籍降下させろと言っている」と、泣きついた（「倉富日記」三月十一日条）。小原はさすがに、「皇太子妃の実兄を臣籍降下させるなどできるわけがないではないか」と答えたが、誰も彼もが出口の見えない穴の中で疑心暗鬼になっていたのである。

そのころ、久邇宮家にやってきた「牧野」に対し、国分三亥が、「皇太子婚約問題のとき、杉浦重剛は信義論をとなえたそうだが、杉浦が今度のことを聞いたらなんと言うだろうか」とたずねるという一幕もあった。

この「牧野」とは、牧野伸顕ではない。某重大事件のときに城南荘・国民義会グループの一員として活動した牧野謙次郎だが、国分が牧野にこのような問いを発したのは、杉浦がつい一カ月ほど前の二月十三日に死去したからにちがいない。いわば思い出話のようなつもりだったのだろうが、それと同時に、事件についてほとほと考えあぐね、あの杉浦がいたならば今度もうまく事態を解決してくれるはずだとの思いが、このような問いにつながったのだろう。

牧野は、「生前の杉浦は婚約解消に賛成していた」と答えるが、これを国分から聞いた倉富は、そのような言い方は杉浦を侮辱するものだと怒る（『倉富日記』三月十四日条）。いずれにしろ「死人に口なし」だが、事態解決のめどがいっこうに立たないなかで、劇中劇のようにいろいろのことが起きた。

そして、三月十九日、牧野（これは仲顕である）は国分三亥を呼び、「宮内大臣として婚約解消の斡旋《あっせん》をすることはお断りする。その旨、邦彦王に伝えてくれ」と申し渡し、さらに天皇の「聖徳」を傷つけかねない婚約解消には絶対に反対である、と付け加えた。断固たる態度をあらためて表明したのだが、だからと言って、牧野に事態解決の成算があったわけではない。邦彦王のあまりの身勝手さにあきれ果て、しばらく放っておいて反省させようというのが真意であったろう。しかし、牧野ほど度胸のない徳川にしてみるとそうはいかない。これ以後、クールな態度の牧野をよそに、徳川は事態収拾のために必死に動き回ることになる。

徳川頼倫の期待

まず、徳川が取りかかったのは、酒井伯爵家を説得する人物を見つけることだった。袋小路にはいった事態を解決する方法は、もはやひとつしかない。それは、酒井家の側から婚約を辞退する旨願い出てもらうことである。しかし、宮内大臣は関与を拒否し、宗秩寮も表立って乗り出せない。となると、なんとしても酒井家を承知させることのできる人物を探し出さねばならない。まさに難問であるが、実はこのことについては徳川は悩む必要がなかった。近いところに格好の人材がいたのである。それは、貴族院議員の水野直《なおし》子爵であった。

水野は明治十二年、旧紀州新宮《しんぐう》藩主の水野男爵家に生まれた。六歳のときに旧下総結城《しもうさゆうき》藩主の水野子爵家に養子に入り、東京帝大を卒業後、二十六歳で貴族院の子爵議員となった。当時、貴族院議員の被選挙権は二十五歳以上に与えられていたから、資格を得るとすぐに当選したわけである。以後、わずかな期間を除いて貴族院の議席を占めつづけ、貴族院最大の院内会派である「研究会」の幹部として活動してきた。策士とか陰謀家という評判もあったが、面倒見がよいことでも定評があり、華族界のフィクサー的な存在だった。そして、やはり「研究会」のメンバーだった酒井忠正とも親しかったから、まさに斡旋の労をとるにはうってつけの立場にいた。

もっとも、だからといって、水野に敢《あ》えて「火中の栗」を拾う義理はない。なにしろ皇族の絡むトラブルである。いくら華族界のフィクサーでも火傷《やけど》は負いたくない。が、徳川には水野は引き受けてくれるという確信があった。なぜなら、水野の生家である男爵家は、もともと和歌山徳川家の付家老の家柄だったからである。

水野家は代々新宮で三万五千石を領していたが、正式に諸侯（大名）格とされたのは王政復古のあとで、江戸時代にはあくまでも和歌山徳川家の家臣であった。大名華族の世界で旧幕時代の家格が幅をきかせていたことを示すエピソードはたくさんあるが、水野も日ごろから自分が和歌山徳川家の「家来筋」であることを意識し、なにかと頼倫に

「忠誠心」を発揮していた。もともと子爵議員中心の集まりだった「研究会」に、貴族院世襲議員だった徳川（伯爵以下は同爵者間の投票で選んだが、公侯爵は一定の年齢に達すると無条件で貴族院に議席を得られた）が参加したときなど、水野の気のつかいようは大変だったという（山東誠三郎「紀州人としての水野子爵」『水野直子を語る』所収）。頼まれれば断れるはずはなかった。

徳川はそこを読みきり、安心しきっていたのである。それは、徳川が水野に正式に話をもっていく前に、牧野に「第三者より伯爵へ行詰まりの事情を懇談に及び、先方より辞退の申出ある様極秘の裏《うち》に心配中なり」と報告している（『牧野日記』三月二十七日条）ことからも推測できる。この「第三者」が水野を指しているのは間違いない。徳川は水野が絶対に自分の頼みを引き受け、事態解決のために力を尽くしてくれると確信していたのである。

そして、徳川の確信は裏切られなかった。朝融王問題で徳川が水野と会ったのは、牧野に前記のような報告をした二十七日の夜だが、酒井忠正を説得してくれと頼むと、水野は「快諾」してくれた。徳川はそれを翌日すぐに牧野に告げる。『牧野日記』の二十八日条には、つぎのようにある。

「総裁（徳川）の内話に、前夜水野〔直・貴族院議員〕子へ会談、同子より酒井〔忠正〕伯へ個人として篤と談合の件相談したるに快諾、粗々《あらあら》成功の見込を確信し居る様見受けたりとの事なり。水野、酒井両人は研究会の関係上親密の間柄なれば円満に諒解出来得るならんとの見込なり」

牧野は二十七日に徳川から報告を受けた後、久邇宮家の国分三亥を呼んで、あらためて宮家が勝手な動きをしないようにクギを刺している。徳川の報告に信用出来るものを感じたからであろうが、二十八日に上記のようなことを聞かされ、さらに安心したものと思われる。事務的な文章の行間に安堵《あんど》の色がうかがえる。

そして、徳川の依頼を引き受けた水野はすぐに行動に出た。早くも二十八日には酒井忠正と会見したのである（「倉富日記」三月二十九日条）。また、水野本人の手帳（国会図書館憲政資料室所蔵）にも、四月九日に酒井と会い、酒井から、「当人の嫌ひになりしを酒井家は認めず。勅許を取消すと同一の理由ならざる可《べ》からず」と言われた旨の記述がある。さすがにフィクサーだけあって素早い動きだったが、しかし、とんとん拍子に事が運んだのはそこまでだった。

四月二十二日、つまり、水野が徳川の依頼を受けて酒井と会ってから三週間以上経った日、倉富は宮内省の便所で徳川と隣り合わせた。そこで、朝融王の件はどうなったのかと尋ねる。用を足しながら持ち出すにはふさわしくない話題だが、このころ、徳川はあまり宮内省に姿を見せず、倉富とも顔をあわせることがなかったから、倉富にしてみれば仕方がなかった。

徳川は、少しずつ進んでいるようだ、と言いながら、苛立《いらだ》ちの気分もしめした。
「仲人（原注・水野某のことならん）も先方（原注・酒井某）も政事家なる故、十分に注意し、容易に話を進めず。自分（原注・徳川）等より看れば余りに念入れ過ぎる様に思ふくらいなり」（「倉富日記」同日条）

水野の斡旋工作はまだ本格化していなかったのである。依頼を快諾してくれ、しかもすぐに行動をおこしてくれただけに、徳川にしてみれば少々当てが外れた思いだったのであろう。水野も酒井も政治家だけに「念入れ過ぎ」と、焦燥感をあらわにしている。そして、このあとも水野の工作はなかなか進展しなかった。「倉富日記」には、関係者がイライラする様が断続的に記されているが、中でも焦ったのは邦彦王であった。牧野から「余計なことはするな」と厳しくクギを刺されていたため、宮内省当局などに接触することはできず、もっぱら身内の国分などに苛立ちをぶつけていたが、ついに我慢できなくなり、七月下旬、徳川を呼んだ。

もっとも、さすがに邦彦王も宗秩寮総裁に対してあからさまな催促はしない。「朝融のことに付（略）尽力し呉《く》るるとのことなり。深く之を謝す」と当り障りのない挨拶《あいさつ》をして、徳川の反応を見た。徳川も邦彦王がなにを期待しているのかは分かっているが、うっかり言質《げんち》などをとられては大変だから、「自分が尽力し居るに非ず。第三者が周旋し居（る）」「（周旋の）結果も只今《ただいま》の処、如何なるやも分からざることにて、其のことに付、御辞を賜りては恐入る」などと、のらりくらりと逃げる。そして、「朝融王の御行動」にはくれぐれもご注意されたいと、話をそらしてしまう。こうなれば邦彦王も弱みがあるだけに、徳川を追い詰めるわけにはいかない。「今日来てもらったのは、野村礼譲を辞めさせることの相談のためだ」と、本心とは違う方向に話題を変える。結局、双方が無駄なハラの探りあいをしただけで、会見は終わった（「倉富日記」七月三十一日条）。

「相談人」たち

水野の工作はなぜ手間どったのか。理由はふたつあった。そのひとつは、水野が酒井菊子の新たな結婚相手を見つけようとしたことである。

徳川が水野に頼んだのは、朝融王と酒井菊子の婚約解消を酒井家の側から申し出るように、酒井忠正を説得することである。しかし、「政事家」で「策士」の水野としてはそれだけでは物足りなかったのか、いささか手のこんだことをしようとした。両人の婚約解消と同時に、菊子の新しい縁談をまとめてしまおうとしたのである。

水野はもちろん善意であった。婚約が酒井家からの辞退という形で解消された場合、事情を知らないものが菊子に問題があったのではと勘繰るのは目に見えている。それではあまりに菊子がかわいそうだ。だから、大名華族仲間として、酒井忠正の友人として、菊子にいい配偶者を見つけてやろう。水野はこう考えたのであろう。さらに、水野が意識していたかどうかはともかく、この種のことは珍しいわけではなかった。

まず、前に紹介した皇太子嘉仁《よしひと》親王と伏見宮禎子《さちこ》女王の婚約解消のときのことだが、解消後、明治天皇は女王を北白川宮恒久王（のち竹田宮）のもとに嫁がせようとした。結局、これはうまくいかなかったが、天皇は傷ついた禎子女王を憐《あわ》れみ、このような行動に出たのである（『明治天皇紀』明治三十二年三月二十二日条）。また、宮中某重大事件のときも、当時、まとまりかけていた山階宮《やましなのみや》武彦王と賀陽宮《かやのみや》佐紀子女王の婚約話を中断させ、もし、裕仁親王との婚約が解消された場合、良子女王を武彦王と結婚させようとの動きが、宮内省高官の間でひそかに進んでいたという（「倉富日記」大正十三年二月十三日条）。今日の価値基準からすると、当の女性たちにはむしろ残酷なやり方だが、結婚が家と家との結びつきでしか考えられなかった当時の超上流階級のなかでは、こうした「配慮」は普通のことであり、水野の行動も同じように見られるべきであろう。

しかし、これがうまくいかなかった。「倉富日記」には、水野が話をもちかけた相手として、旧佐倉藩主家の堀田《ほった》正恒伯爵の名前が出ている。堀田は大正十二年九月一日の関東大地震で夫人を失った。あとには幼い四人の子供が残されていたから、堀田が再婚を望んでいる可能性は高かった。水野はそこに目をつけたのである。

が、話をもってこられた堀田側は、菊子は久邇宮家の跡取りと婚約していたはずではないか、また、江戸時代には幕府の大老を出す家柄だった酒井家のような名門の、しかも初婚の娘を、四人の子持ちで年も離れている男（菊子は明治三十六年生まれ、堀田は明治二十年生まれ）の後妻にしようというのは、当人になにか問題があるからではないかと疑った。当然のことであろう。水野は、婚約は解消された、菊子には別に問題はないと説明したが、堀田家の関係者が国分三亥に事情を聞き質《ただ》しに行き、ごたごたがあることが分かってしまった。縁談はおジャンである。

水野は続いて山階芳麿《よしまろ》侯爵のところに話をもっていった。山階は邦彦王の従兄弟《いとこ》に当たる山階宮菊麿王の次男で、大正九年七月に臣籍降下して華族となっていた。明治三十三年生まれだから菊子と年齢はつりあい、水野は良縁と思ったのだろうが、あっさり断られた。考えてみれば、元皇族の芳麿が、自分の又従兄弟の朝融王と菊子が婚約しており、しかもそれが揉《も》めていることを知らないわけがない。常識的にみて、成立する縁談ではないのだ。このあたり、華族界のフィクサーも大甘なのである。かくして時間だけが経っていった。

そして、水野の工作が手間取ったもうひとつの理由は、酒井家の「相談人」たちが酒井家からの婚約辞退に強硬に反対したことであった。

「相談人」というのは酒井伯爵家の家政の運営について協議するひとびとのことである。酒井家にかぎらず、大名だった華族の多くは、かつての藩士や領民のなかから政治家、官僚、軍人、学者、実業家などとして社会的地位、名声を得たものを選んで、家政の運営を委託していた（家によって「相談人」「顧問」「諮問員」「協議員」などと名称は異なる)。松方正義(島津公爵家)、井上馨《かおる》(毛利公爵家)、加藤高明(尾張徳川侯爵家)、原敬(南部伯爵家)といった超大物たちが任にあたるケースも多く、彼らの決定には当主(つまり「お殿様」)も従わざるをえなかった。

朝融王事件の当時の酒井伯爵家の「相談人」として「倉富日記」に名前が出てくるのは古市公威《ふるいちきみたけ》、武井守正、三上参次《さんじ》、星野錫《しゃく》の四人である。

古市は土木技術の権威で、東京大学教授、貴族院議員、逓信省次官、東京地下鉄道会社社長などを歴任し、男爵、枢密顧問官。武井は内務省、農商務省などの局長や鳥取県知事、貴族院議員を歴任し、やはり男爵、枢密顧問官。三上は長年にわたり東京大学で国史学を講じ、当時は文学部長、のちに貴族院議員、明治天皇御記編纂《へんさん》長。そして、星野は代議士に当選したこともある実業家である。四人とも旧姫路藩士の子弟だった。

相談人のなかで最も頑固なのは武井だった。天保十三(一八四二)年生まれのこの老人は、「主君」である酒井忠正伯爵がいくら説得しても、酒井家に非のない以上、婚約辞退を申し出るなど筋が通らないと主張してやまなかった。古市、三上もそれに引きずられて強硬論に与《くみ》し、忠正は自分が養子だという弱味もあって、正論を唱えつづける彼らの前になすすべもなかった。

こうして水野の工作もまったく功を奏さないまま、状況はドロ沼化していった。そしてついに関係者たちがひそかに恐れていた事態が起きた。新聞各紙が事件についての報道を始めたのである。

最初に関係記事を掲載したのは九月六日付の『万朝報《よろずちょうほう》』であった。「倉富日記」には、酒巻芳男と松平慶民が「今朝の『万朝報』を読みましたか」と言って、当の記事の切り抜きをもって倉富の部屋にやってきたとある。倉富はその記事の内容をつぎのように記す。

「切抜を見たるに、兼て久邇宮の朝融王と酒井忠正（原注・伯爵）の妻の妹菊子と婚約ありたるが、此度突然宮家より婚約解除のことを酒井家に申込まれ、是まで類例もなきことにて、宮内省にては大臣（原注・牧野）、次官（原注・関屋）、徳川及び予等大狼狽《だいろうばい》を為し居る旨を記し居れり」

婚約解消を宮家から申し込んだという、事件の核心をなす事実がすっぱ抜かれているのだから、倉富は仰天した。そこへ、徳川頼倫もやってきた。倉富が「あなたの部屋に行きましょうか」と気をきかすと、徳川は「それではかえって目立つから、ここでいい」と言う。酒巻と松平は席をはずし、徳川と倉富は善後策を協議する。

と言っても、名案などあろうはずもない。二人は、菊子の縁談を方々にもちまわったのがまずかった、とにかく相談人の武井が頑固で酒井忠正も手を焼いている、といったようなことをあらためて述べあうが、話の流れとして倉富が徳川を責める調子になるのはやむをえない。それに対して徳川は、「酒井は養子だから相談人たちを説得できない。

自分も養子だからそのことはよく分かる」「新聞には続報が出ないように手を打った」(実際には『国民新聞』が詳しい続報を掲載した)などと弁解めいたことを言い、「とにかく次官に相談してくる」と倉富の部屋を去った。

　このあと徳川は、酒井忠正を含む関係者の間を回ったようだ。そして、どういうわけか楽観的な見通しを抱き、翌々八日午前、牧野の官舎を訪ね、つぎのように言った(『牧野日記』同日条)。

「九分通り纏《まと》まり居り、両日中位には必ず酒井伯の辞退あるべし」

　これに牧野がどう答えたかは分からない。ただ、徳川がそう言う以上、安心はしただろう。しかし、その日の午後、入江貫一がやってきて、「水野直が朝融王問題は難航していると言っていたと牧野に伝えておいてくれ」との西園寺公望の言葉を伝える。牧野は、「其内容総裁の談とは相容《あいい》れざる如きものあり。何《いず》れにか行違等あるべし」と、戸惑う。

　徳川は、同日午後、倉富のところも訪れ、以下のような意味のことを述べた。

「昨日、水野から酒井に、『久邇宮家では菊子に十分の「厚意」をなす、婚約解消後も酒井家と交際を続けると言っている』と告げたところ、酒井は感謝し、『そうしていただけるならば、自分のほうから婚約を辞退する。ただし、相談人の武井が旅行中なのでなるべく早く協議する」と答えた。明日にも自分（徳川）から酒井家から婚約を辞退すると言うことになるだろう」
要するに問題は解決するというのである。あまりに呆気《あつけ》ない話だから、倉富は当然、いろいろと問いただし、徳川はそれに答える。
倉富「やはり、酒井家のほうから辞退するということか」
徳川「そうだ」
倉富「酒井家も君たちもそれでいいのなら、自分としては容喙《ようかい》しない。しかし、やはり事実どおり、宮家から婚約解消を申し入れ、酒井家が承諾するという形にしないと問題が起きないか。たとえば皇后から、なぜ婚約を解消するのかと聞かれたとき、酒井家の都合ということでは納得してもらえないだろう」
徳川「宮家から申し入れたということにすると、菊子が嫌われたということになり、菊子は面目を失するのではないか」
倉富「酒井家からの辞退ということになっても菊子が面目を失うのは同じだ。言いにくいが、ある方面では朝融王は不良少年だとの評判まである。嫌われても菊子の不面目にはなるまい」
徳川「自分も朝融王を謹慎させるほうがいいと思うが、どんな方法がいいか」
倉富「それも問題だが、久邇宮家が菊子に『厚意をなす』というのはどんな意味か。どんな方法でそれを表現するのか」

徳川「方法は考えていない。朝融王を反省させるためには、自分が退官したほうがいいか」

倉富「退官の理由がない。職にとどまって宮内大臣とともに朝融王を謹慎させるようにすべきだ」

このような問答を四十分ばかり続けたが、徳川の言うことは、いまひとつはっきりしない。相変わらずの甘さも見え隠れしている。おそらく倉富も半信半疑だったのではないか。

そして、なんのことはない、やはり事態はいっこうに改善されていないことが、早くも翌九日にはあきらかになってしまう。「倉富日記」にはこうある。

「午後三時後、松平慶民来り、朝融王婚約解除の件に付、武井守正が強剛に反対したることを話す」

相談人の武井が主張を変えない以上、酒井家が妥協することはありえない。徳川の甘い期待は完全に裏切られたのである。

そして、宮内省高官たちの間では、徳川への不信感が一挙に噴き出す。同日夜、宮内次官関屋貞三郎の官舎に倉富、酒巻、松平、入江貫一、西園寺八郎などが集まり、今後、朝融王問題の解決には宮内大臣が当たり、宮家から解消を申し込ませるようにするとの方針を決めた。徳川の棚上げである。
　この決定を受けて、十日、関屋が徳川を訪ね、「本当に久邇宮家と酒井家の間を周旋することができるのか。できないのならば、牧野にそのように言ったらどうか」と勧める。暗に引導を渡したわけだが、徳川は翌日、使いを関屋のところに寄越《よこ》し、「婚約解消の見込みは十分にあるから、もう少し待ってくれ」と答えた。朝融王問題は、なにがなんでも自分が処理するということである。
　徳川がこのような態度をとったのは、宗秩寮総裁としての責任感からというよりも、名門当主、さらには久邇宮家の姻戚《いんせき》としての面目にこだわったからであろう。「倉富日記」の十月十八日条にある松平慶民のつぎのような言葉は、慶民が頼倫の従兄弟《いとこ》にあたるだけに、よく頼倫の心理をうがっているように思える。

「徳川（原注・頼倫）の方は、今日となりては最早久邇宮又は宮内大臣に対する義理と云ふよりも、自己（原注・徳川）の面目上、何としても目的を達せざればならぬと云ふ様の考へにて、云はば徳川家の存立問題とでも思ひ居ならん」

　なんにせよ、こうなると関屋たちもどうしようもない。いったん決めた徳川の棚上げ自体が棚上げになる。そして、徳川は宮内省にも姿を見せず、ひとりで動き回る。しかし、徳川がいくら頑張っても、はかばかしい成果はあがらない。「倉富日記」には、事件に関するさまざまな情報が記されているが、いずれも事態の処理が難航していることを示すものばかりだ。そして、あろうことか、水野直が「この問題から手をひかせてくれ」と徳川に頼み、徳川が必死になって翻意を促したという話まで伝わってくる。

そんな中、当の朝融王がとんでもないことをしでかす。戦艦「安芸《あき》」撃沈訓練を視察するため「金剛」に乗艦した摂政裕仁親王と対面した機会をとらえ、「酒井家との問題は解決した」と言ってしまったのである（『牧野日記』九月十六日条）。さらに、このときかどうかは分からないが、王は菊子を傷つける目的で、もうひとつ摂政に重大なウソをついた（詳しくは後述する）。王は義弟でもある摂政に向かって、少なくとも二度、平然と虚言を弄《ろう》したのである。王については、「不良少年」との評さえあったことは前述したが、まさにそれを裏書するかのような行為であった（朝融王が「不良少年」だという噂は方々でひろまっていた。西園寺公望も松本剛吉に対し、王のことを、「余り出来の良い方にあらず、不良少年とでも云ふ様な人の様子だ」といっている。『松本日誌』大正十三年十一月二十二日条）。

そして、もっと深刻なことも起きた。入江貫一が「久邇宮家が金を出せば、宮家のためにはたらくといっているものがいる。その男は宮家に出入りしているが、宮家のためを考えているのではなく、金さえもらえればなんでもする類《たぐい》の人物だ」との噂を耳にしたのである。入江は驚いてその真偽を久邇宮家の野村礼譲に質《ただ》した。野村は、「今日まではそんなものはいない」と否定したが、このことを聞いた倉富は、「壮士を使ひ、酒井家を脅迫する様のことありては大変なり」と、日記に記す（九月三十日条）。言うまでもなく倉富の危惧《きぐ》の根底には、宮中某重大事件の渦中において、久邇宮家があぶない連中の手を借りたという事実がある。

入江はこのことを西園寺にも伝えたらしい。西園寺は、「全体、久邇宮のことは困りたるものなり」と感想をもらした（同上）。みな、いい加減呆《あき》れ果てていたのである。

「王殿下は如何なる方なりや」

かくして時間だけは容赦なく過ぎ、十月に入る。月が代わってすぐ、関屋貞三郎が徳川に「大木遠吉《えんきち》が助力すると言っているから頼んだらどうか」と話した。大木は維新の元勲のひとりである大木喬任《たかとう》の息子で、原敬、高橋是清《これきよ》両内閣の司法大臣、加藤友三郎内閣の鉄道大臣もつとめた大物貴族院議員（伯爵）である。そんな人物が協力を申し出たというのだから有難い話のはずだが、徳川は、「この件は水野直に依頼しているから、さらに大木に頼むのは面白くない」と断ってしまう。意地になっているとしか思えぬ振る舞いである。

しかし、大木は徳川の拒絶をよそに、独自の動きをみせた。十月三日の「倉富日記」にある松平慶民の話によると、大木は十月二日、酒井邸に出かけ、武井、古市公威、三上参次と会見した。席上、大木は、酒井家から婚約を辞退してくれとは一言も言わず、「此節のことは久邇宮が重々悪し。然し、何分皇室にも関係することとなる故、穏便に済む様、尽力し呉《くれ》よ」と低姿勢をとり、さらに、仙石政敬が諸君と会いたがっているから希望をかなえてやってくれ、と頼んだ。

既述のように仙石は邦彦王の義弟、朝融王の叔父《おじ》にあたる子爵である。武井たちは、「仙石はどういう資格で会いたいというのか」と質し、大木が「久邇宮家親族総代としてである」と答えると、「それなら会おう」と承諾した。

このとき、三上参次は、「自分は近々京都に旅行する。酒井家から婚約を辞退するのにはあくまで反対だが、旅行中に決められたことには異を唱えない。自分が旅行するのは好都合だろう」と言った。あきらかに態度を軟化させたのである。大木は事態が好転しつつあるとの感触を得たに違いない。

が、これも結局はぬか喜びだった。仙石と相談人たちの会見は十月四日におこなわれたが、そのあと開かれた相談人会では、酒井家からの婚約辞退はおこなわないことがあらためて確認された。大木の斡旋《あっせん》も不調に終わったのである。

この間の経緯は、武井の息子で宮内省式部職に勤務していた守成を通じて関屋にも知らされた。そして、関屋はそれを徳川に告げる。ところが、自分の関知しないところでの動きが面白くなかったのか、徳川は信じようとしない。「酒井家の相談人会など開かれていない」とまで言い張り、「問題は近いうちに解決することになった」と述べる。そして七日には牧野のところに行って、「酒井忠正が婚約辞退を決心した」と報告する。もちろん「仏の顔も三度」だから、牧野もほとんど信用しない。「已《すで》に二、三回も同様の申出ありて事実は相違せる経過に顧み全然信頼を躊躇《ちゅうちょ》する」と日記に記す。しかし、もしかしたら、というかすかな期待もあって、日記は、「如何にも確定的の申出なるを以て数日間の成行を視る事とす」と続く。

が、その期待もやはり裏切られた。十一日の『牧野日記』には、この日に予定されていた関屋と酒井家相談人の会談に相談人たちがあらわれなかった旨が書かれている。牧野はつぎのように落胆ぶりがあらわな感想を記す。

「徳川前日の口上と相容れず。毎度ながら何れにか勘違か誤聞かあるもの丶如く、本件に付ては実に痛心す」

前日十日の『都新聞』には、「朝融王問題は、某所に水野直、徳川頼倫、酒井忠正、仙石政敬が集まって相談した結果、解決することになった」との記事が出ている。牧野もこれを読んだであろう。それもあって、もしかしたらと思っていただけに、失望は深い。

が、徳川の言ったことは、今度はまんざら嘘ではなかった。このころから、徳川の解決に向けた動きは、すこしずつ実を結びだしたのである。

「倉富日記」の十月十三日の条には、松平慶民が、「昨日、徳川頼倫と酒井忠正、武井守正が会った。酒井が『宗秩寮総裁の徳川から久邇宮家の事情を聞いたので、婚約を辞退することにした』との書類を武井に示し、『これで承諾してくれ』と頼んだところ、今朝、武井は息子の守成を酒井家に寄越《よこ》し、『意見を聞かせてくれというのなら言うこともあるが、主人がしかるべく決意し、これを承諾してくれということならば、いまさら言うことはない』と返事をさせ、自分は葉山の別荘に行った」と倉富に話したとの記事がある。問題解決の最大のネックになっていた武井守正が、半ばふてくされてとはいえ、態度を変えたのである。これには徳川だけでなく、大木遠吉、仙石政敬らの力もあずかっていたであろうが、いずれにしろ、事態はいい方向に進みだした。

こういう情勢の変化を踏まえ、十五日夜、徳川は牧野を訪ね、「結局予定通り帰着」するだろうと報告した（『牧野日記』同日条）。牧野がこれにどう反応したかは日記にも記されていないが、結果から見れば、徳川の報告は、今度こそ食言にはならなかった。

徳川は自分の動きを牧野以外にはいっさい話さなかったようだ。周囲が自分をあまり信頼していないことへの意趣返しの気味もあるが、そのため、倉富や松平は上述のような情報を得ていたにもかかわらず、徳川がなにをしているかわからず、お互いに悲観的な感想を述べあったりしている（「倉富日記」十月十八日、二十日条）。最後まで、徳川の問題解決能力に信を置けなかったのである。

徳川が牧野に電話をかけ、「昨日、酒井忠正が来て、問題は一両日中にまとまることになった」と告げたのは二十日である（『牧野日記』同日条）。これへの牧野の感想も日記にないが、この電話の後、閑院宮載仁親王を訪ね、朝融王問題について解決を前提にしたようなことを種々話しているところからすると、今度こそ徳川の言うことを信用していいという判断をしたのであろう。

しかし、牧野はそれをまだ周囲には洩《も》らさなかった。これまでの経緯を考え、あくまでも慎重を期したのだろうが、そのため、関屋や倉富を含む宮内省高官たちは、依然としてやきもきする日を過ごす。二十四日の「倉富日記」によると、倉富が准元老を自認する伊東巳代治を訪ね、朝融王問題について話をしているが、そのときも解決のめどがついたようだといった類のことは口にしていない。

伊東は朝融王問題にはまったく関与していなかったが、枢密顧問官、帝室制度審議会総裁の職にある者として、それに無関心であったわけはない。とくに邦彦王の態度を不審に思っていたようで、倉富に、「例の問題（原注・良子女王のこと）にては王殿下も余程苦心せられたるに付、十分の同情あるべき筈《はず》にあらずや」と尋ねた。あれほど某重大事件のときは「被害者」として苦労したのだから、同じ立場に立っている酒井家の苦渋はよくわかるはずではないか――あたりまえの人間ならば、誰でも抱くであろう疑問である。

倉富はおそらく苦笑しながら、こう答えた。

「其筈なるも然らざる様なり」

伊東はさらに訊く。

「王殿下は如何なる方なりや」

倉富は答える。

「下情には通じ居らるる様なり。初めは非常に評判宜しき方なりしが、其後は必しも然らざる様なり」

伊東が言う。

「然るか」

二人の苦々しい表情が見えるようである。

酒井伯爵家の辞退

が、事態はやはり動いていた。この日、倉富が伊東のところから宮内省に戻ると、久邇宮家事務官の山田増彦がやってきて、「朝融王の件は解決した。付属問題が残っているが、それも一両日中には片付くだろう。ようやく岸にたどりついた。倉富にもよろしく伝えてほしい」と徳川が話したと伝えた。伊東とグチをこぼしあったばかりの倉富としては意外だったろうが、それでも入江貫一に山田の告げたままを伝えた。

翌日、倉富は松平慶民と省内の便所でばったり会った。そして、松平も山田から同じことを言われたと聞く。さらに翌日、宗秩寮の酒巻芳男から、徳川家の家職が久邇宮家を訪ね、「問題は解決した」と告げたと知らされる。二十八日の『東京日日新聞』には、「酒井伯家から晴れの婚約を御辞退　七年ぶりの御内約を解かせらるる朝融王と酒井菊子姫」という大きな見出しつきの記事が載る。酒井家家職の「廿二歳の今日までお待ち申したかひもなく」とのコメントまで載っているのだから、朝融王問題が解決したことを疑う余地は無かった。

ところが、徳川はこの期《ご》におよんでも、宮内次官の関屋にさえ詳しいことを話さなかった。倉富も正式にはなにも教えられていない。大臣にしか報告する必要はないと考えたのか、あるいは自分を信用しなかった関屋や倉富に意地を張ったのか、それとも「お殿様」であるが故に、細かい気配りが出来なかったのか。

結局、徳川が正式に宮内省幹部たちに周旋結果の概略を告げたのは、十一月八日だった。この日の昼、徳川邸に関屋、倉富、酒巻、松平、山田が集まり、徳川とともに昼食を摂った。そして、食後、徳川から事態が収拾されたとの説明を受けた。一同は、世間への発表の仕方などについて協議し、午後五時ごろ解散した。

以上のように、記すのも読むのも面倒になるような紆余《うよ》曲折を経て、朝融王問題は解決した。解決の裏に、西園寺や牧野の力があったことを強調する見解もあるが、少なくとも資料を読むかぎりは、やはり徳川頼倫の手際は悪いが粘り強い努力が功を奏したと見るべきだろう。

もっとも、最大の功労者は「時間」だったと言うべきかもしれない。事件発生の初めから、落としどころはただひとつしかないことは明らかだった。すなわち、久邇宮父子が異常な希望を撤回する見込みがなく、しかも、宮家の側から婚約解消を言い出せない以上、酒井家から婚約解消を願い出るという形をとるしか、解決の方法はなかったのである。そして、それが可能になるためには、あくまでも自説を撤回せず、主人の頼みすら聞こうとしない武井守正らの相談人たちがくたびれる時間が必要だった。いずれにしろ、久邇宮父子のわがままに始まった事件は、宮内省や皇室、華族社会をひっかき回して、一応の決着がついたのである。

そして、これからは宮内大臣牧野伸顕の出番となる。朝融王事件が起きてから、牧野は一貫して宮内大臣たる自分は問題解決にはかかわらないとの態度をとりつづけた。倉富や小原駩吉などがそのことに不満を抱き、折に触れて牧野批判を言い合っていたことは既述のとおりだが、牧野はなぜもっと積極的に事態の収拾にむけて介入しなかったのだろうか。

単に厄介な事件に巻き込まれたくなかっただけだ、との解釈もありうる。しかし、牧野という人物の外交官、政治家、宮中首脳としての一生をながめると、彼がそのような無責任な態度をとるとは考えにくい。これから先は完全な推論になるが、牧野は自分が宮中某重大事件のあとに「薩派」の代表として宮中に乗り込み、宮内大臣に就任したという世評を気にしていたのではなかろうか。

おそらく牧野は、朝融王事件がどう解決されるかを初めから見通していた。皇族が天皇の許しを得た婚約をどうしても解消したいと言い張る以上、それをとめることは難しい。しかも、その皇族は天皇家の最も近い姻戚《いんせき》である。絶対に解消などは認められないという建前にあくまでも固執すれば、宮中が大混乱に陥ることは火を見るより明らかだ。

となると、酒井伯爵家に泣いてもらう以外の解決法などありえない。これが牧野の初めからの見通しだった。

そして、実際に事件はそのような形で決着した。が、もし、それが牧野の主導のもとに実現したとしたら、世間はどう見るか。宮中某重大事件で勝利をおさめた久邇宮家と「薩派」が、再び、そして今度は完全に横車を押すようにして勝った、と思うことは間違いない。

牧野は大久保利通の次男である。そして、父利通がそうだったように、薩摩だ長州だといった「閥」意識だけにとらわれて大事をはかるような愚かな人物ではなかった。そもそも、宮中某重大事件が山県有朋の「薩閥」憎しの果ての陰謀だという見方にも、牧野は与《くみ》しなかったのである（『政党政治と天皇』）。世界の大国のひとつとなった日本が、いつまでも旧弊な藩閥意識などにとらわれていてはどうにもならない。「薩派の勝利」といった世間の誤解から身を守ることは、自分自身だけでなく、日本という国のため、皇室のためにも必要だと牧野は思ったにちがいない。

そして、事件の最終局面において、牧野は最も嫌な役回りを引き受ける。久邇宮家への処分をおこなうべく、さまざまな根回しを始めるのである。

牧野が徳川の「事件解決近し」との報告をほぼ信用した十月二十日、皇族の筆頭格だった閑院宮載仁親王を訪ねたことは前述のとおりだが、その際のことは『牧野日記』同日条につぎのようにある。

「久邇宮御婚姻問題の形行《なりゆき》、右に付皇族監督上、摂政殿下訓誡的御言葉の事に及び、委曲言上せるに、殿下（閑院宮）御心底より御賛成の御気色に伺へり」

文意にややあいまいなところはあるが、このときすでに牧野が朝融王問題に関して、久邇宮に摂政の訓戒をあたえるという形で処罰することを考えていたことはうかがえよう。牧野は元老の西園寺公望とも相談のうえ、そのような決心をかためたようだ（永井和教授は、『松本日誌』十一月二十二日条にある西園寺の松本剛吉への談話を根拠として、訓戒は西園寺の発案だったと推測している）。松平慶民などは朝融王の臣籍降下まで口にしていたが、実際問題として皇太子妃の実の兄にそのような重罰を科すことなど出来ようはずもない。摂政（天皇の代理）、しかも当人たちの婿、義弟からの訓戒は、現実的に考えて最も厳しい処分であった。

牧野は十一月十四日、西園寺公望を訪ね、朝融王問題が決着したことを報告する。そのとき、摂政に久邇宮に訓戒をあたえてもらうよう頼む、と述べたようだ。西園寺は自分も摂政に一緒に会おうかと言う。もし、摂政が訓戒を渋ったら、牧野に口添えしようというつもりだったのであろう。

牧野は西園寺の好意ある申し出には感激したが、西園寺が病後であることを慮《おもんぱか》って、自分ひとりで貞明皇后と摂政に拝謁した。翌十五日のことである。

まず、牧野は皇后に会い、朝融王事件の一部始終を説明し、次のように述べた。

「殿下（摂政）、久邇宮へ対し御詞《おことば》のあるは、事情に顧み皇族監督上、又天職御行使の点より是非願上度《ねがいあげたく》、御縁故の殿下にも誠に恐懼《きょうく》の至りなるも、公私の差別は明白に御示しある事は大切の事と存ずる」

舅《しゅうと》に意見するのは摂政としても気が重いだろうが、公私の別をつけるのは大切だということである。この牧野の意見に、皇后も全面的に賛成し、この間の牧野の尽力に感謝した。そして、かねがね耳にしていた久邇宮家についてのさまざまな悪評も牧野に告げた。牧野は、「深く御憂慮被遊《あそばせら》る丶御模様に伺ひたり」と感想を記す。皇后の久邇宮家への不信感は依然として深い。

さらにこの後、牧野は赤坂の東宮御所に摂政を訪ね、事件の詳細を説明し、邦彦王への訓戒について、「御間柄としては恐多き次第なるも、皇族監督に関する天職を御尽しの場合は公私の区別は明白に御立て可被為《なさるべき》ものなる事」と、言上した。

これに対して摂政はつぎのような意外なことを言った。

「実は朝融王より（酒井）菊子は肺疾の憂（原注・此の御言葉は精確に記憶せず、兎に角肺患を理由として）あるに付、中止したき御話しありたるに付、そう云ふ血統の皇室に入る事は宜からずと考へ賛成したる事あり、夫れに矛盾せざるや」

朝融王が九月半ばに摂政に対して、「酒井家との問題は解決した」とウソをついていたことは前述した。それだけでもひどい話だが、朝融王は酒井菊子を、当時は「不治の病」とされていた肺の病気にしたてあげて、摂政をだましていたのである。

牧野は「今日まで菊子嬢の問題に付て病気と云ふ事は曾《かつ》て故障になつて居りませぬ」と、朝融王の言を全面的に否定する。摂政は、「夫れなれば宜しい」と「頗る御安心の御態度」で、邦彦王に訓戒の言葉をあたえることについても、「断然たる御口気」で承認した（余談だが、この大正十三年十一月十五日の午前九時十二分、前年十二月二十七日に東京虎ノ門で摂政を狙撃《そげき》した難波《なんば》大助が市谷刑務所で死刑に処せられた。摂政と牧野の会見において、このことが話題になったかどうかは『牧野日記』にも記述がない）。

牧野は訓戒の言葉を入江為守東宮侍従長（子爵）を通じて伝えることについても摂政の了承を得ると、すぐに入江と会って、翌朝早く、邦彦王のもとに行くことを命じた。

当時、軍事参議官となっていた邦彦王は東京にいなかった。陸軍第三師団と第十五師団の特別大演習を統監するために、愛知県豊橋に出かけていたのである（『邦彦王行実』）。そのころの交通事情を考えるとおそらく夜行列車を利用したのだろうが、入江は翌朝、豊橋に着き、邦彦王に会って、摂政の言葉を記した書面を渡した。

国会図書館憲政資料室にある「牧野伸顕関係文書」には、この写しが残っている。それによれば、訓戒の言葉はつぎのようなものであった。

「御内意伺《うかがいずみ》済の上取結ばれたる結婚内約遂行の運《はこび》に至らざりしは遺憾のことと思ふ。自今一層慎重ならむことを望む」

ごく穏当なものである。とてつもなく身勝手な言い分を摂政や宮内省に認めてもらい、大きな「借り」が出来ていた邦彦王としては、さぞ、恐縮した態度でこれを受け取っただろうと思うと、これがちがった。『牧野日記』十一月十七日条には、つぎのようにある。

「前日久邇宮へ拝謁の（入江の）顚末《てんまつ》報告によれば、同子（爵）より摂政殿下御詞扣《ことばひか》へを御手交致したる時、邦彦王之一読、何等の謹承せる意味の口上なく、其儘納められたりとの事なり」

摂政の訓戒にたいして、「承知いたしました」でも、「以後、慎みます」でもなく、書面に目を通したまま、黙っていたというのだ。まさか、「婿」に怒られるとは思ってもいなかったのか、邦彦王はあくまでも傲岸《ごうがん》であった。牧野もさすがに呆《あき》れ果てたのだろう、日記はこう続く。

「如何にも御態度としては慎重を《ママ》〔欠く？〕感を起さゞるを得ず。或は帰京後親しく摂政宮へ拝謁の場合に陳述の内意なるも難計《はかりがたし》と雖《いえ》ども、夫れにしても何か御仰《おおせ》ありて可然《しかるべし》哉《や》に被考《かんがえら》る丶次第なり」

　十七日、宗秩寮はつぎのような発表をおこなった。

「朝融王殿下酒井菊子と御結婚のこと予《かね》て御内定の処、今回酒井家に於て本御結婚の将来を慮り辞退を申出たる趣を以て、宮家より御内定取消御聴済の儀願出られたるに就き、其手続を了せり」

　要するに酒井家からの辞退申し出を久邇宮家が了解し、それを宮内省に届け出たので所定の手続きをすませたという筋書通りの発表である。

　ついで久邇宮家もつぎのような声明を出した。

「朝融王殿下予て酒井菊子嬢と御結婚のこと御内定の処、今回酒井伯爵家より右御婚約を取結ばるることを辞退致度旨申出たり。素《もと》より伯爵家に於ても何等特別の事情ある次第に非ず、全く本御結婚の将来を考慮したる結果に外ならざることにて、事情誠に已《や》むを得ざる儀に就き、当宮に於かせられても御聴済相成《あいなりたる》為伯爵家に対しては将来とも特に従来通御交際相成度思召を以て、其《そ》の旨同家に申進めり」

婚約解消を申し出たのはあくまでも酒井家とし、宗秩寮発表とつじつまは合わせているが、同家に責任がないことははっきりさせている。さらに、久邇宮家の国分三亥宮務監督が談話を発表し、「宮家の近状とは性格の相違によって朝融王の菊子嬢への感情が変化したということだ」と付け加えた。

酒井家も声明文を発表した。

「当家菊子と朝融王殿下との間には、予て御結婚の御内定を見たるが、種々宮家の御近状を承はり、本御婚儀の将来を慮り、甚だ恐懼には堪へざれども当家より御婚約を取結ばるることを御辞退申上たる処、幸に御聴済相成たるのみならず、当家に対し将来とも特に御懇情を賜はるべしとの御内意を伝へられ、誠に感銘に堪へざる次第なり」

以上三通の文章は慎重なすり合わせのうえで作成された（牧野がそれぞれの文案に添削を加えたことが、憲政資料室に残る「牧野文書」から分かる）。したがって、酒井家の声明文の内容は遠慮がちだが、声明発表とともに、酒井忠正は記者会見をおこない、「徳川宗秩寮総裁から久邇宮家の事情を聞き、辞退やむなしと判断した。ただし、婚約取り消しの理由は酒井家にはまったくない」と語った。十八日の『東京朝日新聞』によれば、忠正は記者たちの質問に答えて、「本人（菊子）も諦《あきら》めて居ます」「山のような同情の手紙が来ている」などとも述べたようである。

これと国分宮務監督の説明とあわせれば、事情をまったく知らないものでも、婚約解消は久邇宮家のわがままの結果だということがわかる。当然のこととはいえ、久邇宮家はダメージを受けた。邦彦王もこういう形で新聞発表などがおこなわれることは承知していただろうが、おそらく複雑な気持であったろう。

実はこのころ、久邇宮家では慶事があった。次女の信子女王と三条西公正（実義伯爵の嗣子）との結婚である。十七日には「告期の儀」がおこなわれ、そして、十八日には女王が母親の俔子妃とともに参内し、賢所《かしこどころ》に参拝して天皇家の先祖たちに結婚を報告、さらに摂政に拝謁した。つまり、宗秩寮の朝融王事件についての発表は、久邇宮家にとってまさに最悪のタイミングでおこなわれたのである。「告期の儀」の予定などは前々から決まっていたはずだから、宗秩寮の発表をそれにぶつけないことは可能であったろう。しかし、宮内省はそういう配慮をみせなかった。この点でも牧野の態度は毅然《きぜん》としていた。

ただ、結婚する信子女王は気の毒だった。前述のように、女王は酒井菊子と学習院女学部の同級生で親友でもあった。姉の良子女王とともに、朝融王と菊子の恋の仲立ちもした。にもかかわらず、自分は結婚し、菊子は悲しみのどん底に沈んでいる。これほど喜びに水をさされた花嫁も珍しいのではないか。

二つの結婚

ともかく、これで問題は一応解決した。牧野に残されたのは、いくつかの事後処理である。

まず、十一月十九日には西園寺、二十一日には竹田宮大妃（明治天皇の皇女昌子内親王）を訪ねて報告する。二十三日には海軍大臣財部彪《たからべたけし》に会い、朝融王のことを相談。もちろんこれは王が海軍少尉だったからで（十二月一日、王は中尉になる。なにがあっても昇進はする）、財部からも王についての意見が述べられた。二十六日には武井守正を招き、摂政から邦彦王に訓戒の言葉が伝えられたことを教える。酒井家の相談人のなかでも最強硬派だった武井に配慮したわけだが、牧野は、これは極秘のことであり、酒井家相談人の武井に教えるのではなく、枢密院の先輩（牧野は大正十年二月まで、武井は十二年七月から枢密顧問官であった）として内々知らせるのだと念を押すことも忘れない。

月が変わった十二月二日には、「周君様」に伺候して報告した。周君様とはおそらく邦彦王の叔父《おじ》で海軍大将だった東伏見宮依仁《よりひと》親王の未亡人周子《かねこ》妃（岩倉具視の孫）のことである。周子妃は貞明皇后に頼まれて皇太子妃の「教育係」のような役を果たしていたから（「倉富日記」大正十三年三月一日条）、牧野も報告にいったのであろう。さらに、九日には海軍のボスである山本権兵衛に報告、そして、十七日には邦彦王を訪れた。

『牧野日記』には、こうある。

「久邇宮へ伺候。春来の尽力に付特に御挨拶あり。仍《よっ》て徳川の容易ならざる苦心を陳述し、又酒井伯の忠実なる態度も力説し、問題が時日を要したるは円満解決には旧藩臣抔《など》の納得を得る事の極めて大切なるに依り、其鎮撫《ちんぶ》等に手間取りたる事等を入念申上げ置く。今日は態《わざ》と今後の御態度には言及せず」

最後が意味深長である。牧野としては、また邦彦王にふくれられでもしたら厄介だと思ったのかもしれない。それはともかく、事件自体は完全に終息した。

さて、最後に事件後の朝融王と酒井菊子のことについて、記さなければならない。

まず、酒井菊子は、旧金沢藩主家の当主、前田利為《としなり》侯爵と結婚した。陸軍のエリート軍人だった利為は、大正十二年四月に渼子《なみ》夫人を病気で失い、独身であった。そこで、近衛文麿らが奔走し、菊子との再婚話をまとめた。近衛は前田家の親戚（母の実家）であり、また、酒井忠正の友人でもあった。伝記『前田利為』によれば、結婚に至る経緯はこうなっている。

大正十三年十二月三日　近衛が利為に会い、菊子を新夫人として推挙

十二月十二日　前田家評議会（酒井家の相談人会に当たる）で了承
十二月十五日　親族会（前田侯爵家の分家筋の当主の会）で了承
十二月十六日　親戚の皇族、華族などに通知
　　　　　　　宮内大臣、利為が教官だった陸軍大学校の校長に婚姻願を提出
十二月二十日　内輪の結納式をおこない、翌年二月七日に結婚式をあげることを決定

朝融王との婚約解消から一ヵ月足らずで結婚は決まった。まさに電光石火というべきだが、もちろん、これは近衛たちの配慮であった。前に述べた水野直の動きがフライング気味だったのに対し、今度の縁談は見事にまとまった。利為は菊子に関する噂の「発信源」である前田清子の夫利定の実弟だから、いささか皮肉な感じはするが、まずは目出たかった。

利為は明治十八年六月五日生まれで、菊子より十八歳年長になる。ずいぶん年の離れた夫婦だが仲はよく、四人の子供をなした。利為は陸軍大学校長、第八師団長などを歴任して、中将で予備役に入ったが、対米英戦争がはじまると召集され、ボルネオ守備軍司令官となり、前線視察中、飛行機事故で死亡した。死後、大将に昇進。大名華族で大将まで昇ったのは利為ひとりである。

朝融王も結婚した。実は久邇宮家では、酒井家との問題が解決しないうちから、結婚相手を探していた形跡があった。西園寺公望は、前に紹介した十一月二十二日の松本剛吉との会話のなかで、宮家が三井家の娘に縁談をもちかけ、三井家ではあわてて娘を別の相手と結婚させたという噂を耳にしたと述べている。また、『牧野日記』には、朝融王が摂政に「婚約解消が正式に決まる前に他に縁談を申し込んだというのは事実ではない」と弁解したという話を、宮家の野村礼譲がわざわざ告げに来たとの記述がある（大正十三年十二月六日条）。まさに語るに落ちるというしかないが、久邇宮家では酒井家とのことにかかわりなく、朝融王を早く結婚させたがっていたのだ。

もっとも普通に考えれば、酒井家との婚約解消で、久邇宮父子の人柄が世間に知れ渡ってしまった以上、そう都合よく結婚相手が見つかるはずはない。ところが、朝融王にはなんとも有難い救い主があらわれた。邦彦王の従兄弟にあたる伏見宮博恭《ひろやす》王が、三女の知子女王を説得して、朝融王との結婚を承知させたのである。

『牧野日記』によれば、この年の大晦日《おおみそか》に、世が世なら「十六代将軍」の徳川家達公爵（貴族院議長）が牧野を訪ねてきて、朝融王と知子女王の結婚を了承してほしい、天皇への「御内意伺」の手続きを進めてほしい、結婚式は来年節分前を希望しているとの邦彦王の言葉を伝えた。節分前に結婚とはずいぶん慌しい話で、久邇宮家が前田、酒井家の結婚式は二月七日と知り、それより前にと焦ったのではないかと勘ぐりたくなる。

結婚の勅許が下りたのは大正十四年一月十日、十三日に納采《のうさい》の儀、二十六日、婚儀の

久邇宮朝融王と知子妃

礼が皇居内の賢所で挙げられた。猛スピードである。かくして邦彦王、朝融王の面子《メンツ》もなんとか守られた。が、妃となった知子女王は菊子とちがって幸福な妻ではなかった。伏見宮父娘のおかげで幸運にも結婚出来たにもかかわらず、朝融王の身持ちは悪く、侍女を妊娠させたりする。横須賀にあった砲術学校で教育を受けていた朝融王は、通学の便のために鎌倉に仮住まいしていたらしい。そのときに、侍女に手をつけたのである。

ショックを受けた侍女は実家に帰ってしまったので、某重大事件のときも婚約破棄事件のときも走りまわった分部資吉が出かけ、父親と話をつけて侍女を東京の久邇宮邸に連れてくる。息子の不始末を聞いた邦彦王は、「朝融の不品行にも困ったものだ。隠しておくわけにもいかないから、普通に処理せよ」と言うが、そう簡単にはいかない。分部たちは、朝融王夫妻の間にはまだ女の子しかいないから、侍女が男児を産んだら庶子として認知したらどうかとか、それよりも子供を産むのは侍女ではなく別の女で、朝融王は関係ないということにしたらどうかとか、鳩首《きゆうしゆ》協議を繰り返す。宮仕えの身とはいえ、彼らもいつものことながら気の毒だが、最も気の毒なのは妊娠させられた侍女を除けば知子妃であることは言うまでもない。

昭和三（一九二八）年六月二十九日の「倉富日記」には、宮家事務官の山田増彦から事実を知らされた妃が、「実家の父に心配をかけたくないから、なるべくなら事を秘密にしてくれないか」と頼んだあとで、つぎのように言ったとある。

「（父から）朝融王も酒井との婚約破れ、速に結婚出来ざれば、其面目にも関するに付、朝融王に婚することを承諾せよと云はれ、自分（原注・知子女王）は其時より犠牲になる積《つも》りにて結婚したり」

なんとも無残な話ではないか。

そして、時を経て、朝融王はもうひとつ常識では考えられないようなエピソードを残した。

知子妃は昭和二十二年六月に死去するが、それからしばらくして朝融王（すでに皇籍離脱していたので、正確には久邇朝融）が、姪《めい》にあたる東久邇成子《しげこ》（昭和天皇の第一皇女。照宮）を通じて前田菊子に結婚を申し込んだというのだ。前述のように菊子の夫利為は戦地で事故死していたから、菊子が独身になっていたことは確かだが、それにしても呆気《あっけ》にとられる話だ。にわかには信じがたいが、東久邇成子の親友でもあった、利為と菊子との長女酒井美意子が『ある華族の昭和史』に書き残していることである。

（「朝融王事件」については永井和京都大学教授の「久邇宮朝融王婚約破棄事件と元老西園寺」〈「立命館文学」第五四二号。のちに加筆して『昭和天皇と元老西園寺』に収録〉がある。発表されたのは平成七〈一九九五〉年十二月だが、それまで同事件については酒井美意子の前掲書がやや正確を欠く形で紹介していただけだから、永井論文の意義は大きい。もちろん本書でも参考にしたが、重要資料である「倉富日記」などはすべて原文から引用した）

第八章　朝彦親王と久邇宮家

朝彦親王の生い立ち

前章までで述べたように、久邇宮邦彦《くによし》王は、宮中某重大事件、朝融王婚約破棄事件において、あきらかに主役として行動した。元老、総理大臣、宮中首脳、そして、皇后の意思にさえさからって自分の主張を押し通し、そのためには政治家やいかがわしい人間たちの力を借りることもためらわなかった。

言うまでもなく、王政復古以降でも日本は天皇独裁の国家ではなく、明治二十二（一八八九）年に大日本帝国憲法が施行されてからは、名実ともに立憲君主制国家であった。国の頂点には天皇が君臨していたが、天皇は公的な事柄において恣《し》意的に振る舞うことはなく、時の政府の意思を尊重し、それを認めることをもって自らの責務としていたのは、『明治天皇紀』などの各種資料に照らしてあきらかである。権力者たちの間で抗争が生じたときには、調停者としての役割を果たすこともあったが、それも臣下たちの意見を十分に聞いたうえであった。繰り返すが、明治以降の天皇は、前近代的な恣意的に行動する独裁者ではなかったのである。

天皇がそうである以上、その監督下にある皇族たちの振る舞いにも、自ずから「矩《のり》」（けじめ）というものがあるのは当然であった。それが明文化されているかどうかにかかわらず、皇族には皇族として従うべきモラルがあった。しかし、邦彦王はそれを公然と踏みにじったのである。皇后、摂政、元老、政府・宮中の首脳たちの顰蹙《ひんしゅく》を買ったのは当たり前だった。

なぜ、邦彦王はそのような行動に出たのか。そのことを理解するためには、幕末から明治半ばまで時間をさかのぼり、王の父である朝彦親王という皇族の一生を見ることが不可欠である。この章では『朝彦《あきひこ》親王日記』や親王死後の五十年祭を機に編まれた『朝彦親王景仰録』、親王の評伝を目指したものの未完に終わった徳富蘇峰《そほう》の『維新回天史の一面』、それに『邦彦王行実《ぎょうじつ》』『孝明天皇紀』『明治天皇紀』、川路聖謨《としあきら》の『寧府紀事《ねいふきじ》』などをもとに、親王の事跡と明治以降の久邇宮家について概観していく。また、幕末の政局を京都朝廷や天皇を中心に分析した著作である藤田覚『幕末の天皇』、家近良樹『孝明天皇と「一会桑」』なども参考にしたこと、親王について詳しく記した書物として長文連『皇位への野望』があることをあらかじめ明記しておく。

なお、朝彦親王は長い生涯のなかで、富《とみ》宮、一乗院《いちじょういん》宮、青蓮院《しょうれんいん》宮、獅子王院《ししおういん》宮、尹《いん》宮、中川宮、賀陽《かや》宮、久邇宮などさまざまな通称で呼ばれたが、本書では一貫して朝彦親王と呼ぶことにする。

朝彦親王は文政七（一八二四）年一月二十八日、伏見宮邦家親王の第四王子として生まれた。邦家親王の正室は関白鷹司政凞《たかつかさまさひろ》の娘景子だが、朝彦親王を産んだのは青蓮院坊官の鳥居小路経親《つねちか》の長女信子である。青蓮院は京都の粟田口《あわたぐち》にある寺院で、代々の門主（門跡《もんぜき》）は皇子や皇族、あるいは摂家の子弟であった（このような格式の高い寺院のことを門跡寺院という）。坊官とは門跡寺院の家臣のなかで最上位のものだが、伏見宮家からは青蓮院に入る王子が多く、その縁で坊官の娘の信子は同宮家に仕えたと思われる。

東久世通禧《みちとみ》が明治末ごろに側近に語ったことをまとめた『竹亭回顧録 維新前後』には、朝彦親王が「親王家（伏見宮家）に召仕はれた賤《いや》しき女の腹に生まれ」とあるが、親王が幼少時を過ごした並河家の出の羽倉敬尚《はぐらけいしょう》は、『朝彦親王景仰録』所収の「粟田の落穂」で、上述のように親王の生母は身分の高い寺侍の娘であったと書いている。東久世の回想より信じるに足る証言と思われるが、東久世のようなかつての倒幕派の公家たち（東久世は朝彦親王が主導したクーデタによって長州に落ちた「七卿《きょう》」のひとりであった）の間には、明治末年になっても朝彦親王への「偏見」があったという事実は記憶に値する。

江戸時代の宮家に生まれた男子は、家を継ぐものを除いては出家するのが普通であった。朝彦親王の父邦家親王は子沢山で、各種系図などによると成人したものだけでも二十人以上の王子がいたが、その大半が門跡寺院などに入っている（明治になってこれらの王子たちが還俗《げんぞく》し新しい宮家を立てる）。幼少時に富宮と通称され、熊千代君などともよばれていた朝彦親王も例外ではなく、八歳のころ、まず日蓮宗本能寺の日慈上人のもとに行った。

『維新回天史の一面』には、伏見宮に参殿した日慈上人が朝彦親王の非凡さに感心し、邦家親王に懇請して弟子としたとある。しかし、寺の暮らしは少年には面白くなかったようで、お参りにやってくる町人たちに糞尿《ふんにょう》をかけるなどのいたずらを繰り返したため、本能寺では困り果て、いつ伏見宮家に返そうかと悩んでいたという（この挿話は『寧府紀事』にある）。ところが本能寺にとっては幸いなことに、親王は天保七（一八三六）年、十三歳のとき、奈良一乗院の門跡（院主、門主）尊常法親王の弟子となるために京を去った。一乗院は藤原氏の氏寺である興福寺に属する寺で、門跡は大乗院門跡とともに興福寺の別当ともなる格式の高い寺院である。邦家親王の弟でまだ十九歳だった尊常法親王が重病となったので、甥の朝彦親王が後継者含みで迎えられたのである。

朝彦親王

尊常法親王はまもなく死去し、朝彦親王は一乗院主に補せられたが、それに先立って仁孝《にんこう》天皇の養子となった。これは皇族が門跡となるときの慣例であり深い意味があるわけではないが、幕末の動乱のなかで、朝彦親王が「先帝の御養子」であることをことさらに言い立てるむきもあった。実際に一乗院に入ったのは天保八年十二月五日で、十日には親王宣下があり、正式に親王となった。名前も成憲とあらためた。得度は翌年閏《うるう》四月二十三日である。

川路聖謨と朝彦親王

一乗院門跡時代の朝彦親王については、川路聖謨の『寧府紀事』に多くの興味深い記述がある。周知のように川路は幕末の徳川政権を支えた開明派官僚のひとりで、弘化《こうか》三（一八四六）年から嘉永四（一八五一）年まで奈良奉行をつとめた。『寧府紀事』は、その間の日記であり、近世、近代の各種の日記のなかでも秀逸のもののひとつである（寧府とは寧楽《なら》すなわち奈良）。

川路が奉行就任の挨拶《あいさつ》に一乗院を訪れたのは弘化三年閏五月六日のことで、その翌日の『寧府紀事』にはつぎのような記述がある。当時の朝彦親王を描写して余すところがない文章なので、あえて長く引用する。

「昨日一乗院江参る。（略）宮は当　禁の御養御兄にて、当時　御連枝《れんし》の御長者にてわたらせられ、先帝の頃仁和寺宮《にんなじのみや》などのごとく関白殿よりこと〳〵に御相談もあるよし也《なり》。御とし は二十二とかに被為成《ならせらる》と之御事なり。格別の美僧と申奉るにはあらねど、よき御容貌《ようぼう》にて御英明殊にすぐれさせ給ひ唯々《ただただ》恐入たる事而巳《のみ》なりき。（略）なか〳〵雲上にのみおはしますます御かたとはみえず、驚入たること也。（略）只《ただ》、不思義なるは、殊に御髪剃《そ》らせらることを嫌はせ給ひ、よほどの御晴ならでは御さかやき（月代）は遊ばせぬよし。けふも五分さかやきといふよりもまさりたる御長髪也。与力共、兼而《かねて》けふは定而《て》宮の御さかやきあるべしかいかになどいひて笑ひしが、かゝる御発明に引くらべ而は不思義なる御事也」（『井伊家史料　幕末風聞探索書』安政六年五月七日の項によると、月代を嫌ったのは生まれつき逆毛気味だったため、剃ると痛かったからだとの噂もあったという）。

　このとき朝彦親王は数えで二十三歳（「御としは二十二」は誤り）。「当禁《とうぎん》」の「御養御兄」とあるのは、この年の一月二十六日に仁孝天皇が崩御し、二月十三日、皇太子統仁《おさひと》親王が即位したのを受けてのことである。「当禁」とは当代の禁裏、すなわち時の天皇のことで、この場合は孝明天皇を指す。

　川路が初対面の朝彦親王から強い印象を受けたことは、「よき御容貌」「御英明殊にすぐれさせ給ひ」「雲上にのみおはします御かたとはみえず、驚入たること」といった表現から分かるが、時間が経つにつれてそれはますます深まっていった。初対面から七ヵ月後の十二月五日の『寧府紀事』には、「奈良江参り驚たるは一乗宮之御才力と大仏也」とまである。

　興福寺関係の僧侶や奈良の町人たちの間でも親王の評判は高く、『寧府紀事』には、そのことを示す記事がつぎのようにしばしば見られる。たとえば弘化四年十月二十七日の条には、朝彦親王が日光輪王寺の門跡に転出するとの噂が飛んだため、興福寺関係の僧侶たちが慌てたと書かれている。朝彦親王が一乗院門主になってから興福寺には喜捨《きしゃ》がたくさん寄せられるようになり、昔に比べ衰微している興福寺を再建するためには親王の存在が欠かせなくなっていたからである。「一乗院宮は不思議に人の感伏する御人なり」と、川路はここでも手放しの賛辞を送っている。

そういう評判を十分に意識してのことであろう、親王も飾り物の門主でおさまっておらず、興福寺領内で訴訟が起きたときなどは自分で裁いた。十月二十七日の『寧府紀事』後半にはつぎのようにある。

「公事《くじ》訴訟のことなどこと〳〵く御直裁にて、内々に而《て》御家司《けいし》限りに而いたす事あれば、急度《きつと》御機嫌を損じ御沙汰《きた》ある故に家司共、神のごとく恐れ居るよし也。元来、下を憐《あわれ》み、いかにも穏なることを御好み故に、奉行所に而も取扱よけれ共、もともと御才智多ければ、人の恐るゝ也」

興福寺に属するもうひとつの門跡寺院である大乗院は摂家の子弟が門跡となることが多かったため「摂家門跡」と呼ばれ、これに対して一乗院は「宮門跡」と称された。奈良の僧侶たちが前者を「大乗院殿」、後者を「一乗院さま」と呼んでいたように、一乗院のほうが格式が高いとみなされていた。奉行の川路が門跡に会うときも、大乗院では帯刀のまま部屋に入ることが許されたが、一乗院では刀を廊下で腰から外さなければならなかった。

しかし、財政状況ということになると、「実家」の財力を反映して、大乗院のほうが裕福だった。『寧府紀事』には、一乗院の人手が足りないため雨戸も閉められず、奈良名物の鹿が門跡の居間にまで上がりこんで悪さをするといった話や、一乗院のそこかしこで雨漏りがするという話が出てくる。川路はしきりと気の毒がったが、朝彦親王は意気軒昂《けんこう》で、「もう少し雨漏りがひどくなったら、部屋のなかにたらいを吊って、名護屋《なごや》山三《さんざ》の住まいのようにしたら面白い」と、笑い飛ばした。名護屋山三（名古屋山三郎）とは歌舞伎の創始者のひとりと伝えられる安土桃山時代の武士で、歌舞伎『浮世《うきよ》柄比翼《づかひよくの》稲妻《いなずま》』では、たしかに親王が言うようにたらいを吊るした部屋に住んでいる人物として登場する。親王はいつそんなことを知ったのか、まさか門跡が芝居見物に出かけたとも思えぬが、なかなか下情にも通じていたのである。

このように、奈良の朝彦親王は出家した皇族としては型破りの颯爽《さっそう》たる存在であったが、その心中には鬱勃《うつぼつ》たる不満がたまっていた。『寧府紀事』の嘉永二年閏四月二十六日の条には、こんな記述が見られる。

「宮は近頃御かむ鬱の御症にて、御労症の御発病か、或《あるい》は甚敷《はなはだしき》は御発狂などなければよしとて、医の御案じ申上るよし也」

川路は、親王が若いにもかかわらず「容儀よろしき若衆」なども近づけず、生ぐさものも食べないために「癇鬱《かんうつ》」になっているのだろう、と同情している。たしかにそういう「生理的」な不満もあったろうが、それとともに親王が高いプライドの持ち主で、現状に甘んずることをよしとしない気持ちが強かったことが鬱状態に結びついた。

『寧府紀事』の弘化四年十月十二日条には、川路が親王の姪で円照寺の門跡になった四歳の幼女に会ったことを話し、「中宮寺の門跡も伏見宮家の女王ですし、大和《やまと》の寺は伏見宮出身の方たちでかためていらっしゃいますな」と言ったところ、親王が機嫌よく、「わが実家は吉野の　皇居の血筋なる故か、ことに盛にして、当時は　禁裏も　後醍醐《ごだいご》帝の御血筋、近衛《このえ》も鷹司もみなわが実家のもの共がつぎたり。不思議なることよ」と応じたとある。

既述のように伏見宮家の初代は北朝第三代崇光《すこう》天皇の皇子栄仁《よしひと》親王である。明治以後、南朝が正統であるとする史観が公定のものとなってからは、崇光天皇は歴代から外されてしまったが、南北朝合一後、天皇の位を守ったのは北朝第一代光厳《こうごん》天皇の曾孫《ひまご》で崇光天皇の甥の子にあたる後小松天皇だから、実際には崇光天皇も天皇家の嫡流であり、伏見宮家はそれの分かれということになる。ところが、「吉野の皇居の血筋」という言葉からすれば、朝彦親王は伏見宮家を南朝、すなわち後醍醐天皇の血筋と思っていることになる。それがどういう理由に基づくものなのかは分からないが、親王の心のどこかに、武家勢力と果敢に戦った天皇に連なるものとの自己認識があったことは確かであろう。そして、現実のわが身は法体《ほったい》ということになれば、鬱々として楽しまないのも無理はなかった。

しかし、その朝彦親王が奈良の寺から広いところに飛び出す日がやってきた。嘉永五年一月十九日、大納言三条実万《さねつむ》（実美《さねとみ》の父）によって、親王に青蓮院に移るようにという内勅が伝えられたのである。

青蓮院は既述のように朝彦親王の生母の父が坊官だった寺院である。三千院、妙法院とともに天台宗総本山比叡山延暦寺《ひえいざんえんりやくじ》の三門跡と称された寺院で、門主は延暦寺の管主、すなわち天台宗の長である天台座主《ざす》を兼ねることが多かった。さらに法然《ほうねん》や親鸞《しんらん》が青蓮院と関係が深かったため、浄土宗、浄土真宗各派の門跡は青蓮院の脇門跡を経てからでないと門跡号が許されないことになっており、また、各宗僧侶に紫衣《しえ》を着用することを許す権限も青蓮院の門主がもっていた。初代から明治に至るまでの門主の出自は天皇の子息が十二人、皇族、摂家の子弟がそれぞれ十三人、足利《あしかが》将軍の息子が一人であり、門跡寺院のなかでも群を抜いて格式が高い寺だったのである。

朝彦親王が青蓮院に移ったのは天台座主の尊宝法親王が重病になったからで、つぎの天台座主への就任を前提にしてのことであった。正式に青蓮院門主となったのは三月十二日、天皇から尊融《そんゆう》という名前をもらった。これから親王は入道二品《にほん》尊融親王と呼ばれ（二品は皇族の位階）、青蓮院宮と通称された。四月初めに門主として初めて参内し、十一月十四日に宮中の御持僧とされ、十二月二十四日に天台座主となった。時に二十九歳。親王は天台座主になっても比叡山に居住したわけではなく、ほとんどは青蓮院にいた。座主であると同時に御持僧、つまり天皇などのために加持祈禱《きとう》をする僧侶としての仕事があり、たびたび参内しなければならなかったからである。そして、孝明天皇は親王を単なる僧侶としてでなく、さまざまなことの相談相手として遇した。奈良でくすぶっていた親王が、驥足《きそく》をのばす日が来たのである。

孝明天皇の信頼

このころの日本にとっての最大の問題は、言うまでもなく「開国」であった。十九世紀初頭あたりから、欧米各国の艦船がしきりと琉球、蝦夷《えぞ》地をふくむ日本の各地に来航し、通商などを求めていたが、幕府はこれに応じなかった。しかし、アヘン戦争に清国が敗れ、香港を英国に割譲し、さらには米仏とも条約を結んでいくつかの港を開港せざるをえなくなったことなどの情報は日本にもすみやかに届き、幕府のみならず支配層は危機感をつのらせていた。

京都朝廷も例外ではなく、弘化三年八月二十九日、十六歳で即位したばかりの孝明天皇は、海防を厳重にするようにとの沙汰《さた》を幕府に下した。『孝明天皇紀』には「外患の事に係りて勅を幕府に下すもの此時を以て始とす」とあるが、「外患の事」のみならず、朝廷が幕府に政治向きのことで指示をあたえたのは、徳川幕府が開かれて以来、これが最初であった。

とはいうものの、朝廷に現実的な政策があったわけではなく、寺社に国家安寧を祈らせたりするのが関の山だったが、外国船来航についての情報は公卿《くぎょう》たちにも幕府や親戚《しんせき》筋の大名などから非公式にもたらされており、彼らにもそれなりの危機意識はあった。

そして、嘉永六年六月三日、アメリカ東インド艦隊司令長官兼遣日合衆国特派大使マシュー・ペリー提督の率いる軍艦四隻が浦賀にやってきた。「黒船来航」である。ペリーは六月九日、久里浜に上陸し、通商などを要求するミラード・フィルモア大統領の国書を浦賀奉行の戸田氏栄《うじよし》に手渡した。そして、翌年春の再来航を予告し、六月十二日、琉球の那覇《なは》に向かって去っていった。

幕府はこのことをすぐに朝廷に知らせた。京都所司代脇坂安宅《やすおり》（竜野藩主）が書状を差し出したのが六月十五日だから、当時の交通、通信事情を考えれば即座に近い報告である。書状には「深く致心配《しんぱいいたし》候程之事にも至間敷候得共《いたるまじくそうらえども》」などと書いてあったが、天皇は「万一御国体に拘《かかわ》り候儀有之候ては誠に不安」との理由で、七社七寺に祈禱《きとう》を命じた（『孝明天皇紀』）。

さらに七月十二日、幕府はフィルモア大統領の国書の訳文を朝廷に提出した。先の書状に、「そんなに心配はいらない」などとあったのはもちろん言葉のあやで、国書訳文とともに脇坂安宅が差し出した書状には、「今度浦賀表へ渡来之亜墨利加《アメリカ》船より差出候書翰《しょかん》之趣は実に不容易事」「此度之儀は国家之御一大事に候間、右之趣 被達叡聞《えいぶんにたっせられ》 候様」

とあった。朝廷内も大騒ぎとなり、『孝明天皇紀』に引用してある三条実万《さねつむ》（当時、朝廷と幕府の連絡役である武家伝奏《でんそう》）の手録によれば、関白鷹司政通《まさみち》以下の公卿たちがさまざまにうごいているが、彼らが主体的な行動にでられるはずもなく、「一時之権道」としてアメリカの国書を受け取ったという幕府の処置を追認するだけであった。

しかし、朝廷から委任を受け、二百数十年にわたって政権を独占してきた幕府が、ペリー来航についての情報を速やかに事細かく朝廷に報告してきたということは、画期的な出来事であった。同じころ、幕府の老中阿部正弘（福山藩主）は諸大名や幕臣たちにたいしても意見を求めている。あきらかに時代は変わりつつあった。

この間、朝彦親王も開国について天皇の相談にあずかっていたであろう。親王が外国の事物にそれなりの関心があったらしいのは、奈良にいたときに川路聖謨のもっていた、おそらくオランダ渡りの寒暖計を見せてほしいと頼んだ（『寧府紀事』弘化三年閏《うるう》五月二十五日条）ことなどからも想像できるが、だからといって、天皇や朝廷首脳の公卿たち以上に海外情勢についての知識や見識をもっていたとは考えにくい。『維新回天史の一面』には、ペリー来航を知った親王が京の守りの手薄なのを心配し、「万一、外国船が京の北方の若狭《わかさ》の港や大坂にやってくることがあったら、自分が比叡山の衆徒を率いて戦う」と言って体の鍛錬を怠らず、五斗の土が入った俵を持ち上げたり、甲冑《かっちゅう》や刀の用意をしていたとの記述がある。要するに竹槍《たけやり》でB29をやっつける類《たぐい》で、諸外国についての情報を正確に把握していたとはとうてい思えない。

しかし、天保二年生まれで、ペリー来航時にはまだ二十三歳にすぎなかった孝明天皇にとって、七歳年長の朝彦親王は数少ない頼もしい「身内」であった。当時の朝廷の実権は関白鷹司政通が握っていたが、政通は寛政元（一七八九）年生まれで、文政六（一八二三）年以来、関白の座にあった。天皇にとっては頭のあがらない老人である。それに比べて朝彦親王は、なんでも気安く相談をもちかけることの出来る存在であった。

親王もその期待によく応えた。嘉永七年（十一月二十七日に安政と改元）四月六日、皇居が炎上した。庭の梅の木にたかっていた毛虫を焼いていた火が建物の屋根に燃え移ったのだというが、このとき、親王は青蓮院からただちに徒歩で駆けつけ、下鴨《しもがも》神社に避難していた天皇を見舞い、さらには青蓮院を内親王たちの仮住まいとして提供した。機敏に動いたのである。天皇は下鴨神社から聖護院《しょうごいん》に移り、さらに桂宮《かつらのみや》邸を仮御所としたが、ここにも朝彦親王はたびたび呼ばれている。天皇の親王への信頼はますます厚かった。

「今大塔宮」

皇居炎上の三カ月ほど前の一月十六日、ペリー提督は予告どおりに軍艦七隻を率いて神奈川沖にやってきた。そして、三月三日、日本と米国の間に和親条約（神奈川条約）が締結される。ついで八月二十三日には英国との間で、さらに十二月二十一日にはロシアとの間で和親条約が締結された。激動の時代が本格的に幕を開けた。

これらの条約締結について、幕府は翌安政二（一八五五）年九月十八日、朝廷に報告した。『孝明天皇紀』には、所司代付きの都筑峯重《つづきみねしげ》が関白鷹司政通に対し、「魯西亜《ロシア》英吉利《イギリス》亜墨利加三国に薪水給与漂民撫恤《ぶじゆつ》等の条約書を付せし近状を具陳す」とある。鷹司は二十二日、所司代脇坂安宅に幕府の措置を了承した旨を伝え、脇坂はそれを早速、江戸の老中たちに報告した。江戸では水戸の前藩主徳川斉昭《なりあき》が和親条約に反対して幕政参与をいったん辞任する騒ぎなどがあったが、朝廷内ではまだ目立った反幕の動きはない。このころの天皇や公卿たちの最大の関心事は焼失した内裏が再建されたことで、九月二十一日から七日間にわたって新内裏に安鎮法が修せられた。執りおこなったのは阿闍梨《あじやり》天台座主二品尊融法親王、すなわち朝彦親王である。

このようにそれなりに安定していた朝廷と幕府の関係は、安政五年の初めあたりから急速に混乱していく。安政三年の秋ごろ、幕府は諸外国との通商、つまり開国を実行する方針をかためる。その後、紆余《うよ》曲折はあったが、安政四年十月二十一日には米国駐日総領事タウンゼンド・ハリスが江戸城で将軍家定と会見、翌五年一月十二日には日米修好通商条約交渉が妥結した。

幕府はこの間、朝廷への報告をおこたらなかった。老中になっていた前所司代の脇坂安宅や大学頭《だいがくのかみ》の林復斎《ふくさい》らをつぎつぎに京都に派遣し、開国の方針に朝廷が同意するように説得する。しかし、天皇はそれに応じなかった。一月十七日、天皇は鷹司政通に代わって関白となっていた九条尚忠《ひさただ》に書簡を送り、「夷人《いじん》願通りに相成候ては天下之一大事之上、私之代より加様之儀に相成候ては後々迄之恥之恥に候」と述べる。自分の代に開国というようなことになっては末代までの恥辱と、天皇の危機意識は深い。さらに二十五日、天皇はまた関白に書簡を送り、「異人之輩、夫《それ》を不聞入《ききいれず》候はゞ、其時は打払可然《しかるべ》哉《しゃ》と迄も於愚身は決心候事」と、外国との武力による対決さえ覚悟していると言う。

二月初め、江戸からは幕閣の実質的な最高責任者である老中堀田正睦《まさよし》（佐倉藩主）が上洛《じょうらく》し、なんとか天皇の同意を得ようとするが、天皇は、幕府は諸大名の意見を聞いて方針を再検討せよ、自分はその結果を聞いたうえで意見を決めることにすると通告する。幕府に全面的に委任していた外交に介入するとの意思をはっきりさせたわけだが、もし、自分が意見を決められないときは「伊勢神宮神慮」をうかがうこともある、とも言う。なんと最後は神頼みというわけで、これでは堀田も困惑するしかなかっただろう。結局、日米通商条約締結を朝廷に認めてもらおうとした幕府の思惑は完全に外れた。

朝彦親王も天皇の強硬な姿勢に賛成していた。『孝明天皇紀』からは、親王が天皇に近い左大臣近衛忠煕《ただひろ》、内大臣三条実万らと緊密に連絡をとり、天皇も親王を頼りにしている様子がうかがえる。幕府との協調関係を崩したくない関白九条尚忠はそのような動きに警戒心をつのらせ、親王が直接天皇に意見を上奏することを禁じ、参内も差し止めた。関白がこのような措置をとらざるをえないほど、親王の朝廷内における存在感は高まっていたということである。少し前の安政三年八月には、水戸藩士豊田小太郎が幕府を批判する建議書を親王に差し出し、そのことが攘夷《じょうい》論の最先鋒《せんぽう》である水戸藩が天皇に幕府批判をおこなったとの噂につながったこともあった（『安政の大獄』）。また、のちに西郷隆盛と薩摩《さつま》沖で入水した「勤王僧」の月照（忍向《にんこう》）なども、しきりと青蓮院に出入りしていた（『月照』）。攘夷を主張する勢力は親王を頼りになる味方と思い、「今大塔宮《いまおおとうのみや》」の異名で呼んだ。

大塔宮とは三千院門跡、天台座主から還俗《げんぞく》して鎌倉幕府と戦った後醍醐天皇の皇子護良《もりよし》親王のことである。たしかにいったんは武家方を圧倒し、華々しく活躍した皇族ではあるが、結局は足利直義《ただよし》によって鎌倉の狭い洞窟《どうくつ》の中に幽閉され殺されてしまうのだから「今大塔宮」とは縁起でもないはずだが、「勤王の志士」たちは朝彦親王をこう呼び、親王もそのことにまんざらでもなかったようだ。

そしてこのころ、開国問題と同様に、朝廷と幕府、そして有力大名を巻き込んで騒ぎとなっていたのが将軍家継嗣のことであった。病弱の将軍家定の後継者に徳川斉昭の息子の一橋慶喜《よしのぶ》を推す勢力（一橋派）と、紀州藩主徳川慶福《よしとみ》（のち家茂《いえもち》）を推す勢力（南紀派）がそれぞれ活発に動いていたが、慶喜を推す松平春嶽や島津斉彬《なりあきら》らは朝彦親王を通じて天皇への工作をおこなおうとした。慶喜を家定の継嗣にせよとの勅命を幕府に下してもらおうという目論見《もくろみ》である。春嶽の家臣の橋本左内が親王に会って熱心に説いた結果、親王も天皇への斡旋《あっせん》を約束した。春嶽や斉彬は開国派であり、武力で外国船を追い払えると考える親王とは考えを異にしているはずだが、将軍継嗣問題においては同一歩調をとった。

朝彦親王失脚

このように朝廷内のみならず、武家の政治指導者たちの間でも朝彦親王の重みは増してきた。法皇ならともかく、出家した皇族がこのような存在になったことなど史上でも稀《まれ》で、「吉野の朝廷の末」をもって自任していた親王の得意や思うべしである。しかし、それが一挙に無に帰す日がやってきた。井伊直弼《なおすけ》の幕政中枢への登場と、「安政の大獄」である。

使命を果たせなかった堀田正睦がむなしく江戸に帰った直後の安政五年四月二十三日、彦根藩主井伊直弼が幕府の大老に就任した。朝廷との融和方針に飽き足らず、将軍継嗣には徳川慶福を推す勢力のクーデタまがいの動きが成功したのである。直弼はそれまでの幕府の方針を急激に転換した。形式的に諸大名の意見を聞いたあと、六月十九日、日米通商修好条約に調印、二十三日には堀田正睦の老中職を解き、二十五日には将軍継嗣が慶福に決まったと発表、七月五日には条約調印に抗議した徳川斉昭、徳川慶恕《よしくみ》（尾張《おわり》藩主）、松平春嶽、一橋慶喜に謹慎、隠居などの処分を下した。まさに電光石火の処置である。

これが弾圧の始まりだった。天皇は怒って、八月八日、条約の無断調印と斉昭らの処分に抗議する勅諚《ちょくじょう》（戊午《ぼご》の密勅）を幕府と水戸藩に下した。幕府へならともかく、御三家とはいえ大名のひとつにすぎない水戸藩への勅諚伝達などは、大政委任の原則からしてありえないことである。幕府は反発し、勅諚を無視し、九月七日、朝彦親王のもとにもしばしば出入りしていた小浜《おばま》藩士梅田雲浜《うんぴん》を、京で捕らえたのを皮切りに、反幕派の宮家や公卿たちの家臣、さらには幕臣をふくむ武士、僧侶《そうりょ》、町人などを捕らえ、処罰した。罰せられたものは六十九名（死罪八名）、そのなかには、朝彦親王に仕えていた伊《い》丹《たみ》重賢（明治になって元老院議官など）もいた。

そして、年が安政六年にかわると、幕府の追及の手は朝廷の首脳たちにもおよんだ。二月五日、所司代酒井忠義《ただあき》（小浜藩主）は関白九条尚忠に会い、朝彦親王以下、大臣、大納言らの処分案を提示した。処分の理由は「水府荷担」、つまり徳川（水戸）斉昭と謀って幕府に逆らったということである。翌日、天皇はあわてて先に水戸藩に下した勅諚を返還せよと命じたが、すでに手遅れであった。十七日、天皇はつぎのような処分を命じざるをえなくなる。

座主宮（朝彦親王）　慎
一条内大臣（忠香）　慎十日
二条大納言（斉敬《なりゆき》）　慎十日
久我《こが》右大将（建通）　慎五日
広橋前大納言（光成）　慎五日
万里小路《までのこうじ》前大納言（正房）　慎三十日

正親町《おおぎまち》三条中納言（実愛《さねなる》）　慎十日
大原三位（重徳《しげとみ》）　慎五十日

関白を通じて朝彦親王に渡された書付には、「昨年来、関東御間柄にも相拘り候不容易《ようい》御心得違有之《ならざるおこころちがいこれあり》、関東より申来候儀も有之候間、御慎可有之」とあった（『孝明天皇紀』）。もちろん、親王の処分は天皇の本意ではないが、幕府の強硬な態度の前には天皇もどうしようもない。

幕府は以前から朝彦親王を警戒していたが、梅田雲浜などを取り調べた結果、「勤王の志士」たちと親王の交流が密接だったことをあらためて確認した。そして、単なる慎（謹慎）処分だけではすまさず、さらに追い討ちをかける。十二月七日、朝廷にはたらきかけて、親王を「退隠、永蟄居《えいちっきょ》」とさせるのである。

このとき京都所司代が朝廷に送った書状には、「青蓮院宮御事年来御身持不宜《おみもちよろしからず》」と「罪状」が記されている。「御身持宜しからず」とは、具体的には親王が奈良一乗院にいたとき、仕えていた岡村左近というものの娘に女児を産ませたということを指す。前述のように奈良時代の親王は「容儀よろしき若衆」も近づけないと川路聖謨などは心配していたのだが、なんのことはない、女性は近づけていたわけだ。それにしても何年も前の不行跡を執拗《しつよう》にほじくりかえした幕府のやり口はなんともあざとい。とはいえ、不犯《ふぼん》を建前とする門跡が子供をつくっていいわけもない。まさに幕府は処分の絶好の口実を

免されるまでの二年余り、親王は失意の日々を送ることとなった。

三月十八日に万延と改元、さらに万延二年二月十九日に文久と改元）年四月三十日に赦

軒に移って謹慎する。通称も獅子王院宮と変わる。以後、文久二（一八六二。安政七年

十二月十一日、破戒僧の烙印《らくいん》をおされた朝彦親王は、青蓮院を出て相国寺《しょうこくじ》の塔頭《たっちゅう》桂芳

見つけたのだ。

復権と「八月十八日政変」

朝彦親王が復権したのは、安政七年三月三日、井伊直弼が江戸城桜田門外で水戸浪士らによって殺され、それをきっかけに朝廷と幕府の関係が改善に向かったからである。

直弼暗殺直後の万延元年四月、幕府は孝明天皇の妹親子《ちかこ》内親王（和宮《かずのみや》）の将軍家茂への降嫁を願う。天皇は内親王が有栖川宮熾仁《たるひと》親王と婚約していること、さらに関東への下向をいやがっていることなどから難色を示したが、結局、攘夷の実行などの条件をつけてこれを許す。三代家光以後の徳川将軍の正室は伏見宮家や摂関家から来ることが常であった。霊元天皇の皇女吉子《よしこ》内親王が七代将軍家継《いえつぐ》に嫁することが内定したことがあったが、家継の死去で実現しなかったから、皇女と将軍の結婚は史上初めての出来事となる。当然、尊攘派からは激しい反対の声があがり、降嫁を願った老中安藤信行が坂下門外で水戸浪士らに襲われて負傷するといった出来事もあったが、文久二年四月七日、和宮の降嫁は「公武一致外患掃攘」を願う天皇の意思によるものだとの諭告が出される。

天皇は公武合体と攘夷路線の堅持をあらためて示したわけである。いっこうに攘夷《じょうい》をおこなわない幕府に天皇は腹を立ててはいたが、攘夷願望もそもそもは変化を激しく嫌う心情から発したものだから、幕府を倒し、何百年来の武家への大政委任をやめて日本を変革したいなどとはまったく考えない。幕府が折れてきた以上は仲良くしたいのである。

幕府の勢いが衰えるのとは反対に京で一気に存在感を増してきたのは、長州藩と薩摩藩だった。両藩の動きをごくおおざっぱにまとめれば、長州は三条実美らの急進的な公卿と結んで幕府との対決も辞さない尊王攘夷路線を突っ走り、薩摩は朝廷と幕府の改革を断行したうえでの公武合体路線を主導しようとする、ということになる。天皇が自分の意思に添ってくれる薩摩を頼りにするようになるのは当然である。

文久二年四月十六日、薩摩藩主島津茂久《もちひさ》（のち忠義）の実父久光が兵一千名を率いて上洛《じょうらく》した。久光は斉彬の異腹の弟で薩摩の事実上の最高権力者である。久光は西南諸藩の浪士たちが京、大坂に集まりしきりに尊攘を唱えることを警戒せよと上奏し、二十三日には挙兵を企て伏見の寺田屋に集まっていた自藩の過激派らを討たせる（寺田屋騒動）。同時に久光はさきに幕府によっておこなわれた朝彦親王や公卿たちの処分を解くことを申し入れた。かくして四月三十日、朝彦親王は永蟄居を許され、翌日、相国寺桂芳軒から青蓮院に戻る。『孝明天皇紀』に引用されている宮中の女官の日記「長橋局記」によれば、親王が参内して久しぶりに天皇と会ったのは六月六日である。「長橋局記」には、「是よりしてこれ迄の御とをりに成せられ候」とある。

処分が解かれてからの朝彦親王の威勢の回復ぶりは目ざましい。文久二年十二月九日には、関白、左大臣、右大臣らとともに朝廷に新設された国事御用掛の職に任命される。名実ともに朝廷中枢に席を占めたのである。

このころ、のちに新撰《しんせん》組に暗殺された長州の杉山松助が国元にいた山県有朋にあてた手紙に、「廷議は所詮《しょせん》弱に失し候憂にて候、唯々青門様（原注・青蓮院宮なり）余程の御聡明《そうめい》、且御仁恵の程追々伝承仕候、益々御蓄髪等も往々相論候処に御坐候」とある（山県述『懐旧記事』）。尊攘派が復権した親王につよい期待を寄せていたことがうかがえるが、同時に注目すべきは、「御蓄髪」云々《うんぬん》の一節である。親王が髪を蓄える、すなわち法体を脱するとの噂がささやかれていたことがわかる。そして、この噂は現実のものとなった。翌文久三年一月二十八日、天皇は親王に還俗《げんぞく》せよとの内勅をあたえたのである。

親王還俗のきっかけをつくったのは尊攘派ではなく、これも復権を遂げ、将軍後見職となった一橋慶喜であった。慶喜は上洛し、活発な政治工作をくりひろげ、朝彦親王ともしきりと接触していた。「今大塔宮」と持ち上げられていた親王だが、孝明天皇と同様に、攘夷はともかく幕府を倒そうなどとは考えていない。慶喜にしてみれば、長州や尊攘派の公家たちと対抗するためには是非とも味方にしなければならない存在である。

そこで、天皇に親王の還俗を申し入れた。

天皇から諮問を受けた関白や大臣たちは、「未曾有《みぞう》之事不可然《しかるべからず》。是又《これまた》如何様大変出来《しゅったい》難計《はかりがたし》」と反対した（『孝明天皇紀』）。しかし、天皇は慶喜の勧めをいれた。先例をなによりも重んじる天皇が、このような異例中の異例のことを承知したのは不思議だが、もしかしたら朝彦親王自身の強い希望があったのかもしれない。いずれにしろ、二月十七日、親王は還俗し、中川宮の称号をあたえられた。住まいの前を中川という川が流れていたことによるという。

当時の京では長州藩を筆頭とする尊攘派の勢力が日に日に増大していた。二月二十二日には浪士たちが等持院にあった足利尊氏《たかうじ》らの木像の首を取り、三条河原にさらすという椿事《ちんじ》も起きた。このとき、京に上っていた山県有朋は、この浪士たちが捕らえられたのを聞き、黒谷の金戒光明寺《こんかいこうみょうじ》にあった会津《あいづ》藩本陣に出かけ、助命の嘆願書を提出している（『懐旧記事』）。この前後、山県はたびたび上洛しているが、情勢が尊攘派にとって有利に進むかのように見えるなか、まだ志士としては軽輩だった山県も、活発に行動していたのである。もちろん、このころの山県は朝彦親王を味方と思っていた。

幕府も朝廷との融和方針をいっそう強め、三月四日には将軍家茂《ぐ》が上洛し、七日には参内、十一日には攘夷祈願のために下鴨神社に参拝した天皇に供奉した。何度もいうように、天皇には幕府と決定的に対立する考えはまったくないが、尊攘派は将軍が目に見える形で天皇への臣従の再確認と攘夷断行の約束をおこなったと受け取る。家茂は四月十一日の天皇の石清水《いわしみず》八幡宮参拝への供奉は病気を理由になんとか断ったが、その一週間後、天皇の面前で五月十日を期限とする攘夷の実行を約束させられてしまう。天皇は攘夷に固執することで、自らの意思にも反して将軍を窮地に追い込んでしまうのである。一橋慶喜も、前年十二月以来、京都守護職として在京していた会津藩主松平容保《かたもり》も、表立ってはなにも出来ない。

大喜びしたのは尊攘派である。長州藩は将軍の約束に悪乗りした形で、五月十日、下関海峡を通過していた米国の商船を砲撃する。朝廷内でも三条実美らの急進派公卿が策動して、八月十三日、天皇が大和に行幸し、神武天皇陵、春日《かすが》神社に攘夷を祈願し、さらに自ら討幕と攘夷のために軍をひきいること（親征）を議するとの詔《みことのり》が発せられた。まさにあれよあれよという間の急進路線への突進であった。

ところが、これが一朝にしてくつがえる。詔が発せられてからわずか五日後の八月十八日、大和行幸は中止となり、長州勢は御所警衛の任を解かれて京から追放され、三条、東久世通禧ら七人の尊攘派公家も長州目指して落ちていった（七卿落ち）。「八月十八日政変」と呼ばれるこのクーデタを、会津、薩摩らにかつがれるようにして主導したのが朝彦親王であった。

『孝明天皇紀』には朝彦親王の事件についての回顧談（「久邇宮親話聞書」）が収録されている。それによれば、孝明天皇は尊攘派の公家たちに押されてやむをえず大和行幸、親征の詔を発したが、一橋慶喜や松平容保から、現在の日本の武力では攘夷は時期尚早との上奏があった。天皇はいま幕府と事をかまえると、江戸にいる和宮に累がおよぶことになると心配し、朝彦親王になんとかせよと命じたので、親王は、尊攘派の公卿や大名がいかに幕府との対決を主張しても「朝彦命脈之在る限りは其説を斥《しりぞ》け佐幕之議を唱へん事を言上」したという。また、天皇はすでに四月二十二日の段階で、親王に対して「三条などの過激派を島津久光と協力して抑えよ」と密《ひそ》かに命じていたというから（『孝明天皇紀』『明治天皇紀』）、親王の心構えは万全だったことになる。

松平春嶽の政治行動を記録するために編まれた『続再夢紀事』によれば、会津、薩摩と相談して長州や過激派の公家を追い払う策をめぐらした親王は、八月十六日早朝に参内し、天皇の許しを得て一挙に事を運ぼうとした。ところが天皇はまだ寝ており、起きてからも持病の痔《じ》のために用足しが長引いたので、親王はこの日の決行は諦《あきら》め、右大臣二条斉敬《なりゆき》、前関白近衛忠など自派の公卿たちと図って十七日夜から十八日早暁にかけて決起することとした。そして、八月十八日未明、参内した親王は、守護職松平容保、所司代稲葉正邦（淀藩主）や在京の諸藩に御所の諸門の警護を命じ、尊攘派公卿や長州藩士の皇居内への参入を禁じた。不意をつかれた長州勢や三条実美らはなすすべがなかった。

孝明天皇の大和行幸決定が本当に天皇の意思に反したものなのかどうかなど、「八月十八日政変」にいたる経緯については謎も多いが（「文久三年八月十八日政変に関する一考察」）、クーデタの主役を演じたのが朝彦親王であったことはまぎれもない事実であった。天皇は親王と二条斉敬、近衛忠熈に、「望通りに忌むべき輩《やから》を取退け、深々悦入り候事に候」との宸翰《しんかん》を与える。親王はあらためて朝廷の公武合体派の中心人物と位置付けられたのである。そして、このことが親王の以後の運命を決定づけた。

皇位簒奪の疑いと王政復古

八月二十七日、親王は元服し、天皇から朝彦という名前をもらう。正式にはここからが朝彦親王である。さらに弾正尹《だんじょういん》（弾正台の長官）に任ぜられた。そのため、尹宮《いんのみや》とも俗称され、さらにしばらく後だが、引っ越した邸宅の庭にあった栢《かや》の巨木にちなんで中川宮から賀陽宮に改称する。いうまでもなく元服とは男子が成人したことを示す儀式であり、十歳代半ばあたりでおこなうのが普通であった。親王はこのとき四十歳。まさに異例だが、半年前までは俗人とちがい元服をおこなわない僧侶だったのだからやむをえない。還俗から半年かかったのは髪が伸びるのを待っていたためか。

かくして朝彦親王にはまさに「わが世の春」が到来したのだが、同時にそれは親王が長州を始めとする尊攘派の憎しみを一身にあつめる原因ともなった。その結果、吹き出したのが、親王が皇位を簒奪《さんだつ》しようとしているとの噂であった。

親王の元服から二ヵ月後の十月末に祇園《ぎおん》社と北野天満宮、それに下立売《しもだちうり》御門の三ヵ所に貼り出された親王攻撃の文書の写しが『孝明天皇紀』におさめられている。「中川弾正尹宮、昨年来、天朝之御厚恩を蒙《こうむ》り禁錮《きんこ》被免《まぬがれ》、出格之思食《おぼしめし》を以て俗親王に御取立に相成候も全く天朝之御恩に御座候。然上《しかるうえ》は身命を擲《なげう》ち、皇国之為、天朝之為に正忠を可尽人情に御座候処、無其儀奸吏《かんり》会津に与《くみ》し、去る八月十八日之大変を引起候段、不埒《ふらち》之事に御座候」と始まるこの文書は、「弾正尹、元来利欲に迷ひ、会津に与し奸邪を働而已《のみ》ならず、八幡（石清水八幡宮）に於て律僧忍海と申者を頼み、厚く贈物等致し、主上を呪詛《じゅそ》し奉る」との衝撃的な「事実」を暴露する。

忍海は朝彦親王が奈良一乗院にいたときから懇意にしていた僧侶だが、この文書によれば、「忍海、薩人に欺かれ、密事一々相語り、其上、証拠迄被取、其身は殺され」てしまう。『孝明天皇紀』編者の「按《あん》」（解説）によれば、忍海が殺されたというのは本当であり、親王が彼に帝位に登るための呪詛を頼んでいたとの噂は、方々にひろまっていたという。そしてそれはついに孝明天皇の耳にも入った。天皇は親王に、「尹宮も予腹は十分御見ぬき、於予《よにおいても》も尹宮の心底はみぬき候つもり、真実之連枝《れんし》と存候に、左様之姦《かん》策《さく》がまに合候ては実に大変故、決而《けして》決而疑心無之《ぎしんこれなく》、不相変《あいかわらず》附合有之度候事」との宸翰《しんかん》を送った。噂を無視せずに、このようなことを書き送ってしまうところに天皇の内心の動揺があらわれている。

宸翰をもらった親王は一橋慶喜などに相談した。おどろいた慶喜は、伊達宗城《むねなり》（前宇和島藩主）、松平春嶽、松平容保と図って、薩摩などとともに親王への嫌疑は事実無根であるとの上書を天皇に差し出すことにした。せっかく長州や過激派の公家たちを京から駆逐したのに、ここで天皇と朝彦親王が対立したりしたらすべては水泡に帰すから、慶喜たちも必死だった。上書には慶喜、宗城、春嶽、容保以外に黒田長溥《ながひろ》（福岡藩主）、稲葉正邦、島津久光、細川護久《もりひさ》（熊本藩主の弟）、長岡護美《もりよし》（同）の名がならぶ。公武合体派大物の勢ぞろいである。

もっとも、このようなひとびとが皆、親王を全面的に信用していたかというと、これがそうではなかった。松平春嶽は明治初めに書いた『逸事史補』のなかで、「中川宮は是又攘夷を好む名目にして、真に好むにあらず、公武合体を専一と被相考《あいかんがえられ》、公武合体さへすれば、攘夷でもよろしく、又外交あつてもよろしく、何分公武合一が第一と毎度被《もう》中《され》たり。何分中川宮は、徳川の威勢を盛んにするの目的なるべし。徳川の威勢を借て、何ぞ無比の希望ありしやと想像されし」と回想している。「無比の希望」とは皇位に登ることであろう。また、巷《ちまた》には親王が天皇を退位に追い込んで天皇の姉で桂宮を継いでいた淑子《すみこ》内親王に譲位させ、自分が桂宮家に入ってその後見人たらんと画策しているとの噂も流れた（『維新回天史の一面』）。

親王が皇位に即《つ》くとしたら、天皇を殺すか、むりやり譲位させるかしかなく、親王がこのような非現実的なことを考えていたとは思えないが、春嶽のように親王に疑いの目を向けるものがいたのも事実である。つまりは、それほど京都朝廷に於ける朝彦親王の威勢は巨大なものになっていたということであろう。

翌文久四年二月二十日、改元がおこなわれ元治元（一八六四）年となる。三月二十七日、水戸の武田耕雲斎挙兵（「天狗《てんぐ》党の乱」の始まり）、六月五日、京の旅館池田屋で新撰組が宮部鼎蔵《ていぞう》、吉田稔麿《としまろ》などの朝彦親王暗殺もたくらんでいた「志士」たちを襲い（池田屋事件）、七月十九日、失地回復を図った長州勢が京に攻め寄せるが惨敗（「禁門の変」）、七月二十四日、将軍家茂は長州征伐を諸藩に命じた（第一次長州征伐）。そして、八月五日には米英仏蘭四ヵ国の艦隊が下関を攻撃、長州は四ヵ国と講和し、従来の攘夷路線を転換することになる。時代は激動に激動を重ねた。

　このころの朝彦親王の日記を見ると、親王のもとには、当時、大島吉之助と名乗っていた西郷隆盛など、薩摩、会津を始めとする諸藩の実力者たちがひんぱんに訪れている。また、諸大名はさまざまの口実で挨拶《あいさつ》の使者を寄越し、そのたびに金品がもたらされる。それどころか、親王邸には薩摩、会津の家臣たちが常駐し、家政の運営にもあたっていた。親王家の石高は千五百石だったが、親王の生活ぶりが派手だったため、それではとても間に合わず、薩摩、会津が赤字を補塡《ほてん》していた。会津藩から派遣されていた倉沢右兵衛という藩士などはそれに音をあげて、辞職を願い出たほどだったという（『孝明天皇と「一会桑」』）。親王自身がどう考えていたかはともかく、よそ目からは権勢に驕《おご》っているように見えたであろう。

　しかし、時の流れは急である。攘夷方針を転換した長州は薩摩と急接近し、幕府が命じた第二次長州征伐は薩摩などの有力諸藩が傍観し、また、将軍家茂の急逝を機に一橋慶喜が日和《ひよ》った結果、長州の実質的な勝利に終わる（慶応二〈一八六六〉年九月。元治二年四月七日に慶応と改元）。政局の風向きはあきらかに朝彦親王には不利な方向に変わりつつあった。そして、長州の勝利が確定的になっていた慶応二年八月三十日、中御《なかのみ》門《かど》経之《つねゆき》、大原重徳《しげとみ》ら二十二人の公卿《くぎょう》がそろって参内し、朝彦親王と関白二条斉敬を弾劾《だんがい》した。親王らによって抑えつけられていた対幕強硬派の逆襲が始まったのである。『朝彦親王日記』同日条によれば、参内した公卿たちの何人かは「着込みに身を固め」ていた。衣の下に防具をつけていたという意味である。彼らも決死の覚悟だったのだ。親王は日記に、「扨々《さてさて》虎口を逃れ候事」と記す。

親王は国事御用掛の辞表を提出する。これは認められなかったが、朝廷内に於《お》ける親王の力は急速に衰えていく。そして、この年の十二月二十五日、親王の最大の後ろ盾であった孝明天皇が急逝した。周知のように暗殺との噂もあったが、真相は今に至るも不明である。翌慶応三年一月九日、睦仁親王践祚《せんそ》。孝明天皇によって退けられていた有栖川宮熾仁親王や中山忠能《ただやす》などの公卿の参内が許され、さらには倒幕派の黒幕だった岩倉具視までが復権する。十月十四日、ついに将軍徳川慶喜は大政を朝廷に奉還、その後も紆余《うよ》曲折はあったが、十二月九日、王政復古の大号令が発せられ、その夜の小御所会議において岩倉具視らの謀略が勝ちを制し、慶喜に官位辞退と領地返上を命ずることが決まった。

王政復古にともない、従来の摂政、関白、征夷《せいい》大将軍、国事御用掛などの職は廃止され、総裁、議定《ぎじょう》、参与の三職が置かれた。朝彦親王も免職となり、参内が禁じられた。総裁に任じられたのは有栖川宮熾仁親王、議定には朝彦親王の異母兄弟である仁和寺宮純仁《すみひと》親王（のちの小松宮彰仁《あきひと》親王）、山階宮晃《あきら》親王が加わった。いずれも朝彦親王全盛期には影の薄かった皇族たちである。公武合体派の公卿たちも一掃され、岩倉具視や亡命先の太宰府《だざいふ》から帰京した三条実美らが議定などの職についた。人事面においてもクーデタは完全に成功した。

もっとも、このときに朝彦親王と同じく免職、参内停止とされた公卿たちが、それ以上の重い処罰を受けたということはない。鳥羽・伏見に始まり、越後《えちご》、奥羽を中心とする内戦（戊辰《ぼしん》戦争）は一年半弱にわたって続くが、京都朝廷で公武合体派の公卿たちの身の上に異変はなかった。ところが、一人だけ例外がいた。ほかならぬ朝彦親王である。

流罪と赦免

慶応四年八月十六日、議定徳大寺実則《さねつね》、刑法官知事大原重徳、刑法官判事中島錫胤《ますたね》らが朝彦親王を訪ねた。親王邸がこの日の明け方から広島藩兵によって囲まれていたことからも分かるように、ただの訪問ではない。実則らは親王に、徳川慶喜と謀って幕府再興を企てたことはないかと糾問するためにやってきたのである。

親王が幕府再興を企てた、つまり朝廷への謀反《むほん》をたくらんだというのは本当なのか。勅命によって編まれた岩倉具視の公的な伝記『岩倉公実記』編纂《へんさん》の際の資料のひとつである「賀陽宮御不審一件」（国会図書館憲政資料室所蔵「岩倉具視関係文書」）によると、幕府再興を企てた元高家の前田播磨守《はりまのかみ》と称する男を捕らえて取り調べたところ、前田は朝彦親王の家臣浦野兵庫を通じて親王に近づき、親王から幕府再興への協力をほのめかす文書をもらったということになっている。徳大寺や大原はこの文書を証拠として謀反の意図があったのではないかと親王を糾《ただ》した。

親王は嫌疑を全面的に否定した。前出の東久世通禧『竹亭回顧録　維新前後』に引用されている中島錫胤の談話によると、文書の筆跡も、また文書に押してあった手形も親王のものとはちがっていたから、徳大寺らは簡単に論破されてしまったという。嫌疑を立証することはできなかったのである。困った徳大寺らは、同行した役人を急いで岩倉具視のところに行かせて相談した。すると岩倉は、「とやかく詮議などせず、とにかく広島藩にお預けと申し渡せばいいのだ」と怒り、「あの御方が居ては御維新の邪魔になる」と言ったきり沈黙してしまった。要するになにがなんでも親王を罪に落とせと示唆したのである。

朝廷の最高実力者の意図を察した大原重徳は親王に、「殿下が京にいらっしゃるのは朝廷のためにならない」と言った。謀反が事実かどうかは関係ないということである。ずいぶん理不尽な話だが、ここまで言われれば親王も理屈で対抗してもはじまらないと観念したのだろう、京を去ることを承知した。湯漬け二杯を急いで食べて、玄関で待っていた広島藩が用意した駕籠《かご》に乗り込む。駕籠には青い網がかけられていた。すでに罪人のあつかいである。親王は二品の位と親王、弾正尹の称号を剝奪《はくだつ》され、仁孝天皇養子の資格も停止されて、朝彦王として即日、広島に下った。

明治三十六年に完成した『岩倉公実記』には、朝彦親王の謀反は事実として記されている。また、明治十二、三年ごろの小学校の教科書には「中川宮不軌を謀り広島に配流」とあったそうだ。つまり、明治のある時期までは、親王謀反の事実は公に認定されたことだったのである。しかし、昭和、つまり親王の孫良子女王の夫である裕仁親王が天皇となった時代になると風向きが変わった。昭和二年に『岩倉公実記』が復刻された際、親王謀反についての記事は全部削除された。また、昭和八年に完成した『明治天皇紀』の慶応四（明治元）年八月十六日条には、「（朝彦親王は）先帝崩御後、廷議遺詔に悖《もと》る所多しと為し、心中常に新政を懌《よろこ》ばざるを以て、朝廷の忌む所となりしなるべし」と記されている。要するに親王の不満分子ぶりが新政権にうとまれ、それが謀反のでっちあげに結びついたとほのめかしているのである。

これを時の皇后の祖父を謀反人にするわけにはいかないが故の政治的配慮、と解釈することも可能だが、しかし、やはり朝彦親王謀反の一件は、岩倉具視をはじめとする新政府首脳たちの捏造《ねつぞう》と見るのが合理的だろう。もし、徳川慶喜と組んだ幕府再興の陰謀があったとしたら、親王だけではなく慶喜も処罰されていなければならないはずだが、そのようなことはなかった。岩倉たちはなりふりかまわぬ挙に出たのである。そして、その裏には「八月十八日政変」で親王に痛い目にあわされた長州や尊攘派公卿たちの深い怨念《おんねん》があったことも容易に想像できる。朝彦親王は高い代償を払わされたのだが、このことが数十年もあとの宮中某重大事件、朝融王事件にまで長い影を差しかけることになる。

親王が広島に下った慶応四年八月十六日の一週間後の二十三日に、新政府軍は前京都守護職松平容保が立てこもる会津若松城を囲んだ。一ヵ月の籠城戦の末、九月二十二日、容保は降伏した。その間、八月二十七日には天皇の即位の礼がおこなわれ、九月八日、明治があたらしい元号と定められた。そして、天皇は九月二十日、東京に出発する。内戦は翌明治二年五月十八日の五稜郭《ごりようかく》開城まで続くが、すでに歴史の針は戻しようもない。朝彦親王の広島流謫《るたく》は、それを象徴する出来事であった。

京を去るとき、親王はつぎの歌を詠んだ。武人のような性格であったが、王朝のみやびは身についているのである。

あだしのゝ草葉の上の露の身とおもへどいとゝ袖《そで》しぼるなり
あだしのゝ露ともきえんこの身をばしばしながろうあきの宮島

親王は瀬戸内海を通って八月二十一日に安芸国《あきのくに》に上陸した。広島城内の一室で蟄居《ちつきよ》させられたが、かつて親王がなぞらえられた大塔宮護良親王のように狭い場所に幽閉されていたわけではない。皇族としての身分は保証され、新政府から二千両の手当も支給された。しかし、厳重に監視された罪人の身であることに違いはない。親王を最も恨んでいる長州藩の隣の広島という場所も、薄気味悪かったであろう。この間の日記には、京に残した子供や侍妾《じしよう》たちに会った夢を見たなどの記述もあって哀れである。

もっとも、親王が許される時が来るのは案外早かった。明治二年三月六日、天皇の特

京都追放からわずか七ヵ月弱。謀反をたくらんだ罪人に対するものとしては甘い処置で、これも親王が冤罪《えんざい》をこうむったと考える根拠のひとつである。罪一等を減じられるとともに現米三百石も支給される。当時、中級の公卿らに保証された家禄《かろく》の高よりもやや多い石高である。厚遇とはいえないが、なにはともあれ禄を与えられたのだから冷遇ではない。しかし、新政府は親王が広島を離れることはまだ許さなかった。

親王が広島から京都に戻ることを許されたのは明治三年閏《うるう》十月二十日である。『明治天皇紀』によると、親王は広島藩知事（明治二年六月十七日、版籍奉還）浅野長勲《ながこと》や右大臣三条実美に、無実の罪を着せられたことを訴える書を送ったという。浅野はともかく、三条はかつての仇敵《きゅうてき》である。そんな人物に哀れみを乞《こ》わなければならない親王の心中は察するに余りあるが、結局、それが功を奏し、京都帰還となった。広島藩兵に護衛されて父親の伏見宮邦家親王邸に入ったのは十二月五日。待望の帰洛であったが、政府は親王に依然として謹慎を命じ、他人との面会を禁じた。『明治天皇紀』には、「朝廷、尚其の人心に影響する所尠《すくな》からざらんことを慮《おそ》る、仍《よ》りて同月八日、更に邦家親王に命じ、王をして謹慎して他人に面会せしむることなからしむ」（明治三年閏十月二十日条）とある。もはや新政府に親王への強い警戒心があったとも思えないが、やはりいったん謀反の嫌疑をかけた以上は、そう簡単にまったく自由の身にするわけにはいかなかったのであろう。

結局、親王が完全に謹慎を解かれたのは明治五年一月六日であった。この日、戊辰戦争において「朝敵」となった松平容保、松平定敬《さだあき》（旧桑名藩主、京都所司代。容保の実弟）、榎本武揚《たけあき》らも赦免された。いわば戦後処理の終了である。親王は宮の称号を許され、処分前よりは一段下がったとはいえ、三品に叙せられた。もっとも独立の宮家を立てることはできず、身分はあくまでも伏見宮家の家族であり、仁孝天皇養子、親王に復するのは明治八年五月八日まで待たなければならない。かつては皇族中の花形だった朝彦親王も、並の皇族として新時代を送ることになった。

京都居住

明治五年二月二十三日、朝彦親王は天皇に赦免の礼を言うために東京に着いた。二十九日、すこし遅れて東京にやってきた伏見宮貞愛親王とともに参内し、天皇に拝謁した。貞愛親王は安政五年に生まれた朝彦親王の異母弟で、伏見宮家の嗣子である。のちに孫の知子女王が朝彦親王の孫朝融王と結婚したことは前章で述べた。

明治二年六月十七日、それまで公卿《くぎょう》、諸侯（大名）と称されていたものたちが、まとめて華族となった。そして、三年十一月二十日、そのなかの武家華族（旧諸侯）たちに東京に住むことが命じられた。公卿だった華族や皇族にはそのような命令は出なかったが、なるべくなら彼らも東京に住まわせたいと新政府は考えていた。老齢の元公卿らの中には、たとえば元関白近衛忠のように東京移住を渋るものもいたが、新政府の役職に就いたり、宮中ではたらくことになった華族たちは否応なしに東京に住むことになる。多くの華族がつぎつぎに東京に引っ越し、都心に邸宅を構えた。

皇族たちも同様で、有栖川宮熾仁親王はすでに明治二年十一月から東京に住んでおり、仁和寺宮嘉彰親王らも続いた。伏見宮貞愛親王が上京したのも東京移住の内命が下ったためである。貞愛親王はそのまま東京に残り、明治五年四月十日、老齢の父邦家親王から伏見宮家の家督を継ぐ。朝彦親王も形のうえでは三十歳以上年下の貞愛親王の家族の一員ということになった。

そして七月になると、朝彦親王にも東京に住むようにとの内命があった。親王はこれを受けて、京都にいる家族を連れてくるための五十日間の猶予を願い、七月七日、京都に帰った。親王は生涯、正妃をもたなかったが、父邦家親王に似て子沢山で、例の一乗院時代の子供を除いても、このときまでに七人の子女を複数の女性に産ませていた。第一子（女児）、第二子（男児）は夭折《ようせつ》したが、邦憲王（慶応三年生、のちの賀陽宮）、栄《さか》子《こ》女王（明治元年生）、安喜子《あきこ》女王（明治三年生）、飛呂子《ひろこ》女王（明治四年生）、晴子女王（明治五年生）は無事に育ち、京都で暮らしていた。親王はそれらの子供たちを連れに行くと言って、京都に戻っていったのである。

ところが、親王はそのまま京都にとどまり、子供たちも東京に来ることはなかった。五十日の猶予期間が終わるとその延長を願い、さらに十月十二日、病を養うためという名目で、京都に残ることを願い出て許されたのである。皇族を東京に住まわせるとの新政府の方針に変わりはない。現に十月九日には山階宮晃親王が京都から東京に移っている。朝彦親王の異母兄晃親王はすでに五十七歳になっていたが、天皇のいる土地に引っ越したのである。新時代の皇族としては自然な行為であろうが、朝彦親王はそれにならわなかった。なぜだろうか。

やや後の明治十二年春のことだが、親王は神道教導職管長への就任を求められた。その際、親王は東京に住まなくてもいいのなら引き受けると答え、それを断られたために就任しなかった(『明治天皇紀』明治十二年四月二十三日条)。やはり親王は自分を罪に陥れ、広島に流した岩倉具視や薩長が牛耳る新政府のお膝元である東京で暮らすことを快しとしなかったのであろう。このときも天皇の内命にいったんは従うふりをしたが、病気治療という名目でそれを拒否したとみるのが妥当だ。では、新政府はどうして親王のそのような行動を許したのか。病を養うといっても、毎年のように子供を産ませている人物がそれほど重病だということはありえない。それに親王は京都と東京の往復の長い旅をしているのである。仮に健康がすぐれないとしても、もう一度東京に出てきて、そこで療養生活を送ることもできないほどの状態だとは考えられない。新政府は親王のウソを簡単に見抜いたはずである。

それでも京都居住を認めたのは、新政府の首脳たちに親王を厄介払いしたいとの気持ちがあったからだろう。往時の権勢はまったく失っているとしても、依然として皇族は皇族である。不平分子が親王の周囲に集まるようなことは万が一にもないとしても、罪を許した以上は、東京にいれば政府や軍の要職に就けざるをえない。すでに東京に定住している有栖川宮熾仁親王は兵部卿、福岡県令、仁和寺宮嘉彰親王は兵部卿、山階宮晃親王は治部卿と、名目的なものではあっても要職にあるのだから、朝彦親王だけが例外というわけにはいかないだろう。伏見宮貞愛親王はフランス語を学ぶようにとの勅命を受けて中学校に入り、北白川宮能久親王（輪王寺宮。朝彦親王の異母弟）はドイツに留学したが、二人とも十代、二十代の若さだからそれが出来るので、四十代も半ばの朝彦親王にいまさら外国語を学ばせたり留学させたりするわけにもいかない。結局、親王が東京に住まないことは、新政府にとっても好都合であった。ここでは、親王と新政府の利害は一致したのである。

久邇宮家と「差別」

このようにして朝彦親王は家族とともに京都に住むことになったが、親王の末子（明治二十年十二月三日生）で、皇族として最初で最後の総理大臣だった東久邇宮稔彦《なるひこ》王は、昭和二十二年に刊行した『私の記録』でつぎのように回顧している。

「（朝彦親王は広島流謫から）許されて京都に帰り、皇族としての地位は与えられていたけれども、他の皇族との間に差別ある待遇を受け、そのため私の家は非常に貧乏になり、私ら子供達は、自分の家に居ることが出来ず、皆別れ別れに人の家にあずけられて育てられた。私は、子供心に、このことが身にしみ、将来、決して政治に関与すまいという考えを持ってきた」

要約すれば、京都での朝彦親王一家は差別待遇による貧困のために一家離散の生活を送らざるをえなかったということである。これは本当なのか。

『明治天皇紀』によると、明治六年七月三十一日、それまでの各宮家への給与米が廃止され、それに代わって年金（賄料）が支給されることになった。主な宮家への支給金額はつぎのとおりである（括弧内は当主）。

有栖川宮（熾仁親王）伏見宮（貞愛親王）閑院宮（載仁《ことひと》親王）六千六十円
東伏見宮（彰仁親王）山階宮（晃親王）北白川宮（能久親王）梨本宮（守脩《もりおさ》親王）華《か》頂宮《ちょうのみや》（博経親王）四千六百五十二円

六千六十円と四千六百五十二円の二通りであるが、江戸時代からあった宮家は前者、明治になって立てられた宮家は後者という具合に差がついている。そして、このとき朝彦親王に支給された年金は、新しい宮家へのそれよりもさらに少ない千五百円であった。

上記の宮家の当主のうち、熾仁親王以外はすべて伏見宮家の出である。守脩親王は伏見宮邦家親王の弟、そしてそれ以外は邦家親王の王子、つまり朝彦親王の兄弟である。

年金額だけを見れば、たしかに朝彦親王は兄弟たちとも差別されていたということになる。しかし、言うまでもなく、このような比較は意味がない。兄弟の各親王は独立した宮家の戸主であるのに対して、朝彦親王はあくまでも伏見宮家の家族、言ってみれば「部屋住み」にすぎないからである。親王は自分の希望で京都に在住し、実質的には一家の主人として生活しているが、それは本人の勝手で、独立した宮家の戸主と同じ待遇を受けられないのはやむをえないのである。それをもって差別とするのは理屈にあわない。そして、明治七年四月三十日、「費用多端なるを以て」（『明治天皇紀』）、年金は千円増額されて二千五百円となった。差別どころか、それなりの配慮を受けていたのである。

さらに同年十一月二十日、下立売御門内の親子内親王（和宮）旧宅のうち、三千坪の土地と建物が朝彦親王に下賜された。前年、山階宮晃親王が東京神田錦町に屋敷を下賜されているが、その広さは八百十八坪である（『明治天皇紀』明治六年六月二十九日条）。東京と京都の違いはあるにしろ、三千坪はやはり堂々たるもので、これも差別どころではない。

もうひとつ言えば、子沢山の朝彦親王は、京都に戻ってからの三年の間に三人の子供をもうけている。邦彦《くによし》王（明治六年七月二十三日生）、守正《もりまさ》王（のち梨本宮。明治七年三月九日生）、多嘉《たか》王（明治八年八月十七日生）である。一家離散の憂き目を見るような窮乏状態にあったならば、やはりありえないことであろう。

ただ、久邇宮家の子女が幼いときから他の宮家で育てられたという事実はある。守正王とその妹の篶子《すずこ》女王（明治十一年十月十六日生）が明治十四年六月に上京し、それぞれ北白川宮家と東伏見宮家（のち小松宮と改称）に預けられたのである。しかし、これも普通の庶民が生活に困って子供を手放す類《たぐい》といっしょには出来ない。兄弟姉妹といっても母親は複数であり、一家仲良く暮らしていたのが生木を引き裂くようにされたわけではあるまい。それに北白川宮家にも東伏見宮家にも当時は王子、王女がいなかった。そのような場合、子沢山の親戚《しんせき》の子供を預かって育てるのは、一般社会でもあることだろう。

それやこれやを考えあわせれば、東久邇宮稔彦王の回顧にはかなりの思い込みがあり、あまり真実を反映していないと言うべきである。しかし、当時は生まれてもいなかった稔彦王が、半世紀以上もあとにこのように述べたという事実は、久邇宮家に長い間、自分たちは差別されていたという「伝承」が語り継がれていたことを意味する。そして、それが朝彦親王の明治新政府への反感から発していることは間違いない。親王の京都生活は、大きな不満を抱えて送られていたのであり、そのことは周囲や子供たちにも長い間影響を与え続けたのである。

さて、親王の心情はともかくとして、京都に帰ったあとの親王の復権は表面的には着実にすすんでいった。八年四月十四日には伏見宮家の籍を出て、独立の宮家を立てることを許される。『明治天皇紀』には、「（親王は）伏見宮の家族なりと雖《いえど》も、賄料等特別の下賜ありて其《そ》の実一家独立の体を具せり」とあって、ここでも親王の特殊な立場に天皇や政府が配慮していたことが明記されている。宮家創設にともない、親王は兄弟たちと同じく四千六百五十二円の年金を支給されることになり、さらに五月八日には仁孝天皇養子に復し、親王宣下があり、久邇宮の称号をもらった。以後、正式に久邇宮朝彦親王ということになる。

　そして七月十二日、親王は神宮祭主に任じられた。神宮とは伊勢神宮のことであり、祭主はその行政の長である。古代からある職だが、明治四年五月に定められた神宮職員令では、神宮の神官の最高位で正三位相当の官職とされている（『朝彦親王景仰録』所収「神宮祭主宮時代の御事蹟を拝して」）。皇族でこの職に就いたのは親王が初めてであったが、皮肉なことに前任者は、親王が主導した「八月十八日政変」で京を逐《お》われた「七卿」の一人の三条西季知《すえとも》であった。神宮祭主としての朝彦親王については「神宮祭主宮時代の御事蹟を拝して」などに詳しいが、ここでは省略する。ただひとつ言わなければならないのは、神宮祭主就任によって、親王が政治や軍事とかかわる可能性は完全になくなったということである。かつて還俗によって政治の世界に活躍する場を得た親王は、再び宗教の世界に身を置くことになった。明治政府は朝彦親王を文字どおり祭り上げたのである。

親王の「反抗」

ここで時は十年以上飛ぶ。明治二十一年十月八日、京都の朝彦親王一家に天皇の命令が下った。『明治天皇紀』から引用する。

「思召を以て、朝彦親王の王子邦彦・多嘉両王及び安喜子・晴子（のちに絢子《あやこ》と改名）・素子の三女王に東京に於《おい》て修学すべきを命じたまひ、学費補助として年金千五百円を賜ひ、尋《つ》いで金三千五百円を賜ひて支度料並びに旅費に充てしめ、十一月十五日までに上京せしめたまふ」

前述のように朝彦親王は子供が多かった。『邦彦王行実』にある久邇宮系譜略表に記されているだけでも十八人の子女がいた。そのうち上記の引用に名前がある五人の王子、王女は、いずれもこのころ十代半ばから後半の年齢であった。天皇は若い彼らに東京で勉強するように命じたのである。

天皇がこのような命令を出したのは、やはり皇族は東京に居住するとの原則を守らせたかったからであろう。すでに六十歳を超えている朝彦親王が京都にいるのはいいとして（親王の八歳年長の兄である山階宮晃親王もこのころは京都に戻っていた）、その子女たちは天皇のいる東京に住むほうが望ましい。現に前述のように守正王と篶子女王はすでに東京に来ている。ほかの王子、王女たちもそうすべきだと天皇は考えたにちがいない。

さらに天皇には、明治十二年八月に誕生した嘉仁《よしひと》親王（のちの大正天皇）に近い世代の皇族を、なるべく多く親王の身近においておきたいという気持ちがあったのであろう。明治二十年当時、宮家は九家あったが、久邇宮家以外には明治生まれの十代の皇族はそれほど多くなかった。伏見宮家の邦芳王、禎子女王、山階宮家の菊麿王、伏見宮家出身で華頂宮家を継いでいた博恭王（のち実家を継承）くらいである。将来の嘉仁親王の「藩屏《はんぺい》」づくりや妃選びということを意識すれば、若い皇族がひとりでも多く東京にいることは必要であり、その意味でも久邇宮家の王子王女の東京移住は急がれることだった。

朝彦親王は天皇の命に応じた。ただし、決して唯々諾々というわけではなかった。天皇の指定した十一月十五日という期限の延長を願い、五人の王子、王女のうち多嘉王、安喜子女王は病気との理由で上京の猶予を申し出たのである。結局、京都を離れたのは邦彦王、晴子、素子両女王だけで、東京着は十二月八日であった。

ここに朝彦親王の「反抗」を見るのは勘ぐりすぎかもしれない。子供たちは京都で学校に通っていたから、短期間で上京の準備をするのは無理だったのかもしれないし、病気も事実だったかもしれない。しかし、すぐに述べるようなことを考えあわせると、親王は子女、すくなくとも跡取りの邦彦王の上京には乗り気ではなく、そのためにこのような形でささやかな抵抗を試みたと判断せざるをえないのだ。

上京した邦彦王は麴町《こうじまち》区紀尾井町《きおいちょう》にあった伏見宮邸（現・ホテルニューオータニ）に寄寓《きぐう》し、晴子女王は小松宮邸、素子女王は香川敬三邸に入った。ところが、邦彦王は上京後すぐ病気になる。持病の膀胱《ぼうこう》カタルである。そこで、翌明治二十二年一月十五日に熱海《あたみ》に療養のために出かける。たまたま同地にいた天皇の侍医岡玄卿が診断すると、肋《ろく》膜炎《まくえん》の兆候もあった。結局、四ヵ月間熱海に滞在し、やっと快方に向かったので、四月五日に帰京し、五月十八日に学習院に入学した。ところが『邦彦王行実』によれば、ほとんど通学しなかったという。健康は回復していたのだから、本人が登校をいやがったとしか思えない。

そして、ここで驚くべきことが起きる。六月十四日、朝彦親王が京都からやってくるのだ。前述のように親王は明治五年二月に赦免の礼を言うために上京し、半年弱滞在して京都に帰ってからは、十五年三月に天皇の召しに応じて一度上京しただけであった。神宮祭主としての仕事があったにせよ、長い間、天皇のお膝元《ひざもと》にほとんど足を踏み入れなかったのである。ところが、邦彦王が病気との知らせを聞くと飛んできた。そして六月二十八日、王を京都に連れ帰ってしまう。もちろん、天皇の許しは得ただろうが、数えで六十六歳にもなっていた老親王が病気の跡取りを是非とも連れ帰りたいと願えば、天皇も許さぬとはいえまい。かくして、邦彦王はまた京都で暮らすことになる。

この年の十月、伊勢神宮の式年遷宮の儀式が執りおこなわれた。朝彦親王は祭主としてそれに奉仕する。そして、十二月初め、上京した。かつては東京に来たがらなかった親王だが、一年間で二度目の上京である。名目的には「神宮神秘の事」を天皇に上奏するためであったが、それとともに、親王は政治的なことについても天皇にさまざまな建言をした（『明治天皇紀』明治二十二年十二月十四日条）。それだけでなく、黒田清隆辞任のあと総理大臣を兼任していた内大臣三条実美や侍従長徳大寺実則と会見したり、有栖川宮熾仁親王、伏見宮貞愛親王、小松宮彰仁親王、北白川宮能久親王を集め、苦言を呈したりする。『明治天皇紀』によれば親王は熾仁親王らに、「皇族は世間から無用の長物と侮られている」と言い、それは皇族たちが「無用の遠慮」をして「国家の重事」について天皇を補佐しないからである、自分はこのたび意を決して天皇に「国事」について上奏したから諸君も奮起せよとハッパをかけた（明治二十二年十二月十九日条）。まるで幕末の朝廷で威勢を振るっていたころに戻ったかのような朝彦親王の言動には、皇族たちも戸惑ったのではなかろうか。

さて一方、京都での邦彦王は体力の回復と増進に専念したと『邦彦王行実』にはある。そして、健康にまったく問題がなくなったので、また上京する。「斯くて全く快癒の上、二十三年三月二十三日、宮内次官吉井友実《ともざね》のお迎に依り再び上京」と同書は簡単に記す。しかし実は、ことはそう順調に運んだのではなかった。『明治天皇紀』の明治二十二年十一月十八日の記事を引こう。

「朝彦親王継嗣邦彦王、曩《さき》に聖旨を奉じて上京し、学習院に入学せしが、是の年六月事を以て京都に帰り、未だ東上せず。天皇之れを憾《うら》みたまひ、是の日侍従長侯爵徳大寺実則に命じ、書を朝彦親王に贈り、宮内次官伯爵吉井友実京都に出張中なるを以て、帰京の節倶《とも》に上京せしめらるべしと告げ、邦彦王が少壮勉学せずして時勢に後るゝを深く遺憾に思召さるゝ旨を諭さしめたまふ」

要するに天皇は、邦彦王がいつまで経っても東京に戻らないことを怒ったのである。天皇の意を受けた徳大寺侍従長は京都にいた吉井友実に手紙を出し、「聖旨極めて厳」と告げ、かならず邦彦王を連れてくるように伝えた。さらに天皇が、「邦彦王が病気というのなら侍医に診察させろ、そして本当に病気が重いのならば治るまで侍医をつける」とおっしゃっていると付け加えた。天皇は邦彦王が仮病をつかっていると疑っていたのである。

さらに宮内大臣の土方《ひじかた》久元も吉井に手紙を送り、天皇の意に従うように朝彦親王に言えと命じた。ここまでされれば、朝彦親王も邦彦王を東京に帰さないわけにはいかないはずだ。しかし、またもや親王は天皇の命に素直に従わなかった。上記のように邦彦王が実際に上京したのは、天皇が怒りをあらわにしてから四ヵ月も経ってからである。勅命だから鞠躬如《きっきゅうじょ》として従うという美学は、朝彦親王にはなかった。

そして上京後の邦彦王の勉学についても、朝彦親王は我を押し通したようだ。王は籍のあった学習院にはまったく通学しないまま退学し、明治二十三年五月、成城学校に転校してしまうのである。天皇の信任の厚かった佐佐木高行（侯爵。東宮教育主任）の伝記『明治聖上と臣高行』によると、佐佐木が「風儀の悪い」学習院で邦彦王を学ばせては朝彦親王に申し訳ないといって、成城学校に移るようにとりはからったということになっている。しかし、当時の学習院の風儀が悪かったかどうかはともかくとして、皇太子嘉仁親王も明治二十年九月に学習院に入学している。東京在住の皇族、華族の子弟は同校で学ぶのが当然なのである。いくら佐佐木が気を回しても、独断で邦彦王をよその学校に移すというようなことは出来まい。朝彦親王が天皇側近の佐佐木らにはたらきかけて、転校を実現させたとみるのが自然だ。現に『明治天皇紀』明治二十三年五月二十日条には、「（朝彦親王は）近時の学風を好まず、殊に学習院中等科の風儀宜しからずと聞き、以て子弟を託するに足らずと思惟し」とある。

邦彦王転校の話を聞いた当時の学習院院長三浦梧楼（陸軍中将）は、「此《こ》の如くんば学習院設置の目的を失ひ、自然廃校の外なきに至るべし」と怒り、宮内大臣宛てに強硬な反対の意見書を提出するが、手おくれだった。

かくしてまたしても我意をつらぬいた朝彦親王は、この明治二十三年の秋、もうひとつ騒ぎをまきおこす。

『明治天皇紀』によると、十月五日、朝彦親王は天皇に抗議の上奏文を送った。内容は私事に関するものではなく、神宮の格式についてであった。『明治天皇紀』にはことの経緯が詳しく書かれているが、要約すると、熱田《あつた》神宮が改修をおこなうに際して、秘事である伊勢神宮の神殿の構造や内部の装飾を知りたいと願い出た。宮内大臣や内務省社寺局長らは願いを認めたが、それを知った親王は、そのようなことをすれば熱田を伊勢と同等にあつかうことになり許しがたいと憤った、ということである。「抑々《そもそも》天日の二なく、天皇の二なきが如く、神宮の神秘亦一ありて二あるべからず。速かに熱田神宮宮司等の拝観を止め、国家臣民の将来に於て混乱迷暴の憂あらしむべからず」と、上奏の文言は激しい。

天皇は上奏文を読んだが、神宮の内部を熱田神宮の宮司などに拝観させても不敬にはなるまい、装飾などは絵図で見せればいいだろうと考えた。ごくまっとうな判断である。そして、これを受けた徳大寺侍従長と土方宮内大臣は、「この件については勅裁がおりているので奏上の趣は聞き入れられなかった」と親王に伝えた。土方はさらに次官の吉井友実を京都に派遣し、親王に天皇の意のあるところを直接話させた。最大限の気の遣いかたである。しかし、親王はそれでも納得しなかった。手紙ではらちがあかないから上京すると言い出し、十一月六日、実際に東京に出てきてしまうのである。

天皇の日常は忙しい。このころも二日にわたる観菊会や、英国人の軽気球操縦視察などがあって、予定がびっしりと詰まっていた。親王が天皇に会えたのは、上京してから一週間後の十一月十三日であった。

二人の問答は『明治天皇紀』にあるが、天皇はまず、「熱田神宮を伊勢神宮と同等にあつかうつもりはない。文書によったために意思の疎通に齟齬《そご》が生じたので、こんな騒ぎになるとは思わなかった」と述べた。最初から自分の非を軽く認めたわけだ。これではおそらく文句を言ってやろうと張り切っていた親王も、かみつくわけにはいかない。「それならばわざわざ上京することもありませんでした」と答える。これに対して天皇は、「いや、そうではない。やはり会ったからこそお互いの意思を了解することが出来たのだ」と応じ、会見は和気藹々《あいあい》のうちに始まった。そのあと、親王は伊勢神宮が「唯一無二の神宮」である所以《ゆえん》を延々と説明するが、天皇は辛抱強くそれに付き合う。そして最後に、「卿《けい》（親王のこと）の言理あり、朕《ちん》熟慮すべし」と言った。

ときに明治天皇三十九歳、朝彦親王六十七歳。天皇にとって親王は父孝明天皇が頼りにした「寵臣《ちょうしん》」であり、また、形式的にとはいえ義理の伯父（仁孝天皇養子）でもある。なにがしかの感慨があって、多忙のなか、長い時間を割いたのであろう。さらに、維新直後に「罪」に陥れられた親王に対し、天皇は同情の気持ちももっていたはずである。なにからなにまで親王の言い分をいれることはありえないにしても、面子《メンツ》は十分に立ててやろうと思っていたであろう。それが「朕熟慮すべし」という言葉になった。

さらに『明治天皇紀』同月十九日条によれば、この日の午前十時、親王は参内し、天皇に拝謁を願い出る。急な参内であり、すでに総理大臣山県有朋が政務について奏上中だったために待たされたが、しばらくして天皇は会ってくれた。

親王は「熟《つらつ》ら現時の我が国情を見るに、上下相乖離《かいり》し、不穏の気漲《みなぎ》れり」と危機感をあらわにし、もっと皇族が天皇に政治について意見を述べやすくするために、天皇と皇族の茶話会のような制度を作ったらどうかと提案した。天皇は黙って聞いていたが、最後に、「卿の言理あり。宜しく熟慮すべし」とだけ言った。先日と同じ答えであるが、これも老親王への配慮であろう。天皇にすれば、肯定にしろ否定にしろ積極的な言い方は出来ない。

しかし、臣下の中には、親王の行動にはっきりと不快感をあらわすものもいた。この日の午後、宮中から退出した親王のもとを宮内大臣土方久元が訪れ、親王が宮内大臣を経ないで直接天皇に神宮のことを上奏したのは「恰も表門を避けて裏門より入るが如し。予頗る之れを遺憾とす」と、露骨に苦言を呈したのである。土方以外の政府、宮中の首脳たちも、大方このように考えていたと断じても誤りではあるまい。

もっとも『明治天皇紀』によれば、親王は正面から反論し、土方は言い負かされた形になったという。土方は坂本竜馬と同じく土佐の郷士の出身で、親王が主導した文久三年八月十八日のクーデタのときは、三条実美らに従って長州に落ちている。土方は今度も親王に負けたわけだ。

朝彦親王はおそらく満足して京都に帰っていった。長年の鬱屈《うっくつ》もいささか晴れたはずである。そして、それから一年足らずあとの明治二十四年十月二十五日、親王は死去した。神宮祭主として神嘗《かんなめ》祭に奉仕するために伊勢に滞在中のことで、死因は大動脈瘤《だいどうみゃくりゅう》破裂だった。

朝彦親王が死んだため、久邇宮家の家督は邦彦王が継いだ。邦彦王は三男だったが、長男は幼時に死亡、次男邦憲王は病弱だったため早くから邦彦王が継嗣と定められていた。そして、明治二十五年四月、久邇宮家は京都から東京麻布《あざぶ》鳥居坂の井上馨旧邸に転居する。久邇宮家にとっての維新の「戦後」が、形の上ではようやく終わったといえるかもしれない。

明治天皇の配慮

家督を継いだ当時、邦彦王は十九歳で、成城学校青年尋常科第四級で学んでいた。入学したときは幼年科第四級というクラスに属したが、京都ですでに中等教育を途中まで受けていたから、第三級、第二級と短期間で修了し、後期過程の青年尋常科にすすんだ。もっとも、どこでどう学ぼうが、王の将来は決まっていた。陸海軍いずれかの軍人となるのである。

明治六年十二月九日、天皇が老齢のものを除く皇族に軍務に就くように命じて以来、青壮年で健康に支障のない男子皇族はみな軍人となっていた（「親王・王は満十八年に達したる後特別の事由ある場合を除くの外陸軍又は海軍の武官に任ず」と定めた「皇族身位令」の制定は明治四十三年三月）。ちなみに邦彦王が成城学校に入学した明治二十三年五月現在で軍籍にあった皇族は、『日本陸海軍総合事典』などによれば以下のとおりである。

有栖川宮熾仁親王　陸軍大将、参謀総長
有栖川宮威仁《たけひと》親王　海軍少佐、「葛城」艦長
華頂宮博恭王　海軍兵学校生徒、ドイツ留学中
閑院宮載仁親王　陸軍騎兵少尉、フランス留学中
北白川宮能久親王　陸軍少将、歩兵第一旅団長
小松宮彰仁親王　陸軍中将、近衛都督
東伏見宮依仁親王　フランス海軍兵学校留学中
伏見宮貞愛親王　陸軍大佐、近衛歩兵第四連隊長

このうち華頂宮（のち伏見宮）博恭王は邦彦王の従兄弟だが、二歳年少である。また、王に先立って東京に来ていた異腹で一歳下の弟の守正王（明治十八年十二月に梨本宮家を相続）も、このしばらくあとに陸軍幼年学校に入校している。遅かれ早かれ、邦彦王も軍人の道を歩むことは確実であった。

成城学校はその校則第一条に「本校は陸軍武学生徒入学の予備学科を教授する所とす」とあるように、陸軍士官学校入学を希望するもののための学校であった。参謀本部次長の川上操六《そうろく》が現職のまま校長に就任し、児玉源太郎、寺内正毅《まさたけ》といったのちに陸軍を支えた俊秀たちも教壇に立ったという。学習院で学んでいても、皇族は陸軍の幼年学校、士官学校にしろ海軍兵学校にしろ無試験で入学できるのだが、そこがどうしてもい

やということならば、たしかに成城学校は邦彦王が学ぶのに格好の学校ではあった。

王は四谷伝馬町に家を借り、そこから市ヶ谷加賀町にあった成城学校に通学した。最初に上京した際に天皇から千五百円を下賜され、また年に五百円が学費として与えられたが、『邦彦王行実』は、「決して余裕があらせられるのでなく、随《したが》つて平常の御生活は極めて質素で且不自由勝であつた」「王の側近者と下男が二人、其れの両親子供及び馬丁一人で其の頃の月々の会計に僅《わず》かに拾円でも余裕を作ることが出来れば極上々なことであつた」と記す。

当時の超エリートだった高等文官試験合格者の初任給は年六百円である。それと比べれば年五百円の給付は少ないが、京都在住の父朝彦親王からの仕送りもあったろうから（『秘書類纂19　帝室制度資料〔上〕』所収の「各皇族方御歳計調書」によると、当時、親王は歳費など二万円を支給されている。これは他の皇族と比べても少額ではない）、それほど苦しい生活だったはずがない。また、朝彦親王が死去してからは久邇宮家の歳費は一万円に減額されたが、同時に補助四千円と邦憲王歳費二千五百円が特に追加されている（『秘書類纂19　帝室制度資料〔上〕』所収の「二十六年度常用部歳入歳出予算比較説明書」）。朝彦親王死去後は交際の範囲なども狭まっただろうし、当主が学生の家を運営するには十分な額である。

前にも触れたように、久邇宮家には自家が差別されて家族が苦しい生活を強いられていたという思い込みがずっとあった。『邦彦王行実』の記述にもそれが色濃く反映していると思わざるをえない。実際にはそうした思い込みとは逆に、邦彦王が天皇から特に気をつかってもらっていたという記録も残っているのだ。

少年時代から明治天皇の側近で侍従などとして仕えていた日野西資博（子爵）の回想をまとめた『明治天皇の御日常』という本のなかに、こんな一節がある。

「久邇宮邦彦王、この宮様の事もたいそう御心遣ひがございました。御承知でもございませうが、この宮様は将来軍人にする思召でございましたところが、御承知の通り御幼少の時分に少し御吃《ども》りでございまして、大変御言葉が御難しかつたのであります。それを陛下がたいそう御心配で、成城学校に御在学中は殆ど一週間に一遍くらゐ、北条侍従を御遣しになりまして、その成績を御調べになり、また御発音の御様子を御聴かせになつてをりました。（略）また一つは御身体が御小さうてまるまると肥《ふと》つてをられますから、軍人になつても馬に乗るのに困るであらうとたいそう御心配になり、後に軍人になられまして御乗馬になるといふ時に、特に宮様に適当なやうな馬を御貸しになりました。さういふやうな事までも御心配になつたやうであります」

天皇はまるで教育パパのように邦彦王を見守っていたのである。王は天皇の命令で親もとを離れて上京してきたのだから、天皇にもそれなりの気遣いはあるわけだが、同時に、王が陸軍士官学校で学ぶことになる最初の皇族という事実も、天皇の念頭にあったにちがいない。前述のように、陸軍の軍人となった男子皇族は何人もいたが、いずれもいきなり軍籍に入るか、外国の士官学校で教育を受けている。これに対して、邦彦王は異母弟で幼年学校に学んでいた梨本宮守正王とともに、皇族で初の「生え抜き正規将校」の道を歩もうとしているのである。天皇が目をかけるのも当然であろう。

それにしても、天皇が、小柄で太っている王の体格にふさわしい馬を貸すというところまで気配りをしているのは微笑ましい（『邦彦王行実』には「明治天皇が、王の御精励と、優秀なる御成績とを御嘉賞《かしよう》あらせ給ひたる結果」馬を下賜された、とだけある）。これだけ見ても、「冷遇」など、事実に反することであった。

第九章　邦彦王の時代

邦彦王の結婚

前章で、朝彦親王という皇族が特異な立場と型破りの性格の持ち主だったことをあきらかにした。それを前提にすると、宮中某重大事件や朝融王事件における邦彦《くによし》王や朝融《あさあきら》王の奔放な行動も、それなりに「理解」できるものとなる。この章では『邦彦王行実《ぎょうじつ》』などをもとに邦彦王の履歴をながめ、もう一度、宮中某重大事件に触れることにする。そして、これまであいまいなままにしておいた、山県有朋はなぜ皇太子婚約「内定」取り消しにあれほどこだわったのか、との問題について考え、さらに、昭和の敗戦の直後にまで筆をのばして本書は終わる。

邦彦王が成城学校を卒業したのは明治二十六（一八九三）年十月である。そして、十二月一日、士官候補生として名古屋の第三師団歩兵第六連隊に入営した。当時の制度では、士官候補生として採用されたものは指定の連隊（原隊という）で一年間の教育を受けた後、そこから派遣される形で士官学校に入校し、さらに一年半の教育を受けることになっていた。第三師団長はすでに陸軍次官などの要職を歴任していた桂太郎中将（のち公爵、首相）、第六連隊長はのちに第九師団長、男爵となる塚本勝嘉《かつよし》中佐である。王の配属先は注意深く選ばれたのであろう。

　士官学校入校は翌二十七年十一月一日、おりしも日清戦争の最中だった。同期には梨本宮守正王や、のちに関東軍司令官在職中に死亡した畑英太郎大将（東京裁判で終身刑となった畑俊六元帥の兄）などがいる。卒業は明治二十九年五月二十七日、士官学校第七期生ということになる。ただちに原隊の第六連隊に戻り、少尉、中尉と昇進し、三十二年十二月十三日に皇族として初めて陸軍大学校に入校した（ちなみに守正王は陸大には入らずフランスに留学した）。

　そして、同日、京都において島津忠義公爵の七女俔子《ちかこ》と結婚する。『邦彦王行実』によれば、この結婚を斡旋《あっせん》したのは川村純義（伯爵、海軍中将、宮中顧問官）と長崎省吾（宮内省調度局長）である。二人とも薩摩藩出身だから、旧主の娘の縁談を世話したことになる。俔子の姉たちは皇族やかつての大大名などの家に嫁しており、島津家の旧家臣たちは、俔子にも公爵家の娘にふさわしい結婚相手を探していたのであろう。

　ここで興味があるのは、もし朝彦親王が存命だったとしたら、この縁談にどのような態度をとったかということである。前章で述べたように、幕末のある時期における朝彦親王と薩摩の関係は良好だったが、親王の広島流謫《るたく》には薩摩もすくなくとも反対はしなかった。長州や岩倉具視の「陰謀」を黙認し、親王に無実の罪をかぶせることに荷担したのである。これまで紹介した朝彦親王の性格を考えれば、そのことを親王がまったく気にしていなかったはずはない。それを思えば、父の親王がいなくなっていたことが、結果的に邦彦王の結婚を順調にすすませた可能性は高い。

かくして、島津俔子は邦彦王妃となった。二人が結婚しなければ宮中某重大事件はありえなかったのだから、歴史というのは、ちょっとしたことで変わるものである。

邦彦王の昇進

東京麻布鳥居坂の邸宅は地震のために破損したので、久邇宮家では京都市上京区亀屋町東桜町に邸宅を新築した。結婚式はそこであげられたのだが、陸軍大学校は東京にあるから、新邸にそのまま王夫妻が居住したわけではない。新婚の夫妻は天皇から下賜された三万五千円で鳥居坂の邸宅を修繕して住んだ。

三十三年五月九日、邦彦王の兄の邦憲王が賀陽《かや》宮家を立てた。父朝彦親王が一時名乗っていた宮号である。邦憲王は体が弱いために弟の邦彦王が久邇宮家を継ぎ、邦憲王は部屋住みの身となっていたが、邦彦王はそれを気にし、天皇や伊藤博文に兄を独立させてほしいとはたらきかけていた（『邦彦王行実』）。それがこの時期に実現したのは、皇太子嘉仁親王と九条節子《さだこ》の結婚のおかげであろう。やはり五月九日、これも皇太子結婚を祝して六十家もの新華族が誕生したが、国家的慶事はさまざまな余沢をもたらすのである。いずれにしろ、久邇宮家には新宮家の設立という大きな恩恵があたえられたわけで、くどいようだが、この宮家がとくに冷遇されていたというのはウソである。

さて、陸大在校中の明治三十四年二月二日、邦彦王と俔子妃の間に第一子が誕生した。

将来の問題児、朝融王である。ときに王は二十九歳、妃は二十三歳。翌三十五年には第二子邦久王、そして、翌々三十六年には初めての女子良子《ながこ》女王が生まれた。言うまでもなく香淳皇后である。さらに三十七年には信子女王、三十九年には智子女王、四十三年には邦英王と、夫妻は六人の子供に恵まれた。

三十四年三月、陸軍大尉に昇進。中尉になって二年である。軍では上の階級にすすむために必要な年限が決められており、中尉から大尉になるまでに二年というのは必要最低限の年数である。普通の中尉が大尉になるためには五、六年を要した。邦彦王の昇進は皇族であるがゆえの優遇であり、これからのちも同じように早く階級がすすんだ。陸大卒業は明治三十五年十一月。第十六期である。成績優秀につき恩賜の軍刀を授けられたが、通常六名の優等卒業生がこの期は七名いる。「おまけ」の気味がないでもない。明治天皇は王にさらに馬一頭をあたえた。徳大寺実則《さねつね》侍従長は、「殿下今般陸軍大学校御卒業は皇族初めての御卒業にて、陛下にも御満足に被思食《おぼしめさる》」との沙汰《さた》を伝えた（『邦彦王行実』）。

卒業直前、近衛歩兵第三連隊付きとなり、明治三十六年十一月、参謀本部出仕となる。翌三十七年二月十三日、第一軍司令部付きの参謀となり、二十日、新橋駅を出発して戦地に向かった。日露戦争への従軍である。出征にあたって天皇、皇后から千円の餞別《せんべつ》と双眼鏡を下賜された。

第一軍は近衛、第二、第十二師団で編制され、司令官は薩摩出身の黒木為楨《ためもと》大将。朝鮮半島に上陸、北上して鴨緑江《おうりよつこう》を越え、第二、第四軍とともに遼陽《りようよう》、沙河《さか》の会戦を戦い、明治三十八年十二月九日に凱旋《がいせん》した。邦彦王はこの間、少佐に昇進している。

邦彦王以外にも、つぎのように多くの皇族軍人が戦争に参加した。

有栖川宮威仁《たけひと》親王　海軍大将　大本営付き
伏見宮博恭《ひろやす》王　海軍大尉　「三笠」分隊長。戦傷
閑院宮載仁《ことひと》親王　陸軍中将　満州軍総司令部付き
東伏見宮依仁《よりひと》親王　海軍大佐　「千代田」艦長
伏見宮貞愛《さだなる》親王　陸軍大将　第一師団長、大本営付き、アメリカ派遣
梨本宮守正王　陸軍少佐　第二軍司令部付き

日露の役は日本にとって乾坤一擲《けんこんいってき》の戦いであった。皇族といえども安閑としていることは許されなかったのである。

明治四十年四月から四十二年十月にかけて、王は欧米を歴訪する。その間、中佐に昇進、帰国後、明治四十三年十二月に大佐となり、歩兵第三十八連隊長となった。同連隊は第十六師団に属し、駐屯地は京都の深草である（のちに奈良に移駐）。大正二（一九一三）年八月、少将に昇り、近衛歩兵第一旅団長となった。四十一歳の将軍だが、陸士同期で同じときに少将、旅団長となったのは弟の梨本宮守正王だけで、トップ卒業の畑

英太郎でさえ、このときはまだ中佐、少将となったのは大正九年八月である。大正六年八月、陸軍中将、第十五師団長となる。守正王も同時期に中将、第十六師団長。もちろん、ふたりとも陸士や陸大同期の先頭を切っての昇進である。畑英太郎が中将になるのは大正十三年十二月。

第十六師団は愛知県豊橋にあった。歩兵第三十八連隊長、近衛歩兵第一旅団長のときは京都市内や鳥居坂の自邸から通勤したが、豊橋では官舎にはいった。同時に六年九月から東京渋谷に新邸を建てはじめた。すぐあとに久邇宮家に起きる慶事を予想しての新築かどうかは分からないが、タイミングはよかった。

その慶事の知らせが邦彦王のもとにもたらされたのは、大正七年一月十四日である。宮内大臣波多野敬直《よしなお》が豊橋に来て、第一王女の良子女王が東宮妃に予定されることになったとの「御沙汰」を伝えたのである（第一章第二節参照）。

ここで、話は宮中某重大事件とつながることになる。

皇族会議

波多野が「予定」の「御沙汰」を伝え、さらに「内定」の「御沙汰」があった経緯については第一章で述べたが、それに続く、某重大事件に大きな意味をもったある出来事については、これまでほとんど触れなかった。それは、叙述が複雑になるのを避けるためでもあったが、朝彦親王、邦彦王のひととなりや、久邇宮家の歴史を知ってからのほうが、この出来事のもつ意味を理解しやすいのではないかと思ったからでもある。

第四章で、大正九年十二月十八日、首相原敬に対し、邦彦王と親しかった松岡均平が、「王は、山県が皇太子の婚約解消を主張するのは、皇族会議で王がとった態度を恨んでいるためではないかと思っている」という意味のことを述べたと紹介した。原はそれは王の誤解だと否定するのだが、その「誤解」は、とくに「山県悪玉説」に立つひとびとによって、根強く支持されている。つまり、山県は相手が皇族であろうが、自分の意見に従わないものは許さず、陰険な仕返しをする不敬、不遜な人物であり、宮中某重大事件もその結果、引き起こされたのだとの解釈である。

すでに『中西回瀾録』はつぎのように記す。

「大正九年春の頃、皇室典範一部改正の儀（原注、議か）に就き、皇族会議の開かれたる際、山県公等提出の案件につき　久邇宮殿下　主として之に反対せられたれば、山県公は宮家に対して、深く悪感情を抱かれたりとのことあり」

結論を先に言うと、この解釈は表面的には間違っていない。皇族会議と某重大事件はたしかに密接に関係している。この皇族会議がなければ、多分、某重大事件も起きなかっただろうとさえ思われる。ただし、この二つを結びつけたのは山県の不敬、不遜な人間性ではなく、元老や政府首脳の邦彦王を始めとする皇族たちに対する懸念であるというのが、本書の解釈である。別の言い方をすれば、某重大事件の原因のある部分は皇族たちによって作られ、その背後には幕末、明治以来の皇族の在り方というものがあった。

では、皇族会議とはなにか。皇室典範第五十五条はつぎのように定めている。

「皇族会議は成年以上の皇族男子を以て組織し内大臣・枢密院議長・宮内大臣・司法大臣・大審院長を以て参列せしむ」

そこではなにを話し合うのか。皇室典範では、つぎのような問題について、天皇から諮詢《しじゅん》を受けたうえで審議し答申することとなっている。

●皇嗣に心身の異常があるときの皇位継承順変更（第九条）
●摂政設置（第十九条）
●皇族が品位に欠けたときの懲戒や特権の剝奪《はくだつ》（第五十四条）
●皇族への禁治産宣告（同）
●皇室典範の改正増補（第六十二条）

一言で言えば、皇族会議は皇室の重要問題について天皇の諮詢を受け審議する機関ということになる。ただし、皇位継承順変更、摂政設置、皇室典範の改正増補については、枢密顧問官にも同じ事柄について諮詢すると定められており、皇族だけが特別の権限をあたえられていたわけではない。実際には、枢密院で先に審議がおこなわれ、その結果が皇族会議にはかられるのが慣例であった。

さて、問題の皇族会議は大正九年五月十五日に開かれた。十七日付官報の「宮廷録事」の項には出席者などがつぎのように記されている。

「一昨十五日午前十時十五分、宮中に於て開会の皇族会議には、裕仁《ひろひと》親王（皇太子）、貞愛親王（伏見宮）、載仁親王（閑院宮）、依仁親王（東伏見宮）、博恭王（伏見宮）、博義王（伏見宮）、武彦王（山階宮）、恒憲王（賀陽宮）、邦彦王（久邇宮）、守正王（梨本宮）、鳩彦《やすひこ》王（朝香宮）、成久《なるひさ》王（北白川宮）各殿下御出席あり、山県枢密院議長、松方内大臣、原司法大臣、波多野宮内大臣、横田大審院長参列し、貞愛親王殿下に議長を命ぜられ、倉富、石原の各説明員、南部宮内大臣官房調査課長事務取扱、宮内事務官浅田恵一出席せり」

皇族の成年は皇室典範によって天皇、皇太子、皇太孫は十八歳、そのほかの皇族は二十歳と定められている。このとき、官報に名前が出ているもの以外で成年に達している男子皇族は、当時、フランス滞在中の東久邇宮稔彦《なるひこ》王だけである。つまり、この皇族会議は実質的に有資格者全員の出席のもとに開会された。

皇室典範に定められているように、皇族会議に総理大臣は参列しない。宮中・府中の別を明確にするということだろうが、ときの総理大臣原敬は兼任していた司法大臣の資格で参列していた。その日記は、会議の様子をつぎのように記している。

「宮内大臣説明、山県も枢密院議長として決議の次第を演説したり。皇族方質問等頻《しきり》に出、形勢穏和ならざりしが、閑院宮は皇族の身上に関する問題故可否の決議をなさずして其旨奏上ありたしと発議せられ、一人の賛成ありたるのみにて議長は採決せずして其事に取計ふべき旨宣告せられ其れにて終決したり。皇太子殿下も御出席あり、伏見宮（貞愛親王）議長の職を執らる、是れにて甚だ面倒なりし皇族降下令準則決定せられたり」

短い記述だが、「皇族方質問等頻に出」「形勢穏和ならざりし」「甚だ面倒なりし」という表現は、皇族会議の雰囲気が緊張をはらんだものだったことを示している。

この日の議題は、原が書いているように皇族降下令準則（正確には「皇族の降下に関する内規施行準則」だが、以下もこのように記す）の審議であった。その内容については、皇族会議に先立って本会議でこの問題を審議し、結論を出していた枢密院の議事録がおしえてくれる。以下、それによって本会議の模様と皇族降下令準則について説明していく。

本会議が開かれたのは、大正九年三月十七日である。枢密院は議長、副議長各一名、顧問官二十四名で組織されるが、本会議には天皇も臨席し、採決には総理大臣以下の国務大臣と成年の親王も加わることになっていた。この日、出席したのは清浦奎吾副議長、伊東巳代治、金子堅太郎など枢密顧問官十八名、原敬など国務大臣七名であり、天皇、当時成年に達していた裕仁、貞愛、載仁、依仁の各親王、それに議長山県有朋は欠席した。

まず、伊東巳代治顧問官が、宮内省当局が作成した諮詢案（「皇族の降下に関する内規」）に枢密院の審査委員会（伊東委員長）が加えた修正について説明した。細かいことは省くが、名称を「皇族の降下に関する内規施行準則」と改めることも含めて修正には宮内省側も異議がなかった。そして、この修正案を採決した結果、出席者全員の賛成によって可決された。

「皇族の降下」というのは、ここでは男子皇族が皇族の身分を失って華族となることをさしている。明治四十年二月十一日制定の皇室典範増補第一条には、「王は勅旨又は情願に依《よ》り家名を賜ひ華族に列せしむることあるべし」とあり、王、つまり天皇から五世以下の男子皇族は華族になることがあると定められていた（念のために説明しておくと、天皇の子が一世、孫が二世、曾孫《ひまご》が三世、玄孫《やしやご》が四世、その子が五世である）。伊東は修正案の説明の中で、「皇室経費に無限の膨張を来たし、且皇族の範囲拡大に流るるが為、時に或は不祥の事禍を醸すことなきを保せず」という事態を明治天皇が危惧《きぐ》して、増補第一条を定めたのだと述べているが、要するにこの規定は皇族が無限に増えていくのを防ぐためにつくられた。

皇室典範増補が制定されてから華族となった皇族は、北白川宮能久《よしひさ》親王の三男輝久《てるひさ》王（小松侯爵）だけだったが、各宮家をみると、近い将来、同じケースが出ることは確実だった。そのため、あらかじめ問題が起きないように細かい規定を定めておこうというのが、皇族降下令準則制定の目的であった。準則は四条と付則からなるが、重要なのは第一条と付則の規定である。

第一条の全文は次のとおりである。

「皇玄孫の子孫たる王、明治四十年二月十一日勅定《ちよくじよう》の皇室典範増補第一条及び皇族身位令第二十五条の規定に依り情願を為さざるときは、長子孫の系統四世以上以内を除くの外、勅旨に依り家名を賜ひ華族に列す」（皇族身位令第二十五条とは、皇室典範増補第一条により情願を出来るのは満十五歳以上のものという規定）

これと皇室典範増補第一条をくらべれば、その違いは明白であろう。増補には「勅旨又は情願に依り（略）華族に列せしむることあるべし」とあるのに、皇族降下令準則第一条では、「情願を為さざるときは（略）華族に列す」とあって、宮家を継ぐ長子孫の系統以外の王は、願いがあろうがなかろうが天皇の命令で華族にするとあるのだ。つまり、明治天皇が皇室典範増補を定めた趣旨が、さらに徹底されたということになる。

つぎに、皇族降下令準則付則全文を掲げる。

「此の内規準則は、現在の宣下親王の子孫、現に宮号を有する王の子孫並兄弟及其の子孫に之を準用す。但し第一条に定めたる世数は故邦家親王の子を一世とし、実系に依り之を算す。

博恭王は長子孫の系統に在るものと看做《みな》す。

邦芳王及多嘉王には此の内規準則を適用せず」

この規定を理解するためには、各宮家の系図を参照することが便利である。当時、存在した宮家は高松、朝香、華頂、賀陽、閑院、北白川、久邇、竹田、梨本、東久邇、東伏見、伏見、山階の十三家であった。このうち高松宮（宣仁《のぶひと》親王）は大正天皇の皇子で、内規準則を適用されないから省き、大正九年現在での十二宮家の略系図を次頁に載せる。一目瞭然《りょうぜん》だろうが、その子孫に皇族降下令準則を適用される宮家は、すべて伏見宮の系統である。伏見宮家は何度も述べたように北朝第三代の崇光《すこう》天皇に発しているから、これらの宮家の皇族たちは天皇から何百年もあとの子孫たちであり、とうてい四世までにはおさまらず、準則の規定にしたがえば、全員が華族とならなければならない。そこで、宮家を継ぐ長子孫の系統については、幕末の伏見宮家の当主である邦家親王を初代とし、その子を一世とみなす便法をとることにした。それが付則前半の規定の趣旨であ

伏見宮 邦家親王

- 山階宮 晃親王
  - 菊麿王
    - 武彦王
    - 芳麿王◎
    - 藤麿王◎
    - 萩麿王◎
    - 茂麿王◎
- 久邇宮 朝彦親王
  - 邦彦王
    - 朝融王
    - 邦久王◎
    - 邦英王◎
  - 賀陽宮 邦憲王
    - 恒憲王
  - 梨本宮 守正王
  - 多嘉王
    - 家彦王◎
  - 朝香宮 鳩彦王
    - 孚彦王
    - 正彦王◎
  - 東久邇宮 稔彦王
- 伏見宮 貞愛親王
  - 博恭王
    - 博義王
    - 華頂宮 博忠王
    - 博信王◎
    - 博英王◎
  - 邦芳王
- 北白川宮 能久親王
  - 成久王
    - 永久王
  - 竹田宮 恒久王
    - 恒徳王
- 閑院宮 載仁親王
  - 純仁王
- 東伏見宮 依仁親王

る。

後半の博恭王についての規定は意味がとりづらいが、王がいったん華頂宮家を継承し、それから伏見宮家に復籍したことと関係があるかと思われる。また、邦芳王、多嘉王の二人はすでに四十一歳、四十六歳と壮年に達していたことが考慮され、例外とされたのであろう。

以上の規定を踏まえると、皇族降下令準則が適用されて華族となるべき皇族は系図で◎印のついたひとびとである。現に彼らはすべて次表のように華族となった。

会議紛糾

さて、以上のように皇族降下令準則の制定が、枢密院本会議で満場一致で可決された。次は皇族会議での審議である。前述のように皇室典範では「皇室典範の改正、増補」については皇族会議に諮詢《しじゅん》すると定められている。皇族降下令準則制定は皇室典範の改定でも増補でもないが、それに準ずるとされたのだろう。そして宮内当局による皇族たちへの説明が始まった。

当局にしてみれば、枢密院で出した結論を皇族会議でも追認してもらうための根回しのつもりだったはずだ。ところが、その過程で多くの皇族たちが枢密院の出した結論に反対の意向を示したことが、事態の推移から想像できる。『原日記』の「甚だ面倒なりし」という表現は、その様子を垣間見《かいま》せているといえよう。そして、結局、宮内当局の根回しはうまくいかないままに、皇族会議となってしまう。

この間の事情をわれわれに教えてくれるのは、例によって倉富勇三郎である。倉富は枢密院本会議には宮内省側委員として、また皇族会議には帝室会計審査局長官の資格で説明員として列席していたが、皇族会議や、その前日の模様について日記に細かく記した。

まず、大正九年五月十四日、皇族会議前日の「倉富日記」からは、宮内当局内部でも

名前		大正9年の年齢	華族になった年齢	華族としての家名・爵位
山階宮	芳麿王	21歳	21歳	山階侯爵
	藤麿王	16歳	24歳	筑波侯爵
	萩麿王	15歳	23歳	鹿島伯爵
	茂麿王	13歳	22歳	葛城伯爵
久邇宮	邦久王	19歳	22歳	久邇侯爵
	邦英王	11歳	22歳	東伏見伯爵
	家彦王	1歳	23歳	宇治伯爵
朝香宮	正彦王	7歳	23歳	音羽侯爵
伏見宮	博信王	16歳	22歳	華頂侯爵
	博英王	9歳	25歳	伏見伯爵

意見の対立があったさまがうかがえる。具体的には、翌日の皇族会議では各皇族が意見だけを述べ、採決せずにすまそうと主張する石原健三次官と、ぜひとも採決をすべきだとする倉富や南部光臣らの対立である。

石原も皇族降下令準則自体に反対だったとは思えない。枢密院が本会議で採決して出した結論に、宮内省幹部が異議を唱えることはありえないだろう。それなのに石原たちがこのように主張したのは、根回しの過程で、多くの皇族が皇族降下令準則の制定に反対しているとの感触を得たからであり、もし皇族会議で採決をとると、枢密院と反対の結論が出ることがありうると危惧したからであろう。そこで、採決をせずに問題をうやむやにしてしまおうと図ったのだと思われる。前述のように、皇族降下令準則制定そのものは皇室典範の改正でも増補でもない。したがって皇族会議の賛成がなくても、枢密院の議決だけで事は済むとの判断があったにちがいない。

これに対して倉富たちは皇族会議で採決をおこなうべきだと主張した。皇族降下についての重要な規則を異例の形で制定すべきでないとの「正論」である。しかし、倉富たちにも、採決となった場合、枢密院の結論が支持されるとの確信があったわけではなかった。そうであれば、冒険はできない。結局、波多野宮内大臣の判断で、皇族会議での採決は取りやめることになった。

もっとも、採決をしないためには理由がいる。この日の午後、波多野は皇族の長老である閑院宮載仁親王と会って相談し、議題が皇族の利害にかかわることだから採決はできないとの理屈を考え出した。たしかに皇族会議令第九条には、「皇族会議員は自己の利害に関する議事に付き表決の数に加はることを得ず」との規定がある。実際には皇族会議の議員の皇族たちは皇族降下令準則の対象にはならないから、「自己の利害に関する議事」といえるかどうかは微妙なところだが、とにかく、波多野はこれで乗り切ることにした。

そして、皇族会議の当日である五月十五日。この日、倉富は午前九時に宮内省に出勤した。そして、波多野宮内大臣の部屋に行くと、そこには波多野のほかに山県有朋がいた。山県は倉富につぎのように言った。

「皇族会議にて今日の議案を議決せざることに君は何と考ふるや」

山県が、皇族会議で皇族降下令準則について採決がおこなわれないことを知ったのはいつかは分からない。枢密院議長という立場からして、当日になるまで知らなかったとは思えないが、上述のように前の日まで宮内省内ももめていたことからすると、案外、その可能性もある。倉富がやってくる直前に波多野から聞かされたのかもしれない。いずれにしろ、山県は不機嫌であったろう。

山県の問いに対して倉富は「適当ならずと思ふ」と答えた。採決せずというのは、宮内大臣が皇族とも協議して出した結論だから、それに宮内省の一部局の長である倉富が否定的なことを言うのは官僚として筋が通らないが、倉富としてはとっさに本心が出てしまったのだろう。山県に媚《こ》びる気持ちもどこかにあったかもしれない。

山県はさらに言う。

「何と云ふことなるや分らず。唯宸慮《ただしんりょ》を煩はしたるよりも宜しとのことなるべし」

後半の意味がいまひとつ分かりにくいが、要するに皇族たちは一体なにを考えているのかと、山県は苛立《いらだ》っているのである。しかし、会議は目前に迫っている。いまさらどうしようもない。

会議は宮中の東溜間《たまりのま》でおこなわれた。最年長の皇族伏見宮貞愛親王が議長として開会を宣し、波多野が議案の大要を述べ、次いで倉富が各条について説明した。そして、山県が枢密院でこの議案を可決した経緯と、これが必要な理由を述べた。

普段ならばこれで終わるはずである。しかし、この日は皇族たちの発言が相次いだ。まず、北白川宮成久王が立った。この王は朝彦親王の弟能久親王の息子、つまり邦彦王の従兄弟である。明治天皇の皇女房子内親王の夫だが、のちにパリで交通事故で客死する。

成久王は、なぜこのような案をいまごろ提議するのか尋ねた。「現時民心動揺の際、皇族降下の如き処分を致すは一層民心の動揺」をまねくおそれがあるというのである。

これに対して波多野が、「民心動揺の際なるを以《もっ》て一層本案の必要あり」と答えた。「民心動揺」というのは具体的にどのようなことを意味するのか。大正九年の初めから国内では普通選挙要求の大衆運動が盛んになっていた。また、二月の八幡製鉄所でのストライキ、五月二日の日本で初めてのメーデーなど労働運動も各地で活発化していた。同時に第一次世界大戦後の経済恐慌がおこり、銀行への取り付け騒ぎも頻発した。たしかに世情はこのように騒然としていたが、民心が動揺しているから皇室の制度を変更してはならないというのは、いかにも無理な理屈である。

次いで邦彦王が発言した。邦彦王はこの改正の結果、「皇統断絶の懸念」があるのではないかと質問した。これにはやはり波多野が、懸念はないと答えた。皇統断絶とは、皇族を臣籍降下させてしまうと皇位を継ぐものがいなくなるということだが、なにもすべての皇族を臣籍降下させるというのではないから、これもあまり意味のある質問ではない。

次に朝香宮鳩彦王が、この準則と皇室典範増補が矛盾するのではないかと質問、さらに伏見宮博恭王がやはり同趣旨のことを述べた。皇室典範増補第一条には「王は（略）華族に列せしむることあるべし」、つまり華族とすることもある、と定めているのに、皇族降下令準則第一条では「華族に列す」とあるのはおかしいというのである。たしかに議論の余地のあるところだが、これに対しては倉富が矛盾はない旨を答えた。そして若干の質疑のあと、議長の貞愛親王が各皇族の意見を尋ねると、閑院宮載仁親王が、この問題は皇族会議議員各自の利害に関係するから自分は表決に参加しない、と述べた。

すでに述べたように皇族会議の前日に載仁親王は波多野宮内大臣と会っている。おそらくそのときに、このような発言を親王がするとの相談ができていたのだろう。これに対して成久王は賛意を表したが、邦彦王、博恭王は反対した。ここで、波多野が「第九条は載仁親王の言うような趣旨ではないのでは」としながら、皇族会議がそのように決するならば当局としては反対しないと発言をする。このあたりも載仁親王と波多野が打ち合わせていた筋書きどおりであろう。そして、議長の貞愛親王は載仁親王の意見をいれ、議題について表決しないことを宣し、閉会を告げた。

波多野や貞愛、載仁両親王のような長老皇族たちは、採決がおこなわれず、その結果、皇族と枢密院が決定的に対立する事態が避けられたことに安心したにちがいない。しかし、山県有朋は喜ぶわけにはいかなかった。山県が、採決がおこなわれ、各皇族が枢密院の出した結論を追認することを望んでいたことは、先に引用した「倉富日記」からあきらかである。たしかに結果としては皇族降下令準則は制定されることになった。しかし、多くの皇族はそれに賛成しなかったのである。山県の胸中は容易に想像できる。

皇族という存在

ここで「近代皇族の権威集団化過程」（立命館大学『社会科学』27、28）などを参考にしながら、維新前後からの皇族の歴史を簡単に見ておこう。

江戸時代後期まで、宮家は四家だけだった。伏見宮、有栖川宮、桂宮、閑院宮の世襲親王家で、俗に四親王家と呼ばれた。このうち伏見宮家は北朝第三代崇光天皇（在位一三四八～五一年）の皇子栄仁《よしひと》親王に始まることは、これまでも述べてきた（初期の伏見宮家については『室町時代の一皇族の生涯』という優れた著作がある）。わずかな例外を除き、代々直系の王子が継承した。幕末の当主は第二十二代貞愛親王である。

つぎの有栖川宮家は、第百七代後陽成天皇（在位一五八六～一六一一年）の皇子好仁《よしひと》親王が始祖である。以後、時の天皇の皇子が入ったりしながら幕末まで続いた。幕末の当主は第八代幟仁《たかひと》親王である。

桂宮家は後陽成天皇の弟智仁《としひと》親王に始まる。親王は豊臣秀吉の猶子となり、関白職を譲られることになっていたが、秀吉に実子が誕生したため、宮家を立てた。以来、天皇の皇子や直系の王子がまじりながら継承していったが、幕末に第百二十代仁孝天皇の皇女淑子《すみこ》内親王が十一代目を継いだ。四親王家を通じて初めての女性戸主であった。

閑院宮家は第百十三代東山天皇（在位一六八七～一七〇九年）の皇子直仁《なおひと》親王によって立てられた。新井白石が皇統の断絶に備えて新しい宮家の創設を奏上した結果だという。以後、直系の王子が伝えたが、維新前後、当主を欠いたため、明治になって伏見宮邦家親王の王子載仁親王が第六代を継承した。

これらの宮家はいずれも皇統の「お扣《ひか》え」ということになっていた。天皇家を継ぐものがいなくなったとき、これらの宮家の皇族の誰かが天皇家にはいって皇位を継ぐということであるが、実際にこれらの宮家から天皇が出たことが三例ある。伏見宮第三代貞《さだ》成《ふさ》親王の王子彦仁《ひこひと》王が後花園天皇（百二代。在位一四二八～六四年）、有栖川宮第二代（当時は高松宮と称した）良仁《ながひと》親王が後《ご》西《さい》天皇（百十一代。在位一六五四～六三年）、そして閑院宮第二代典仁《すけひと》親王の王子兼仁《ともひと》王が光格天皇（百十九代。在位一七七九～一八一七年）となったのである。

これを見れば四親王家はそれなりに「お扣え」としての役割を果たしたことになるかもしれないが、後花園天皇のあとまったく天皇を出していなかった伏見宮家などは、存在理由があったのかという見方もできよう。さらに言えば、有栖川宮家は三人、桂宮家は八人の皇子、皇女を当主として入れているが、伏見宮家は最も歴史の浅い閑院宮家と同じく一人しか天皇の子弟を当主として迎えていない。つまり、伏見宮家は四親王家のなかでは、天皇家との直接の血のつながりが最も薄い宮家なのであった。

ちなみに摂家、清華《せいが》家などの上級公家には皇子が何人もはいっており、これらの家に嫁いだ皇女が産んだ男子、つまり天皇の外孫が家を継いだケースもいくらでもある。天皇との血縁の濃さを重視するならば、伏見宮家よりもこれらの「臣下」の家のほうが、よほど「貴種」といえる。

ところが皮肉なことに、幕末、明治にかけて四親王家で最も繁栄したのは伏見宮家の系統であった。まず、前章でみたように、文久三（一八六三）年、伏見宮邦家親王の王子朝彦親王がのちに久邇宮家となる中川宮家を立てた。そして、それに次いで元治元

（一八六四）年、朝彦親王の兄晃親王が山階宮家を立てた。親王は後述のような理由で勅勘をこうむっていたが、朝彦親王同様、幕末の複雑な政治状況のなかで幸運に恵まれたのである。

さらに王政復古がなると、仏門に入っていた邦家親王の王子たちがつぎつぎに還俗して新しい宮家を立てる。博経親王の華頂宮、嘉彰親王の仁和寺宮（のち東伏見宮・小松宮）、守脩《もりおさ》親王の梶井宮《かじいのみや》（のち梨本宮）、智成《さとなり》親王の照高院宮（聖護院宮《しょうごいんのみや》を相続。のち北白川宮）である。さらに時代が下ると、既述のように明治三十三年、朝彦親王の王子邦憲王が賀陽宮家を立て、さらに三十六年には邦家親王の末子依仁親王が東伏見宮家（嘉彰親王の同名の宮家とは別）、三十九年には北白川宮能久親王の王子恒久王が竹田宮家、朝彦親王の王子鳩彦王が朝香宮家、同じく稔彦王が東久邇宮家を立てた。

また、明治五年には当主が不在だった閑院宮家を邦家親王の王子載仁親王が継承している。さらに桂宮家は明治十四年、有栖川宮家は大正二年に後継者がいなくなり廃絶となったから、天皇家直系以外の皇族は伏見宮系統だけで占められることになったのである。

もともと宮家の創設については規制があった。明治元年閏《うるう》四月十五日、伏見宮、有栖川宮の嫡子は天皇の養子として親王とし、また、閑院宮の嫡子も相続のときに同様にするが、賀陽宮（久邇宮）、山階宮、聖護院宮、仁和寺宮、華頂宮、梶井宮は一代かぎりの宮家として、つぎの代からは姓をあたえて臣下に下すと定められたのである。つまり、永続する宮家は江戸時代からの世襲親王家（女性戸主の桂宮家は廃絶が予想されたため定めから外されたのだろう）だけにするということであった。この定めは明治三年十二月十日にあらためて対象となる宮家に伝えられた。これが守られれば、宮家と皇族の数はおのずから限定されるはずであった。

ところが、宮家の数はいっこうに減らず、それどころか増えつづけた。なぜならば、上述のような定めがまったく守られなかったからである。詳しい経緯は省くが、一代かぎりのはずだった宮家は、さまざまな理由で、天皇の「特旨」によって永続することになったのだ。そして、このことは明治二十二年制定の皇室典範で、いわゆる「永世皇族」制度として追認された。

となると、時間の経過とともに問題が生じることが容易に予想される。たとえば、皇族にかかる経費が増大して国家財政を圧迫しかねないという問題、宮家から分家の宮家が誕生して、無限に宮家が増加しかねないという問題、皇族の増加とともに皇室の権威を守れない者が出てくるかもしれないという問題等々である。そこで、対策として考えられたのが前述の皇室典範増補であった。

この新しい規定の制定を推進したのは伊藤博文である。宮内大臣として皇室典範制定の中心となったのも伊藤であったから、そこから生じる問題も自分がなんとかしなければならないと思ったのであろう。『伊藤博文伝』によると、明治三十一年二月九日、総理大臣だった伊藤は、皇室に関する十カ条の意見書を上奏した。伊藤はそのなかの「皇族待遇の事」と題する部分で、「(皇族を) 人臣即華族と為すの制を立てられざるに於ては、帝位継承上に統属を増加し、随《したが》て非望の端も之《これ》より生ぜざることを保し難し。且帝室有限の財力を以て之を保護し、皇室至当の地位を永遠に持続せしめんこと到底望むべからず」と述べる。「非望の端」云々《うんぬん》とは、皇位をうかがう皇族も出かねないとの意味だから、かなり露骨な上奏というべきだろうが、天皇はこれを容《い》れ、それから準備期間を経て、明治四十年二月十一日、皇室典範増補は制定された。

「臣下」の危惧《きぐ》

以上のような経緯をまとめれば、宮中、府中にわたる実力者伊藤博文が、皇族の増加という事態に危機感を抱き、それに歯止めをかけたということである。別の言い方をすれば、皇族といえどもその身分の保証については実質的に政府の統制下に置かれたのである。そのことを象徴的にあらわしているのは、皇室典範増補の審議が枢密院ではおこなわれ、採決もされたが、この件に関しての皇族会議は開かれず、案が各皇族のところにまわされただけですまされたという事実である。

何度か述べたように、皇室典範の増補については皇族会議に諮ることが皇室典範第六十二条で定められている。念のために条文を引用すると、「将来此の典範の条項を改正し又は増補すべきの必要あるに当ては皇族会議及び枢密顧問に諮詢して之を勅定すべし」との規定である。ところが、明治四十年二月の皇室典範増補については、皇族会議は召集されず、持ち回りでの了承という、いわば手抜きがおこなわれた。詳しい経緯はわからないが、皇族と伊藤を筆頭とする臣下の権力者たちの力関係がどのようなものであったかは、この事実からもあきらかであろう。

ところが、大正九年五月においては状況は一変した。皇族たちは政府、枢密院に対してあからさまに反旗をひるがえしたのである。山県のみならず、ほかの元老や政府当局者たちも、皇族会議で皇族降下令準則がすんなりと賛成を得ると確信していたであろう。すでに皇室典範増補という規定もある。しかも、何人かの皇族を適用除外するなど、宮家の事情にも十分配慮した内容になっている。文句のつけようがない案のはずだ。しかし、多くの皇族たちが反対した。山県は自分がそれまで皇族に対して抱いていた考えがまったく通用しなくなったことを認識したはずである。

前に述べたように、明治時代の皇族たちは天皇とほとんど血のつながりのないものばかりであった。しかも、幕末にいったん仏門に入ったものや、その子供たちである。江戸時代には皇族の朝廷における席次は摂家の下であり、下橋敬長『幕末の宮廷』によると、朝廷での法事のときの焼香も摂家のものが皇族よりさきにおこなったし、道で摂家の乗り物と皇族の乗り物が行き合ったときは、皇族のほうが避けることになっていたという。

朝彦親王が皇位をうかがっていると非難する尊攘《そんじょう》派の文書を第八章で紹介したが、そこでは親王は「尹宮《いんのみや》」と呼び捨てであり、敬語もいっさい用いられていない。いかに親王を攻撃するための文書ではあっても、後世の常識からすれば考えられないことである。つまるところ、幕末まで皇族は支配階層のなかで他と隔絶した存在ではなかったのである。これでは、明治になってあたらしい宮家を立ててもらい、かずかずの特権で飾られたとはいっても、皇族たちが一気に天皇に準ずるような貴種としての神秘性を帯び、尊崇の目を一身に浴びることはむずかしい。

さらにいえば、維新動乱の中を駆け回っていた伊藤博文や山県有朋たちは、そのころの皇族の実態をよく知っている。たとえば皇族会議で最初に発言した北白川宮成久王の父能久親王は、戊辰《ぼしん》戦争の際、彰義《しょうぎ》隊や奥羽越列藩同盟にかつがれ、いったんは「朝敵」とされた人物である。また、幕末に還俗して山階宮家を立てた晃親王は、異母妹との醜聞が取りざたされ、仁孝天皇の勅勘をこうむるという不名誉な過去をもっていた。そして、きわめつけはいうまでもなく朝彦親王である。確固たる信念もないままに、時によってまったく主張のちがう公家や武士たちにかつがれて迷走し、長州人を始めとする多くのひとびとを犠牲にしたこの皇族を、伊藤や山県も好意的な目でみていたわけがない。

東久邇宮稔彦王の回想記『やんちゃ孤独』に、大正の初めごろ、山県が王にしばしば維新のときの話をし、王の父朝彦親王の広島流謫にもふれたうえで、「あれは政治上の問題で仕方がありませんでしたが、あなたも、皇族として、将来政治に関係しない方がよろしい」と諭したということが出てくる。

前にも述べたように、安政の大獄で失脚した朝彦親王が復権したころ、山県は親王に大きな期待をよせる尊攘派のひとりとして京で活動していた。しかし、結局は親王によって裏切られるのである。山県にとっては、皇族の出すぎた振る舞いがなにをもたらすかは、自明のことであった。

もちろん、天皇を中心とする明治国家をつくりあげていくにあたり、皇族たちが天皇の権威を補強する役割を果たせる存在であることは伊藤も山県も認めていた。だからこそ、皇室典範に永世皇族の制度を定めたのである。しかし、皇族はあくまでも「矩《のり》」を越えてはならなかった。

維新後、名目的に政府の要職に就いた皇族はいた。また、男子皇族は軍務に就き、通常よりも圧倒的に速いスピードで昇進した。しかし、政治や軍事の中枢を実際に掌握し日本を動かしていたのは、伊藤や山県を頂点とする維新の元勲たちであった。皇族たちはかつてはもたなかった権威や富を保証されているとはいえ、いわば「お飾り」であり、天皇の意思を体しているという大義名分をもった権力者たちの統制下に置かれる存在であった。これは明治国家の「けじめ」であった。

それまでも、皇族と権力者たちの間で波風が立つことがなかったわけではない。大正初期の山本権兵衛内閣のころ、伏見宮貞愛親王が事実上の摂政的な立場となり、さらに政友会に好意的な行動をとったために、山県やほかの元老たちが、それを掣肘《せいちゅう》するため必死になったことは、伊藤之雄教授が「山県系官僚閥と天皇・元老・宮中」であきらかにしている。明治天皇の崩御は「けじめ」を揺るがしたのだが、しかし、山県たちは結局、貞愛親王を封じ込めることに成功した。「けじめ」は守られたのである。

ところが、そのような山県たちにとっての「常識」が崩れ始めていることが、皇族降下令準則問題を機にあきらかになった。とくに明治生まれの皇族、つまり皇族たちが優遇される時代になってから生まれた成久王、邦彦王、鳩彦王、博恭王などがつぎつぎに反対意見を表明したことは、山県にはショックであったろう。

成久王と山県についてはこんな挿話もある。明治四十一年から二十五年にわたって宮中の仕人《つこうど》だった小川金男の著書『宮廷』の一節である（小川によれば仕人とは江戸幕府における茶坊主のような職）。

「ある時、私が表御座所の廊下で検番に立っていると、山県元帥が拝謁をおわって出てきた。すると丁度そこへ北白川宮殿下が、たしか大尉か少佐の軍服であったと思うが、やはり陛下に拝謁されるためにおいでになつた。そして元帥を見かけると、すぐ廊下の隅によけられて、直立して敬礼された。元帥はしかしうつむいたまゝで、殿下の方に顔をむけると、ジロリと鋭い一瞥《いちべつ》をあたえただけで、そのまゝ通り過ぎて行った」

前述のように成久王は明治天皇の婿である。が、山県にとって、若い皇族などは所詮《しょせん》この程度の存在だったのだ。そして、当時、大正天皇の心身不調は皇族や国家の上層部では公然の秘密であった。これらのいわば「第二世代」の皇族たちは、そのような天皇を支えなければならない立場にある。にもかかわらず、多くの皇族たちが勝手なことを言っている。山県の心中に皇族たちへの不信と不満が一気に芽生え、それがあの朝彦親王の孫でもある良子女王が次代の皇后となることへの警戒心につながった。そう推測することはきわめて妥当であろう。

邦彦王死去

山県のもとに、皇太子の「婚約者」久邇宮良子女王に色盲遺伝の疑いあり、との報告があったのは、まさにこの皇族会議が開かれたころであった。いくら腹が立ったとはいえ、皇族たちの態度を理由に、正面きって皇太子婚約に反対するわけにはいかない。しかし、色盲問題は十分にその口実となり得る。そして、もし婚約が白紙に戻れば、皇族たちも反省し、自分たちの分をわきまえるようになる。心中煮えくり返るようであったにちがいない山県は、とっさにこう判断したのではなかろうか。

そして、この判断は山県以外の権力者たちにも共通するものであった。それは、色盲問題を山県から聞かされた松方正義、西園寺公望、原敬らが、すべて山県に同調したことからあきらかである。皇太子婚約が完全に正式なものとはなっていないにしろ、事実上うごかすことができないものであることは、それまでの経緯から否定できない。常識的には、婚約解消は不可能に近い。とすれば、元老や総理大臣があっさりと山県の主張に賛同したのはいかにも奇妙である。西園寺や原に、山県におもねる理由はないし、ましてや薩摩出身の松方においてをやである。彼らもやはり皇族たちの態度に危険なものを感じ取ったからこそ、山県に同調し、皇太子婚約解消を主張しだしたのである。色盲問題は、彼らにとっても口実であった。

このあと事態は第一章以下で述べたように進んだ。皇族会議と色盲問題に関連があるのではないかと邦彦王が疑ったことは先述したが、総理大臣の原がその疑いを否定したことで、話はうやむやになり広がらなかった。もちろん、原は真相を知っていながらとぼけたのであろう。

そして、闘いは山県の完敗という形で終わった。事件の過程でも、邦彦王は皇后へ直訴をしたり、きわどい情報戦術を駆使したりと、おそらく山県が想像もしなかったようなことをやってのけた。皇族たちを明治時代のように自分たちの統制下におこうとする山県の目論見《もくろみ》はついえたのである。そして、皇太子と良子女王が結婚し、晴れて皇太子の義父となった邦彦王がますます「矩」を越えて突っ走っていったことは、朝融王事件が示すところである。山県たちの懸念はあながち杞憂《きゆう》ではなかった。

もっとも、現実には邦彦王が「外戚《がいせき》」としての威勢をふるうことはなかった。昭和天皇の即位の大礼がおこなわれて間もない昭和四年一月二十七日、五十七歳で死去したからである。

もちろん、王が長寿を保ったとしても、政治、軍事面に力をおよぼしたかどうかはわからない。が、昭和戦前期において、参謀総長や軍令部総長の職に皇族が長期間在任し、そのことが軍の上層部の権力争いとからみ、日本にとって悪い結果をもたらしたのは周知の事実である。また、神兵隊事件や二・二六事件に際して、一部の勢力が皇族を利用しようとしたこともあった。日本があやうい道を歩いていく中で、皇族の立場は、ますます微妙なものとなる可能性をつよめていったのである。

そうした状況下で、腹に一物ある野心的な政治家や軍人たちが邦彦王に接近し、王をあたかも幕末における朝彦親王のような存在にしたてあげようと企《たくら》まなかったとは断言できない。ましてや、田健治郎との関係で分かるように、王自身、政治家との積極的な接触をためらわなかったのである。

邦彦王は暗殺されたのか

『邦彦王行実』によると、王の死因は「結腸S字状部潰瘍《かいよう》と腹膜炎の併発」であった。しかし、ここに異説がある。王の死は、朝鮮の独立運動家の青年によって毒を塗った短刀で刺されたためだという説である。以下、それについてやや詳しく述べよう。

王が朝鮮人の青年によって襲われたことは確かである。事件の事実関係は当時の新聞でも報道されたし、『邦彦王行実』にもその旨がはっきりと記されている。時は昭和三年五月十四日、場所は日本統治下にあった台湾の台中市内、青年の氏名は趙明河《チョミョンハ》という。王が台湾に渡ったのは、陸軍の特命検閲使に任じられたからである。四月二十四日、神戸を出帆、二十七日に基隆《キールン》に上陸、五月一日から台湾各地の部隊や衛戍《えいじゅ》病院などを視察し、十二日に台中に入り、台北に向かうため自動車で台中駅に行く途中、十四日午前九時五十四分ごろ、趙に襲撃された。

　五月十六日付『東京朝日新聞』夕刊（五月十五日発行。戦前の新聞は夕刊の日付が発行の一日先になる）一面には、「上山台湾総督進退伺提出　佐藤州知事以下も辞表を提出す」との小さな記事が載った。辞表提出の理由は「十四日朝台中における某事件に関し責めを負うため」とあり、台湾でなにか大事件が起きたことは分かるが、これだけで邦彦王が襲われたと察した読者はほとんどいなかったであろう。事件発生のその日、台湾総督府総務長官後藤文夫によって台湾の新聞に報道禁止の措置がとられ、内地の新聞に対しても同様の措置をとるよう司法省検事局、内務省警保局に要請された。完全な報道管制がおこなわれたのである。

　もちろん、政府や軍、宮中の上層部には真相がすぐに伝えられた。王に随行していた松木直亮《なおすけ》陸軍中将から陸軍大臣と参謀総長にあてた「午前九時五十五《ママ》分台中御泊所ヨリ停車場ニ向フ途中不《ふ》逞《てい》漢一短刀ノ様ノモノヲ以テ殿下ニ危害ヲ加ヘントセシモ直ニ逮捕セラレ御異常ナク台北ニ向ハセラル委細後報ス」との電報（昭和三年「密大日記」所収。「密大日記」は陸軍省の日々の業務の詳細な記録）が午後零時二十分に発信され、午後三時十五分に届いた。その後も松木や総督府関係者などから内地の要路へ逐次報告がおこなわれた。侍従次長兼皇后宮大夫だった河井弥《や》八《はち》の日記からは、河井が事件について報じた電報を発生当日に見たことがわかる。また、当時、枢密院議長となっていた倉富勇三郎の日記によれば、倉富は五月十五日に司法大臣原嘉道《よしみち》から事件のあらましを聞いている。政府、宮中の要人たちの間では、邦彦王が朝鮮人に襲撃されたことはすぐに知れわたったのである。

そして、事件発生からちょうど一ヵ月後の六月十四日には一般への報道も解禁された。この日の新聞各紙の夕刊（六月十五日付）は、趙明河の写真付きで事件の詳細、趙の履歴などを報じた。記事や、そのもとになっている当局の調査結果（昭和三年「密大日記」所収）から摘記する。

趙は一九〇五年、朝鮮半島北部の黄海道松禾郡で生まれた。郷里の普通学校を卒業したあと、一九二六年末に大阪に渡り、電池製作所の職工などとして働いたのち、一九二七年十一月に台北に移って茶を商う店の店員になっていた。雇い主には宮城県出身の明河豊雄と名乗っていたという。

趙は五月十四日午前九時ごろ、台中駅に向かう邦彦王が乗る自動車を見送るために道路際に並んでいたひとびとの列にまぎれこんだ。自動車が近づくと、「直訴、直訴」と叫びながら自動車の横にとりすがって王を短刀で刺そうとしたが失敗し、仕方なく短刀を投げつけたが、運転手の背中にごくかすかな傷を負わせたにとどまり、王はかすり傷ひとつ負わなかった。自動車はそのまま台中駅に向かい、趙はその場で警官などによって逮捕され、台中警察署に連行、取り調べを受けた。翌十五日早朝、趙は留置場の中で苦しみだし吐いたため調べると、モルヒネを犯行前に服用していたことがわかった。

本人の自供によると、凶器となった短刀を買ったのは犯行の一ヵ月前だが、購入目的は自殺するためであった。捜査当局は趙の過去、現在の雇い主などを尋問して背後関係を調べたが、彼が朝鮮独立運動グループと交渉があった形跡はなく、革命思想などを抱いていた様子もなかった。邦彦王を襲ったのも計画的ではなく、世の中がいやになり、モルヒネを飲み、とっさの思いつきでの行為だと判断された。

しかし、動機がなんであろうと、また、邦彦王が無傷であろうとなかろうと、趙の犯行は当時の法律によれば死刑にあたいするものであった。刑法第百十八条には、「皇族に対し危害を加へたる者は死刑に処す」とあり、死刑以外の刑はありえなかった。もちろん、恩赦の可能性も絶無ではなかったろうが、この年の三月十五日には共産党員の一斉検挙がおこなわれ（三・一五事件）、六月二十九日には勅令によって治安維持法に死刑が罰則として追加されるというような社会状況のもとでは、皇后の父を襲った「大逆犯」が助命されることは、まずありえない。裁判は七月七日に台北の台湾高等法院上告部で始まったが、事実関係の審理については傍聴禁止の措置がとられ、しかも公判は一回のみで、早くも十八日には死刑判決が下された。執行は十月十日、台北刑務所においてであった。

以上が当時の日本側資料にあらわれた邦彦王襲撃事件（軍の報告書では「台中事件」、新聞では「台湾事件」などとも称された）のあらましである。しかし、前述したように、この事件について別の「史実」が存在する。

それが語られているのは韓国においてである。韓国では趙は日本帝国主義への憤りに満ちた独立運動家で、台湾に渡ったのも台湾総督を暗殺しようとしたためということになっている。ソウル南方の天安にある独立記念館の庭には、「趙明河義士」が久邇宮邦彦王を毒を塗った剣で突き刺して重傷を負わせて六カ月後に死にいたらしめ、自らも死刑に処せられたと記された石碑も立っている。

趙明河がどのような思想を抱いていたのか、また、独立運動とどのようなかかわりがあったのかは、残念ながら明確にはできない。しかしそれはそれとして、邦彦王の死が趙によって刺されたためだというのは、やはり事実にもとづかない断定だと考えるのが合理的であろう。

『邦彦王行実』によると、王は襲われた五月十四日以降も台湾各地で視察を続け、六月四日に神戸に帰ってきた。そして、その後も旅行や各種行事への参加を繰り返し、十一月十日からは京都でおこなわれた昭和天皇の即位の大礼に奉仕している。さらに大礼を記念する観兵式、観艦式でも天皇に供奉《ぐぶ》し、年が明けてからも軍事参議官会議などに出席している。趙によって死に直結するような手傷を負わされていたとすれば、このようなことはありえないだろう。『邦彦王行実』の記事が捏造《ねつぞう》でないかぎり、王の死と趙の行為の間には因果関係はないと判断せざるをえないのである。そして、『邦彦王行実』の記事は官報などによっても裏付けられるから、それが捏造である可能性はきわめて低い。

邦彦王暗殺説はあきらかに事実に反する。それこそ歴史の捏造であるが、しかし、今日、邦彦王が台湾で朝鮮人によって襲撃されたという史実はほとんどすべての日本人が知らないし、また韓国で上記のような「史実」が定着していることも知られていない。あえて記す所以《ゆえん》である。

終章　貞明皇后の言葉

邦彦王《くによし》は陸軍大将、軍事参議官だったが、死去に際し元帥とされた。そして久邇宮家は朝融王《あさあきら》が継いだ。三代目である。

王の弟たちは前述のように臣籍に降下し華族となったが、『牧野日記』の昭和六年二月十七日条に、こんな記事がある。

「宮内大臣より、〔久邇宮〕邦英王《くにひで》臣籍降下の情願あり、其爵位に付或る方面より内々希望あり。然《しか》るに此れに付ては従来種々内規、先例等もあり、重大なる問題なれば意見を聞きたしとの事なりし。尤《もっと》も一応言上に及びたる処、実に難有御思召しあり、極めて公明正大なる聖慮を承はりたりとの内話あり。乍今更《いまさらながら》小生も感動せり」

先に掲げた表でも分かるように、皇族が華族になって授けられる爵位は、同一の宮家から最初に臣籍降下した者は侯爵、それ以下は伯爵ということになっていた。明治十七年七月に爵位制度が誕生したときの「叙爵内規」では、皇族から華族となった者は公爵にすると定められていたが、実際には公爵となった皇族はおらず、上記のような爵位が

聖心女子大学構内に残る旧久邇宮邸御常御殿
（撮影：中川道夫）

あたえられた。したがって、兄の邦久《くにひさ》王が久邇侯爵となっていた邦英王は、伯爵となるに決まっている。ところが「或る方面」から邦英王も侯爵にしてくれと、宮内大臣一木《いちき》喜徳郎《きとくろう》に圧力がかかったのである。困った一木が天皇に相談したところ、天皇はこれまでどおりにやればよいと答え、その結果、邦英王は東伏見伯爵ということになった――牧野の記したところを具体的に解説すると、こうなる。

一木に内々希望した「或る方面」とは、おそらく朝融王であろう。邦英王は臣籍降下したあと、後継者を欠く東伏見宮家の祭祀《さいし》を継ぐことになっていたし、なんといっても皇后の弟である。朝融王の性格からすれば、優遇してやってもいいじゃないかと思っても不思議ではない。しかし、昭和天皇は義兄のわがままを許さなかった。

が、朝融王が属した海軍は、王を異例なまでに優遇した。陸軍の皇族は猛スピードで昇進したが、海軍の皇族ではそういうことはなく、中佐以降でせいぜい普通より一年早く進級するくらいだった。ところが、朝融王は兵学校の八期先輩を飛び越して大佐となり、三年で少将、二年半で中将となって、周囲をおどろかせた（『海軍アドミラル軍制物語』）。

天皇の弟でやはり海軍にいた高松宮宣仁親王は、昭和二十年の日記に次のように記している（『高松宮日記』第八巻。年月日の表記を分かりやすく変えた）。

「五月一日附朝融王中将に進級。十七年十一月一日少将（原注、〈大正〉十年七月十六日少尉候ホ生）。今回の中将進級者は皆十七年五月一日少将となれるもののみなり。どうも特別のことでなければ早すぎる」

高松宮自身は少将になるのを辞退していたというから（雨倉前掲書）、なおのこと、朝融王の異例の進級ぶりに批判的になったのだろう。もっとも、王本人は、自分は天皇の義兄だから特別扱いは当然だと思っていたかもしれない。昭和十五年八月八日におこなわれた戦艦「大和」の進水式に天皇の名代として臨席したのは、「八雲」艦長の朝融王であった。王は海軍軍人の皇族のなかでもスターだったのである。

そして、これも高松宮の日記にあるが、日本が敗れた直後、朝融王は兵学校の生徒だった長男の邦昭《くにあき》王を米国に留学させようとして、宮内大臣、宗秩寮総裁に反対された（『高松宮日記』昭和二十年十一月二十日条）。敗戦からわずか三ヵ月、占領軍が大日本帝国憲法の改正を日本政府に示唆し、天皇制の存続さえ危ぶまれていたときのことである。皇族としてはまことに不思議な感覚といわざるをえない。

昭和天皇の兄弟以外の宮家の廃絶が決まったのは、昭和二十二年十月十三日である。この日、貞明皇后は住まいの大宮御所の食堂のラジオで、エンタツ・アチャコの漫才を聴いていた。漫才が終わり、つぎにニュースが流れた。伝えられたのは、皇族たちの臣籍降下決定であった。横にいた皇太后宮職庶務課長兼会計課長の筧素彦《かけいもとひこ》が、「まことに恐れ入ったことで」と言うと、貞明皇后は眉《まゆ》ひとつうごかさずにこう応《こた》えた。

「これでいいのです。明治維新この方、政策的に宮さまは少し良すぎました」（『今上陛下と母宮貞明皇后』）。

敗戦後、貞明皇后は宮内省が進める宮廷改革にかならずしも協力的ではなかった。侍従次長だった木下道雄などは、改革に積極的だったあまり、皇后の不興を買って更迭された。しかし、その貞明皇后が皇族たちの臣籍降下についてはこのように述べたのである。明治以降、時代が経つとともに、皇族たちがいかなる存在になっていったかを、皇后は冷徹にながめていたことがわかる。ラジオニュースを聴きながら、皇后はあの宮中某重大事件のことも思い出していたにちがいない。

（完）

主な引用・参考文献など（書名などの五十音順）

〈未刊資料〉

岩倉具視関係文書　国立国会図書館憲政資料室所蔵
倉富勇三郎日記　(同)
田健治郎日記　(同)
牧野伸顕関係文書　(同)
水野直関係文書　(同)
密大日記　防衛省防衛研究所所蔵
山県有朋関係文書　国立国会図書館憲政資料室所蔵

〈刊行文献〉

朝彦親王景仰録　久邇宮朝彦親王五十年祭記念会編　一九四二年　同記念会
朝彦親王日記　日本史籍協会編　一九六九年復刻　東京大学出版会
ある華族の昭和史　酒井美意子　一九八二年　主婦と生活社
安政の大獄　吉田常吉　一九九一年　吉川弘文館
井伊家史料　幕末風聞探索書　井伊正弘編　一九六七年　雄山閣出版
維新回天史の一面　徳富猪一郎　一九二九年　民友社

一老政治家の回想　古島一雄　一九七五年　中公文庫
逸事史補（「逸事史補　守護職小史」松平慶永・北原雅長　一九六八年復刻　人物往来社）
伊藤博文伝　春畝公追頌会　一九四〇年
岩倉公実記　多田好問編　一九六八年復刻　原書房
宇垣一成日記Ⅰ　角田順校訂　一九六八年　みすず書房
懐旧記事（「王政復古義挙録　懐旧記事」小河一敏・山県有朋　一九六九年復刻　新人物往来社）
海軍アドミラル軍制物語　雨倉孝之　一九九七年　光人社
海軍兵学校沿革　続　有終会　一九七八年　原書房
北一輝の人間像　宮本盛太郎編　一九七六年　有斐閣
宮中某重大事件　大野芳　一九九三年　講談社
今上陛下と母宮貞明皇后　筧素彦　一九八七年　日本教文社
邦彦王行実　久邇宮家　一九三九年
黒木軍百話　来原慶助　一九〇五年　博文館
月照　友松円諦　一九七五年　清水寺
血脈　佐藤愛子　二〇〇一年　文藝春秋
宮廷　小川金男　一九五一年　日本出版共同
現代史資料23　国家主義運動3　高橋正衛編　一九七四年　みすず書房
皇位への野望　長文連　一九八〇年　図書出版社

皇室の制度典礼　植木直一郎　一九八六年復刻　第一書房
侯爵久邇邦久伝　渡辺金造・武嶋嘉三郎編　一九三七年
孝明天皇紀　宮内庁　一九六七〜七一年　平安神宮
孝明天皇と「一会桑」　家近良樹　二〇〇二年　文春新書
国師杉浦重剛先生　藤本尚則　一九五四年　敬愛会
古島一雄　鷲尾義直　一九五〇年　日本経済研究会
侍従武官日記　四竈孝輔　一九八〇年　芙蓉書房
昭和初期の天皇と宮中　侍従次長河井弥八日記　一九九三〜九四年　岩波書店
女子学習院五十年史　一九三五年　女子学習院
新修　杉浦重剛の生涯　石川哲三　一九八七年　大津梅窓会
中酉回瀾録　猪狩史山編　茶原義雄校訂　一九七六年　日本学園梅窓会
枢密院会議議事録　一九八四〜九六年　東京大学出版会
杉浦重剛座談録　猪狩史山・中野刀水　一九四一年　岩波文庫
政教社の人びと　都築七郎　一九七四年　行政通信社
政党政治と天皇　伊藤之雄　二〇〇二年　講談社
聖雄押川方義　大塚栄三　一九三二年　押川先生文書刊行会
赤禍　共産主義真相　来原慶助　一九二九年　巌松堂書店
続再夢紀事　中根雪江編著　一九七四年復刻　東京大学出版会
大正デモクラシー期の政治　松本剛吉政治日誌　岡義武・林茂校訂　一九五九年　岩波書

店
高松宮日記　細川護貞など編　一九九五〜九七年　中央公論社
田中義一伝記　田中義一伝記刊行会編　一九五七〜六〇年
竹亭回顧録　維新前後　東久世通禧　一九六九年復刻　新人物往来社
貞明皇后　主婦の友社編　一九七一年　主婦の友社
田健治郎伝　田健治郎伝記編纂会編　一九八八年復刻　大空社
天皇の学校　大竹秀一　一九八六年　文藝春秋
東亜先覚志士記伝　黒龍会　一九六六年復刻　原書房
頭山満翁正伝（未定稿）　頭山満翁正伝編纂委員会　一九八一年　書房
寧府紀事（川路聖謨文書2〜5）　日本史籍協会編　一九六七〜六八年復刻　東京大学出版会
幕末の宮廷　下橋敬長　一九七九年　平凡社
幕末の天皇　藤田覚　一九九四年　講談社
原敬　テツオ・ナジタ　一九七四年　読売新聞社
原敬日記　原奎一郎編　一九八一年　福村出版
原首相　暗殺の真相　長文連　一九七三年　三一書房
秘書類纂19　帝室制度資料（上）　伊藤博文編　一九七〇年復刻　原書房
平沼騏一郎回顧録　平沼騏一郎回顧録編纂委員会編　一九五五年
不運なる革命児　前原一誠　来原慶助　一九二六年　平凡社

前田利為　前田利為侯伝記編纂委員会　一九八六年
牧野伸顕日記　伊藤隆・広瀬順皓編　一九九〇年　中央公論社
幻の総理大臣　床次竹二郎の足跡　安藤英男　一九八三年　学藝書林
水野直子を語る　結城温故会編　一九三〇年　良書刊行会
室町時代の一皇族の生涯　横井清　二〇〇二年　講談社学術文庫
明治天皇紀　宮内庁　一九六八～七五年　吉川弘文館
明治聖上と臣高行　津田茂麿　一九二八年　自笑会
明治天皇の御日常　日野西資博　一九七六年　新学社教友館
やんちゃ孤独　東久邇稔彦　一九五五年　読売新聞社
頼貞随想　徳川頼貞　一九五六年　河出書房
両親のおもひで　松平永芳　一九五一年
炉辺南国記　島津忠重　一九八三年　島津出版会
私の記録　東久邇宮稔彦王　一九四七年　東方書房

〈論文〉
宮中某重大事件の基礎的史料に関する研究　刈田徹（『拓殖大学論集』190。拓殖大学研究所）
近代皇族の権威集団化過程　高久嶺之介（『社会科学』27・28。立命館大学）
久邇宮朝融王婚約破棄事件と元老西園寺　永井和（『立命館文学』542）

文久三年八月十八日政変に関する一考察　原口清（『幕藩権力と明治維新』明治維新史学会編　一九九二　吉川弘文館）
明治期における東宮妃選定問題　上野秀治（『史料』115。皇學館大學史料編纂所）
山県系官僚閥と天皇・元老・宮中　伊藤之雄（『法学論叢《ろんそう》』第一四〇巻第一・二号。京都大学法学会）

〈事典など〉
旧法令集　我妻栄ほか編　一九六八年　有斐閣
帝室統計書　宮内省
日本近現代人物履歴事典　秦郁彦編　二〇〇二年　東京大学出版会
日本陸海軍総合事典　秦郁彦編　一九九一年　東京大学出版会
平成新修　旧華族家系大成　霞会館華族家系大成編輯委員会編　一九九六年　吉川弘文館
明治維新人名辞典　日本歴史学会編　一九八一年　吉川弘文館

文庫版あとがき

本書の元版を上梓したのは、二〇〇五年十月、いまから八年前の秋であった。華族についての勉強をすすめていくうちに、皇族や宮家についてまとめた文献などが案外すくないことに気づき、それならば、と、非力をかえりみず執筆を思い立ったのである。

その結果についての評価は読者にお任せするしかないが、ひとつありがたかったのは、そこで私が「宮中某重大事件」についての従来からの「通説」を再検討すべきだと述べたことに対して、賛同してくださる方がすくなからずいたことだった。もちろん、そうした見解が私の完全な独創であるはずはないが、小著刊行以後、あの事件の構図を根底から見直そうとする論文などがあらためて見られるようになったのは、やはり望外の喜びだった。

ただ、忸怩たる思いもある。それは「宮中某重大事件」とも密接に関係する皇太子嘉仁親王（大正天皇）の婚約解消事件についてのことだ。小著ではあの件の経緯に簡単にふれ、「この間の事情については資料が『明治天皇紀』以外にないこともあって、これ以上はわからない」（本書九一ページ）と書いているが、実は事件のなりゆきの一部を細かく記した『早稲田大学図書館蔵　佐佐木高行日記　かざしの桜』が、安在邦夫、望月雅士両氏の編纂により二〇〇三年四月に公刊（北泉社）されていたのである。私はそれを参照しなかったため、トンチンカンなことを記してしまったのだ。

この婚約解消事件に関しては、もちろん『かざしの桜』も用い、二〇一〇年四月に『皇太子婚約解消事件』（角川書店）を上梓した。まことに厚かましいお願いだが、興味のある方は目を通していただけるとありがたい。

＊

さて、女性の皇位継承に反対する立場から、旧皇族家の男性を天皇家や宮家の養子にすればいい、あるいはその人たちが新しい宮家を立てればいい、との意見が政治家も含め、すくなからぬ人たちから聞かれる。要するに皇族を増やそうという提案である。たしかに、女性の皇位継承、すなわち女性天皇容認について、あまりにも安易な賛成論が多すぎることは否定できない。しかし、そうであっても、旧皇族の末裔《まつえい》たちを皇族にせよという意見には、どうにも違和感を覚えざるを得なかった。なぜなら、そのような主張が、明治以降激増した宮家や皇族の実態をよく見たうえでなされているとは思えなかったからである。

それなりの意味と伝統をもつ皇位の男系相続を守るためとはいえ、平成の時代に皇族を増やすことが、果たして国民と皇室のためにプラスになるのであろうか。「皇族」という言葉だけをひとり歩きさせるのであれば、幕末の「勤皇の志士」たちとあまり変わりがない。本書のゲラに手を入れながら、あらためてそんなことも考えていた。

＊

巻末にまとめて記したように、多くの文献を引用・参照した。いちいちお名前をあげることはできないが、それらの著・編者の方々には心より御礼を申し上げる。さらに、元版上梓の前に原稿で読み、面白がってくれた何人かの友人たちにも感謝したい。私はとてもうれしかったが、多忙な彼らはやっかいなことを押し付けられて迷惑だったろう。反省している。そして、久邇宮邦彦王を襲った趙明河に関する韓国での情報は、韓国語に堪能《たんのう》な知人のおかげで知ることができた。日本の近代史を知るためには、近隣諸国の言語にも通じなければならないと、やはり感謝とともに反省させられた。

元版、文庫版ともに一冊の本にするために尽力してくださったのは、角川書店の山根隆徳さんである。ありがとうございました。

二〇一三年夏

浅見雅男

解説

原　武史

伏見宮《ふしみ》、閑院宮《かんいん》、久邇宮《くに》、山階宮《やましな》、北白川宮《きたしらかわ》、梨本宮《なしもと》、賀陽宮《かや》、東伏見宮《ひがしふしみ》、朝香宮《あさか》、竹田宮《たけだ》、東久邇宮《ひがしくに》――これら十一宮家は、天皇家に何かあったときの「血のスペア」として、とりわけ明治以降、次々に設立されたが、GHQの方針により一九四七（昭和二十二）年十月にすべて廃絶が決まった。残る宮家は、直宮《じきみや》と呼ばれる昭和天皇の弟たちの秩父宮《ちちぶ》、高松宮《たかまつ》、三笠宮《みかさ》の三宮家だけとなった。

こうした皇族の詳しい実態については、いまだによくわからないことが少なくない。明治、大正、昭和の三代の天皇については、外国人のものも含め、近年になって続々と研究書が出されている。これに対して、皇族、とりわけ十一宮家の研究は、永井和や伊藤之雄、小田部雄次らによる一部の研究を除いて、一向に進んでいない。鹿島茂編『宮家の時代　セピア色の皇族アルバム』（朝日新聞社、二〇〇六年）のような、かつての皇族の実態を伝えるすぐれたアルバム集もあるとはいえ、むしろ六〇年代に記された三島由紀夫の小説『豊饒の海』の第一部「春の雪」や第二部「奔馬」に登場する架空の皇族「洞院宮治典王《とういんのみやはるのり》」のほうが、皇族のある側面を如実に伝えていたりする。

本書の著者である浅見雅男さんは、この膨大な研究史の空白をあたかも一人で埋めるかのごとく、皇族をテーマとした刺激的な研究書を次々と世に送り出してきた。例えば、『不思議な宮さま　東久邇宮稔彦《なるひこ》王の昭和史』（文藝春秋、二〇一一年）では未刊の「東久邇宮日誌」を使ってこの皇族の数奇な生涯を描き出し、『伏見宮家』では十一宮家のルーツである伏見宮家に光を当てた。その前に書かれた『皇太子婚約解消事件』（角川書店、二〇一〇年）では、皇太子嘉仁《よしひと》（後の大正天皇）は伏見宮禎子《さちこ》女王との婚約が内定していたのに、それが解消されて九条節子《さだこ》（後の貞明《ていめい》皇后）が浮上するまでの裏面史が描かれている。

二〇〇五年に角川書店から刊行された本書では、久邇宮家の三代、すなわち幕末から大正にかけての朝彦《あさひこ》親王、邦彦《くによし》王、朝融《あさあきら》王の「血脈の歴史」が、豊富な一次史料をもとに徹底的に検証されている。その中には、当時は未刊行で分量が膨大なうえ判読も難しかった「倉富勇三郎日記」のような重要史料も含まれている（現在は国書刊行会より一九一九年から二二年までの日記が刊行されている）。もと文藝春秋の編集者である浅見さんは、くせ字の多い肉筆原稿を山のように読んできた経験から、ミミズが這ったような倉富の文字も読みこなせるのだという。

近代日本の政治には、「宮中と府中の別」という原則があった。政府は宮廷を政治利用せず、宮廷も政治に介入しないという原則があったのである。一九一二（大正元）年十二月に内大臣兼侍従長の桂太郎が践祚《せんそ》したばかりの大正天皇を政治利用して首相となり、勅語を次々と降下させたことは、「宮中と府中の別」を乱すものだとして第一次護憲運動が起こり、桂内閣は退陣に追い込まれた。

しかしこれ以降も、この原則に真っ向から挑戦する皇族がいたことが、本書で明らかにされている。皇族が皇族としての「矩《のり》」を逸脱し、天皇に近い自らの地位を利用して権力を握ろうとする血脈が、三代にわたって受け継がれていたのである。

本書で記述の中心となるのは、二代目の邦彦王である。この人物は、昭和天皇の妃である香淳《こうじゅん》皇后、すなわち久邇宮良子《ながこ》女王の父親に当たる。

周知のように、皇太子裕仁《ひろひと》（後の昭和天皇）と良子女王の婚約に際して、「宮中某重大事件」と呼ばれる事件があった。従来この事件は、いったん二人の婚約が内定してから、良子女王の母方の実家である島津公爵家に色覚異常の遺伝があることがわかり、婚約の取り消しを主張する元老の山県有朋らと、それに反対する東宮御学問所御用掛の杉浦重剛らが激しく対立しあった末、後者が勝利をおさめたとされてきた。山県にとってのライバルである薩摩藩主家の血が皇室に入ることを邪魔しようとしたのに対して、杉浦らが断固として阻止したという語りになっているわけだ。

けれども本書では、邦彦王が果たした役割に焦点が当てられる。たとえ騒ぎが大きくなろうとも、いったん天皇の内諾を得た以上、あくまでも婚約を履行すべきだとする邦彦王には、病気のため判断能力を失った大正天皇に代わって摂政となる皇太子裕仁の岳《がく》父《ふ》として、権力を振るおうとする野心があったことが浮き彫りにされる。

そうすると、事件に対する見方は全く違ったものとなる。山県ばかりか、貞明皇后や原敬まで含めて婚約解消に傾いたのは、良子女王を通して色覚異常の遺伝子が皇室に入ることを恐れたというよりは、むしろ邦彦王が事実上の天皇の外戚になることを恐れたからだということになる。とりわけ貞明皇后の邦彦王に対する不信感は深く、事件の後半はこの二人の対決という様相すら見られたのである。

また本書では、山県が婚約の取り消しを主張した理由についても、これまでとは違った角度から考察が進められる。その背景には、伏見宮家から分かれた初代の朝彦親王がいたのだ。この人物もまた、幕末から明治中期にかけて、政治的野心をもっていろいろと動いたことを、山県は忘れてはいなかった。

宮中某重大事件で悪名をとどろかせた山県は、失意のうちに一九二二年二月、死去するが、「権力の血脈」に対して山県が抱いた恐れは、二四年一月に裕仁と良子が結婚した直後に現実のものとなる。三代目で、良子の実兄に当たる朝融王が、実父で皇太子の岳父でもある邦彦王の威信をバックに、いったん天皇の内諾を得た酒井伯爵家の菊子との婚約につき、菊子の節操に疑いがあるとして解消を迫った「朝融王事件」という、宮中某重大事件とよく似た事件が起こったのである。

この事件により、邦彦王の野心はほぼ完全に絶たれる。「宮中と府中の区別」の原則のもと、皇族は再び権力の統制下におかれ、元のサヤにおさまったかに見えた。だが、朝融王は海軍で、直宮の高松宮が怪しむほどの出世をとげ、敗戦直後にも長男を米国に留学させようとした。やはり、血脈は受け継がれていたというべきだろう。

本書では言及されていないが、ここで気になるのは良子女王、すなわち香淳皇后である。たとえば一九七〇（昭和四十五）年の『入江相政日記《いりえすけまさにっき》』では、昭和天皇の祭祀の負担を減らそうとする侍従長の入江相政に対して、「それでは私が〔祭祀を〕やらうか」と言ったという記述がある。入江は「無茶苦茶とはこの事」と思い、貞明皇后のことを詳しく話したという。天皇との区別も分かっていない香淳皇后に対して、皇后としての「矩」をわきまえた貞明皇后をモデルにせよと諭したわけだ。

これだけを読めば、香淳皇后もまた「権力の血脈」に連なっていたかに見える。しかし実際には、香淳皇后よりも貞明皇后のほうが、時に中国の西太后（慈禧太后）に匹敵する権力者として見られ、乃木希典、山県有朋、西園寺公望らによって警戒されていたこともまた事実であった（この点につき詳しくは、『群像』二〇一二年九月号より連載中の拙稿「皇后考」を参照）。貞明皇后が宮中で権力を拡大させた背景には大正天皇の病気と引退があったのに対して、香淳皇后の場合は昭和天皇と皇太后（貞明皇后）の陰に隠れた時期が長く、あまり目立たなかったのである。

皇位の安定的な継承のためには、「血のスペア」として旧皇族を皇籍復帰させるべきだという意見がいかに危なっかしいかは、本書から明らかだろう。これまであまりよく知られていなかった皇族の実態を、確かな一次史料に基づき、平易な文章を通して明らかにした本書の功績は、この点でも大きいと言わねばならない。

本書は二〇〇五年十月、小社より刊行された
角川選書を文庫化したものです。

闘《たたか》う皇族《こうぞく》
ある宮家《みやけ》の三代《さんだい》

浅見雅男《あさみまさお》

角川文庫 18089

平成二十五年八月二十五日　初版発行

発行者―井上伸一郎
発行所―株式会社角川書店
東京都千代田区富士見二―十三―三
電話・編集（〇三）三二三八―八五五五
〒一〇二―八〇七八

発売元―株式会社KADOKAWA
東京都千代田区富士見二―十三―三
電話・営業（〇三）三二三八―八五二一
〒一〇二―八一七七
http://www.kadokawa.co.jp

印刷所―旭印刷　製本所―BBC
装幀者―杉浦康平

あ 54-2　ISBN978-4-04-100845-4　C0195

角川文庫発刊に際して

角川源義

第二次世界大戦の敗北は、軍事力の敗北であった以上に、私たちの若い文化力の敗退であった。私たちの文化が戦争に対して如何に無力であり、単なるあだ花に過ぎなかったかを、私たちは身を以て体験し痛感した。西洋近代文化の摂取にとって、明治以後八十年の歳月は決して短かすぎたとは言えない。にもかかわらず、近代文化の伝統を確立し、自由な批判と柔軟な良識に富む文化層として自らを形成することに私たちは失敗して来た。そしてこれは、各層への文化の普及滲透を任務とする出版人の責任でもあった。

一九四五年以来、私たちは再び振出しに戻り、第一歩から踏み出すことを余儀なくされた。これは大きな不幸ではあるが、反面、これまでの混沌・未熟・歪曲の中にあった我が国の文化に秩序と確たる基礎を齎らすためには絶好の機会でもある。角川書店は、このような祖国の文化的危機にあたり、微力をも顧みず再建の礎石たるべき抱負と決意とをもって出発したが、ここに創立以来の念願を果すべく角川文庫を発刊する。これまで刊行されたあらゆる全集叢書文庫類の長所と短所とを検討し、古今東西の不朽の典籍を、良心的編集のもとに、廉価に、そして書架にふさわしい美本として、多くのひとびとに提供しようとする。しかし私たちは徒らに百科全書的な知識のジレッタントを作ることを目的とせず、あくまで祖国の文化に秩序と再建への道を示し、この文庫を角川書店の栄ある事業として、今後永久に継続発展せしめ、学芸と教養との殿堂として大成せんことを期したい。多くの読書子の愛情ある忠言と支持とによって、この希望と抱負とを完遂せしめられんことを願う。

一九四九年五月三日

角川文庫
浅見雅男の本

ISBN978-4-04-394489-7
文庫判

皇族誕生

五百年以上も遡《さかのぼ》らなければ
天皇とつながらない人々が
「皇族」になった理由とは？

戦後、皇籍離脱した「宮家」は十一を数えた。
江戸時代に四家しかなかった「宮家」は、
なぜ明治時代に急増したのか？
知られざる皇族たちの素顔を浮き彫りにし、
日本近代史の裏面に迫るノンフィクション！